谷园讲通鉴

东汉兴衰史

上

谷园 著

中国出版集团公司
华文出版社

当下基于电视与互联网的视音频技术的发展，对中国文化意义非凡。我认为，中国文化在一百年前经历了一次大变化，从文言文过渡到白话文。现在，又经历了一次大变化，即从文字过渡到视音频。文言文好比马车；白话文好比汽车；视音频好比动车。我要让国学经典接地气，就得把马车上的东西，搬到汽车上，也搬到动车上。

于是，在黄骅电视台的支持下，有了中国首档国学励志脱口秀节目《谷园讲通鉴》。《东汉兴衰史》这本书，是被我改到"吐血"的节目终极文字版。我先前写的四十多万字初稿是非常简洁的风格，适合出书，不适合演播，做节目时完全推倒重写；写出演播稿来，现场录制时还要调整；录完后，节目制作时还要修订，时不时得插入个"谷园补白"；然后，从节目再还原成书稿的形式，又费了很大的功夫；最后，按出版标准，出版社还要编校。

在这个艰苦的过程里，内容更加严谨了。同时，我的计划又变了，想法更大了。

本来，我只计划把《资治通鉴》里精华、精彩的思想和故事从头到尾串下来，让它生动好看，可是，一旦做成节目，一期期地播放，就希望每一期节目的内容越丰富越好，越生动越好，越有思想越好，越准确越好。

于是，很自然地，内容不再局限于《资治通鉴》，而是着眼于《史记》等第一手史料，还有相关的各种国学经典。《资治通鉴》则成为一个讲述的框架，一个筐。您会看到，很多直接引用文言文的地方，标注的都是《史记》中的出处。后面，直到汉武帝之前的内容，也都会是这样的，我把大半部《史记》都装进了这个筐里。

以第一部《这才是战国》来讲，不少内容是从《战国策》里选的，《资治通鉴》中没有。讲到吕不韦和韩非子时，我花了很大的工夫讲《吕氏春秋》和《韩非子》。把这三部经典中的精彩思想也都装进了这个筐里。

我这样做，其实早就找好了背书人，他就是英国哲学家柯林伍德。他有句名言："一切历史都是思想史。"我就是在讲一部有思想的历史。

这也正是中国传统的历史观。中国史家的宗师是孔子，孔子作《春秋》为的是微言大义，建立中国人的价值传统。司马迁著《史记》为的是究天人之际，通古今之变。司马光编《资治通鉴》为的是帮助皇帝治国平天下。二十四史不是人物事件的罗列，也不是故事会，而是中国人曾经的思想、智慧、精神的总结。用曾国藩的话讲，就是："经济之学，诸史咸备。"历史是经世济人的思想学问。

我还可以把意大利哲学家克罗齐的话拿来为我自己背书，他讲："一切历史都是当代史。"中国人爱讲，以史为鉴。把历史当镜子，照见的肯定是当下的自己。立足当下，既是研究历史的态度，又是讲历史的手段。我尽量多地把当下的元素，包括热门的人物、事件、电影，甚至段子，也都装进这个筐里，让历史变得更加亲和、生动。

历史本来离我们也不远，秦皇汉武踩过的大地，仍然在我们脚下。很多表面的东西可能变了，而更多本质的东西都没变。

克罗齐还讲过一句西方的老话："历史是生活的教师。"

这跟我的国学励志理念非常契合。历史包含着海量的人生经验，教给我们怎样思考和解决生活中所面临的各种问题。

以我自己为例，我是一个小城中的小人物，像上蔡的李斯一样，过着平凡的日子，揣着伟大的梦想。

李斯怎么办呢？他怎样追求梦想，实现人生价值呢？他是两步走：先是学习，拜荀子为师，努力提高自己的学识；然后上到更高的平台，继续学习，等待机会——机会来到时，他有能力抓住，就成功了。

我也可以这样。为了生计而努力的同时，坚持学习；而互联网就是一个更高的平台，我把书和节目搬上了互联网，在这个平台上继续努力。

最后，再打两句小广告吧。

一是宣传我的国学励志理念的：激励精神、广求智慧，让国学经典接地气。

二是宣传《谷园讲通鉴》的：最牛的人、最酷的事儿、最经典的智慧、最极致的精神，上下千年、生死兴衰，尽在谷园讲通鉴。

谷园讲通鉴，这才是历史。

谷园

2016 年 11 月 11 日改定

序二

风化之美，未有若东汉之盛者也

朋友问：《谷园讲通鉴》讲了这么多年，讲过数百个历史人物，你最喜欢其中的哪一个？

我笑答：阴丽华。她漂亮、聪明，有情有义，与刘秀在最危难的时期成婚，可谓患难夫妻；刘秀称帝后，她把皇后之位让给郭圣通，可谓深明大义；她的大儿子刘庄开创了"明章之治"，二儿子刘苍则留下"为善最乐"的千古佳话，可谓教子有方。"娶妻当得阴丽华"，此言不虚。

问：那么，你最钦佩的男人是谁？

答：马援。他孝悌仁爱、睿智勇敢，穷且益坚、老当益壮。青年创业富甲一方，千金散尽还复来；中年以后为官带兵，推演沙盘，制作马式，建议恢复五铢钱，伏波南海，捐躯武陵，马革裹尸！又有诫侄家训千古流传。可谓"三不朽"人物，是男人的楷模！

问：你最认可哪个皇帝？

答：光武帝刘秀。秦皇、汉武虽有大功，却都是暴君，刘邦身上的"流氓气"也让人难受，唯有刘秀最让我感到有亲和感。他本是一个种地、经商的好手，也喜欢读书，略观大义，在乱世里被形势推着向前，见小敌怯、见大敌勇，昆阳之战一举成名，后又身经百战，平定天下，以黄老治国、铁腕治吏，实现了大汉中兴。刘秀被毛泽东称赞为"历史上最有学问、最会用人、最会打仗的皇帝"！

问：你觉得哪个文人最厉害？

答：蔡邕。他虽然不像司马迁、班固、扬雄那样留下大部头的著作，却兼具了文人各方面的素养，辞赋、书法、音乐、绘画及学术水平都是顶级的，且身世传奇，后世可能只有苏东坡得其仿佛。

问：你讲过科技方面的历史人物吗？

答：正史很少记科技人物，发明造纸术的蔡邕和创造、改进浑天仪的张衡算是其中的代表，我比较细致地讲过这两位。

问：最感动你的故事是什么？

答：这样的故事太多了，印象比较深的有两个。一是楚王刘英案时，吴郡官吏陆续被押送洛阳大牢，面对酷刑无所屈服，却对着一盘菜大哭起来，因为他看出菜是母亲做的，知道母亲不远千里寻子，却不得相见。二是酷吏黄昌审案，竟与失散多年的发妻意外重逢，破镜重圆。这种小人物的故事，在一般学者的宏大历史叙述中常被忽略不计，我却尤为关注，为之感动。

问：最震撼你的故事是什么？

答：那要数党锢之祸时对抗太监恶势力的张俭在逃亡途中，"其所经历，伏重诛者以十数，宗亲并皆殄灭，郡县为之残破"，竟有数十家人不惜被满门抄斩，而为他提供帮助。这些人都疯了吗？当然不是，在著史者眼中，这是舍生取义！我在《历史的精髓》讲过这个问题，前人何以如此重视修史，以至留下皇皇二十四史？除了传承历史经验之外，更重要的一大宗旨是构建信仰。所谓信仰，就是相信有一种价值高于生命，生命就是为了去实现它，去践行它。史书通过记载这些"舍生取义"的人，以感召来者，薪火相传，不断构建起整个民族的信仰。

问：这样的人在哪个朝代最多呢？

答：司马光讲过，"风化之美，未有若东汉之盛者也"，东汉人身上所展现出的这种信仰的光辉最强烈。因为东汉后期太监、外戚专权，政治黑暗，所谓"时穷节乃见""板荡识诚臣"，这样的时代反而造就了很多坚守信仰的人物。比如在与外戚斗争中宁死不屈的李固、杜乔；在与太监斗争中自杀的司徒杨震、"飞蛾投火"的太傅陈蕃；党锢之祸中慷慨赴死的李膺、范滂；为东汉皇朝殉道的荀彧；等等，数不胜数。另外，著名的"二十四孝"中好几个都是东汉的，所谓"求忠臣于孝子之门"，中华文化中的孝道精神在东汉时期表现也尤为强烈。特立独行的隐士文化在东汉也很盛行，也有很多好故事。

问：刘秀、阴丽华、马援、蔡邕、蔡伦、张衡、张俭等人也都是东汉人吧？

答：对啊，像他们这样有精彩故事的东汉人物，《后汉书》记载了很多。

问：那你认为《后汉书》超越《史记》《汉书》了吗？

答：《后汉书》未必超越前二史，但它比前二史增加了《方术列传》《文苑列传》《独行列传》《逸民列传》《列女传》《宦者列传》《党锢列传》等列传，减少了《货殖列传》和《游侠列传》，从这种不同，我们可以感受到，历史发展到东汉，人们的关注点乃至整个精神世界、精神风貌都发生了显著的变化。

问：有什么标志性的事件能反映出东汉人精神世界的变化吗？

答：我认为有四个标志性事件。一是汉章帝召集白虎观会议，把儒教推向一个高峰；二是佛教传入；三是道教起源；四是汉灵帝设立鸿都门学，把文化艺术推向一个高峰。另外，中医药科学也在东汉达到一个高峰。这些不仅反映了东汉人精神世界的变化，也对后来整个中华文明产生深远影响。所以，我在讲到这些时，都比较下功夫。

汉人辞赋有"难体"，谨参照其意略记如上，以充作本书序言。

谷园

2022 年 4 月 13 日

目 录
Contents

上册

一、王莽之败（上）

　　始建国元年（9）正月初一，王莽篡汉，即位新朝皇帝。过了不到十五年，地皇四年（23）十月，他的身体被剁碎，只剩下一个囫囵脑袋，被悬头示众。历史上找不出第二个这样的人，他既是开国皇帝，又是亡国皇帝，至少大一统的开国皇帝没他这样的。秦朝虽也只有十四五年，毕竟传到了秦二世，秦始皇活着时没人敢整事。那么，王莽怎么就这么悲摧？他哪里做错了呢？不妨先听听钱穆先生是怎样讲的。他这样概括王莽的新朝政治：

　　举其尤要者，如王田、废奴，用意在解决当时社会兼并，为汉儒自贾、董以来之共同理想。其他如"六筦""五均"，有似武帝时之盐铁、酒榷、算缗、均输……仍为裁抑兼并着想。——《国史大纲》

　　王莽新朝政治有裁抑兼并的想法，其实，这并不新鲜，早在先秦儒家思想中即有此政治理想。《礼记·礼运·大同篇》讲：

　　孔子曰：大道之行也，与三代之英，丘未之逮也，而有志焉。大道

之行也，天下为公，选贤与能，讲信修睦。故人不独亲其亲，不独子其子，使老有所终，壮有所用，幼有所长，矜、寡、孤、独、废疾者皆有所养；男有分，女有归。货恶其弃于地也，不必藏于己；力恶其不出于身也，不必为己。是故谋闭而不兴，盗窃乱贼而不作，故外户而不闭。是谓大同。——《礼记·礼运》

孔子认为，人类社会曾出现过"大道之行，天下为公"的理想形态，天下人皆为公而不为私。"货恶其弃于地也，不必藏于己"，人们依然创造财富，却不据为己有，财富都是公有的。"力恶其不出于身也，不必为己"，人们工作都是出于天性喜好，而不是为了得到回报。每个人在社会中都能找到发挥自己才能的位置，人与人之间充满关爱，所有弱势人群都能得到积极的帮助，整个社会安定、祥和。孔子称之为"大同"的这种理想社会，随即成为两千多年来中国人的共同理想。

王莽年轻时即是孔子儒家思想的信徒。

勤身博学，被服如儒生。——《汉书·王莽传》

王莽主攻的经书正是《礼经》。《礼记》大致是《礼经》的讲义，他对于大同社会必然了解和向往。只是，《礼记》对大同社会的描述太简略，真想建设这样的社会，必须有具体的制度设计和安排。那么，有没有具体的指导文献呢？好像没有。

王莽挺困惑：刘歆，你书读得多，有没有看到过这样的书？

刘歆与王莽年轻时都在汉成帝手下当黄门侍郎，是好朋友，王莽当时也不知道到底有没有这样的书。直到几年后，正在秘府校书的刘歆有一天兴冲冲地跑来：王侯爷，此前您跟我说过的那种理想社会政治制度方面的书，我找到了，它叫《周官》，是当年河间献王进献给武帝爷的，一直在秘府里放着，没人看。它应当是周公制定的一套国家制度。您看看吧！

王莽如获至宝：太好了，这套制度太完美了，哪天我要是有机会治理天下，就照着它来。

这一段我有点儿演绎，但意思不差，王莽即位新朝皇帝后，封刘歆为国师，他们推行新政改革，多以这部《周官》为依据，史称"托古改制"。其中最重大的几项改革为钱穆讲的"王田""废奴""六筦五均"。

王田，即恢复所谓的"井田制"，实行耕地国有化，个人不得买卖，并要求：

其男口不盈八，而田过一井者，分余田予九族邻里乡党。——《汉书·王莽传》

哪家的男人如果不到八个，耕地却超过了"一井"——约九百亩，必须把超出的耕地分给别家。

之所以废奴，是因为西汉社会允许奴婢买卖。（可参看拙著《楚汉简史》季布扮作奴隶卖身避祸。）

置奴婢之市，与牛马同兰，制于民臣，颛断其命。——《汉书·王莽传》

当时有奴婢交易市场，奴婢们跟牛马牲口似的被任意买卖，完全没有人身自由，没有做人的尊严，甚至会被主人任意处死。

奸虐之人因缘为利，至略卖人妻子。——《汉书·王莽传》

没有买卖，就没有伤害。因为有奴婢交易市场，很多恶人从事奴婢贩卖常常不择手段，把一些原本是自由之身的女人、孩子也抓走拐卖。

王莽认为，这种奴婢制度有悖儒家对人的尊重。

缪于"天地之性人为贵"之义。——《汉书·王莽传》

他于是下诏奴婢不得买卖。此为"废奴"。

六筦五均。所谓"六筦"，大致是实行六种国有经济，分别是盐、铁、酒国家专卖，此为三筦；铸钱国家专营，此为第四筦；针对各种取利于山泽的工商行为征收山泽税，此为第五筦；"五均"，即第六筦，意思是在五大城市设立物资储备机构来平抑市场价格。

另外，王莽还推出了一系列货币改革政策，暂不细说。总之，他的动机都是好的，都是为了缓解社会贫富两极分化现象，为了让底层老百姓能过得好一些。可是，不论做什么事情，光有一个好动机、好想法是远远不够的，事情的成败最终还要看执行得怎么样。所谓"赢在执行"。王莽之败，说到底是因为他没有执行好。对此，钱穆总结：

王莽政治失败，约有数端：一、失之太骤，无次第推行之计划。——《国史大纲》

王莽太着急了。历史上所有的社会改革从来都不是一蹴而就的，都得是分步骤、渐进式的。王莽没有这个历史认知。

二、奉行不得其人，无如近世之政治集团来拥护其理想。——《国史大纲》

王莽没有强有力的政策执行团队。王莽篡汉前，本有一个核心团队，由其兄弟王舜、好友刘歆、心腹甄丰等组成。这帮人给王莽抬轿，出谋划策，推着王莽先做安汉公，又做宰衡，离皇位越来越近，他们自己的权势也水涨船高。不过，他们并不希望王莽真的篡汉当皇帝，因为他们的权势并不能明显增加，风险却陡增——一旦王莽倒台，他们必获灭门之罪。可是，他们虽然不想继续抬这个轿，但下面人争着抬，最终王莽还是当了皇帝。对此，王舜、刘歆心里别扭，面上不敢说；但甄丰性子直有所表露，王莽不悦，于是将其由位列三公的大司空，贬为更始将军。

托符命文，为更始将军，与卖饼儿王盛同列。——《汉书·王莽传》

此前，哀章进献的所谓"王莽为真天子"的符命里，辅佐皇帝的名单中大司空另有其人，甄丰被写在低一级的所谓"四将"中。"四将"另有"王兴""王盛"，合在一起即"王莽兴盛"意，这两个名字在朝廷大臣里都对不上号。于是，他扩大范围找。最终，结合占卜相面，他找到了一个叫王兴的小城门官和一个叫王盛的卖烧饼儿。这两人喜从天降，一步登天成为仅次于三公的将军。甄丰当然气坏了。怎么办呢？他儿子甄寻出主意：这好办，咱新莽皇帝不是最信符命吗？干脆，咱再给他弄一个呗。

于是，甄寻便策划了一个"符命"，送到了王莽手上。王莽诚惶诚恐：依此符命，上天要让甄丰做右伯，得跟当年周公似的得到一大片诸侯国封地。天意不可违，我照办，封甄丰！

甄寻大喜：这么好使啊，真是立竿见影。得，我再整一个，把我那个梦中情人搞到手。

于是，他又弄出一个符命。

这回，王莽一看就皱眉了：依此符命，上天要把我闺女，也就是汉平帝的皇后嫁给甄寻？我的天啊！你怎么这么照顾甄家父子呢？不对，此事有诈！查！

这一查，甄丰自杀，甄寻被杀，而且牵连了好几百人，其中就有刘歆的两个儿子刘棻和刘泳。还有一些涉案被杀的人也跟王莽这个核心权力层有关。这个事件，标志着王莽核心团队的分裂。

在此事件中，还有一个人差点儿被吓死，他就是大学者扬雄。当时，扬雄两耳不闻窗外事，每天都在皇家藏书楼天禄阁校书，忽听说刘棻犯了死罪，大惊，因为刘棻是他的学生，他感觉自己肯定会受连累。正害怕，他突然听见外面人声嘈杂，一帮武士冲上了楼：扬雄呢？扬雄！跟我们走一趟，去廷尉！

扬雄眼前一黑：完了，廷尉那里简直就是人间地狱，各种酷刑逼供……我别去受那个罪了，反正也是一死，我干脆点吧……

他扭头就从窗户跳了下去。只可惜，天禄阁不够高，他没摔死，还是被弄到了廷尉。所幸的是，王莽知其为人，将其赦免。

后来，长安城里的小儒生们私下里都以此当笑话：可惜了扬大师这么高的学问。

惟寂寞，自投阁；爱清静，作符命。——《汉书·扬雄传》

口口声声说自己清静寂寥，只问学问不问政事。可是，有点风吹草动，还不是吓得跳楼。他要不是写了一篇《剧秦美新》，给王莽歌功颂德拍马屁，王莽哪会那么好心放过他。后世也都认为扬雄阿附王莽，大节已亏，朱熹干脆称他为"莽大夫"。

甄丰父子事件使王莽对原来的心腹大臣增加了戒备心，他也担心产生新的权臣，把他的皇位架空，于是，大力起用新人。所谓，"贱者贵之，远者近之"，相对于旧大臣，新近被提拔的人会更感恩、更忠心。可是，新人往往都是野心家、投机分子，缺少治国理政经验，那么多国家治理的工作怎么干呢？自己干呗。王莽跟秦始皇有一拼，绝对是史上最勤政的皇帝之一。

常御灯火至明。——《汉书·王莽传》

常常是一宿一宿地批阅各种文件。此前，这些工作都是由尚书们帮着干，由领尚书事、平尚书事的机要大臣帮助皇帝票拟意见。王莽信不过他们，通通自己干。尚书们乐得清闲，下面报上来的很多文件，各种请示，他们都不管：都先等着吧，头半年的文件皇上还没批完呢。

这样，很多事务都被耽误了。

总之，王莽没有建立起一个有效率的官僚行政体系，在核心层也没有得力的领导团队。

钱穆认为，王莽的第三个失败原因是他个人能力有限。

多迂执不通情实处。——《国史大纲》

王莽的政治，完全是一种书生的政治。——《国史大纲》

说白了，王莽就是一个书呆子。书呆子治国，对他所信奉的《周官》之类儒家经典一味生搬硬套，脱离实际。

他还特别迷信，对于各种各样的说法，他听风就是雨。比如说，有人问一个郎官：您在宫里做事，肯定见过咱们新皇上的尊容吧，能给我说说吗？

郎官便给描述了一番：咱们新皇上相貌特别。

为人侈口蹷颔，露眼赤精，大声而嘶。长七尺五寸，好厚履高冠，以氂装衣，反膺高视，瞰临左右。——《汉书·王莽传》

"侈口蹷颔"，大嘴巴、大下巴往前突出着；"露眼赤精"，大眼珠子总是瞪着，带着血丝，通红；"大声而嘶"，大嗓门还是个破锣嗓子，声音嘶哑。身高七尺五寸，差不多是现在的一米七，他嫌矮，"好厚履高冠"，平时总穿一双厚底鞋，鞋底有三四寸厚，头上还总戴高帽，这样就显得挺高。他还嫌自己不够粗壮，"以氂装衣"，用了一比较硬的毛，垫在衣服里面衬着。"反膺高视，瞰临左右"，挺着胸脯，瞰谁都是一副居高临下的样子，很威猛。咱们新皇上大致就这个样子，你可别跟别人说。

那人又问：你不是精通相术吗？就没给咱新皇上相一相？

郎官一拨拉脑袋：这个，我可不能说。

那人说：咱俩什么交情，怎么还不相信我呢？

郎官说：好吧，你可千万别跟别人说。咱们新皇上这个相在相书里有专门的说法。

所谓鸱目虎吻豺狼之声者也，故能食人，亦可为人所食。——《汉书·王莽传》

这是典型的吃人相貌，这种人非常狠，吃人不吐骨头，不过，最终他也得让别人吃掉。

转过天来，这话就传到了王莽耳中，郎官被杀，而王莽的心情久久不能平复，天天拿着个镜子照：哎呀，我怎么长了这么个相貌，怎么办呢？

后常翳云母屏面，非亲近莫得见也。——《汉书·王莽传》

随后，他干脆做了一个云母面具天天戴着，上朝也戴着，只露两只红眼睛。

他就这么迷信，听风就是雨。当然了，他肯定也是觉得那个郎官讲得靠谱，他确实能"吃人"，太狠了，所谓虎独不食子，篡汉前他已经亲手逼死了两个亲生儿子。他被贬回封地时，二儿子王获因为杀奴婢被他逼着自杀，为他赢得了大义灭亲的好名声；他的大儿子王宇因为反对他打压汉平帝生母，以狗血泼其门，便被他关入大牢，被逼自杀。他的三儿子王安脑子有点问题，王莽即位后，便把他的四儿子王临立为太子。过了十年，这个太子儿子又被他逼死。怎么回事呢？都是月亮惹的祸。

王莽的老婆有个婢女颇有姿色，被王莽临幸，随后又与太子王临相爱。王临担心事情败露，步二位兄长的后尘，索性想先下手为强。这一天，他老婆刘愔说：太子殿下啊，我夜观天象，感觉要有事发生。

宫中且有白衣会。——《汉书·王莽传》

皇宫里将会有很多穿着白衣的人出现，可能不是什么好事。

王临窃喜：这准是人们要给我父皇办丧事穿孝，真天助我也！可是怎么下手呢？

王临正密谋弑父，宫里真就有了"白衣会"，不是给他爹办丧事，而是他母亲病死了。发丧期间，王莽察觉有异，派人给王临送了一杯毒酒。王临自杀。

然后，王莽把刘歆叫来：你们家可真行，你父亲刘向每天夜观天象，你也每天夜观天象，你闺女我儿媳妇刘愔也夜观天象，要不是她说什么"白衣会"，能有这出吗？这儿还有一杯毒酒，你给她捎过去吧。

刘愔也自杀。

对亲生子女这么狠，对别人当然更狠，而且，他狠得很有想象力。此前跟翟义一同起兵反对王莽的大将王孙庆逃亡了好几年，最后被抓住。怎么惩罚呢？

莽使太医、尚方与巧屠共刳剥之，量度五藏，以竹筳导其脉，知所终始，云可以治病。——《汉书·王莽传》

王莽竟然研究解剖学，他派太医和技术高超的屠夫把王孙庆活活解剖，对其身体的五脏六腑血管经脉都进行了测量、描画。

王莽在精神心理学方面也做了探索。此前，被他立为汉平帝太子的小刘婴只有两岁，其母被留封地，王莽吩咐其保姆：你们一定要好好照顾太子，给他好吃好喝好穿戴，医疗保健要保障好。但是，记住了，不许跟这个孩子讲话！一个字也不能说！而且，屋里、院里什么摆设都不能有，不能让他出院门。

就这样，几年下来，小刘婴就被养成了傻子。

常在四壁中，至于长大，不能名六畜。——《汉书·王莽传》

多残忍！

还有一点，也有违他篡汉前刻意塑造的正面形象，那就是好色。杀死太子王临这件事，说不好听就是因为父子俩争一个婢女。还有不少婢女也被王莽暗中霸占。太子自杀后不久，三儿子王安也病死了。这下，四个儿子都死了。将来皇位传给谁呢？不要紧，他还有私生子。此前王莽被贬回封地时，有两个婢女都给他生了儿子。只是，他一直没把儿子带回到长安，没公开，怕影响不好。现在，不公开不行了。既然公开了，王莽干脆也不装了：来人，你们看看这道符命讲，"黄帝以百二十女致神仙"，是什么意思？

手下人立马心领神会：这是上天要您充实后宫，皇后之位不能老空着。

王莽绷着脸：好吧，你们看着办吧。

于是，他派出去九十个使者，到全国各地选美。

遣中散大夫、谒者各四十五人分行天下，博采乡里所高有淑名者上名。——《汉书·王莽传》

二、王莽之败（下）

王莽之败，我个人认为仍不外乎那条基本的历史经验——骄致败。

在王莽一步一步崛起，取得一个又一个阶段性成就的过程中，他一直刻意保持谦虚谨慎的姿态，克己不倦，官愈大愈俭约。这为他赢得了极高的声誉，朝野上下、士林与平民百姓都很支持他。因此，王莽最终即皇帝位建立新朝的整个过程几乎是和平的，没有发生大规模的旷日持久的战争。在钱穆先生看来，这体现了中国历史的进步，甚至近乎近代的民选民推。然而，正因为他几乎没费什么劲就实现了人世间最大的成功，当上了皇帝，那么多人献符命说他是真命天子，那么多人崇拜他、拥护他，这个时候，他终于把持不住了！换谁也把持不住，不可能不飘飘然，不可能不骄狂。

曾国藩有个说法，一个人如果没经历足够多的挫折和失败就取得很大的成功，这样的人容易有一个毛病，那就是"视事太易"，会把什么事情都想得太容易、太简单，以为世上无难事，这样的人做事早晚要出大问题。王莽正是如此，他没费劲儿便成了开国皇帝，然后，他把治理天下看得太容易了。

王莽的治国为政很可能是抱定了《论语》里一段话：

子路曰："卫君待子而为政，子将奚先？"子曰："必也正名乎！"——《论语·子路》

子路问孔子：卫国国君要是请您去治理卫国，您会先怎么做？

孔子答：我肯定是要先正名。

子路很奇怪：正名？名有那么重要吗？您这也太不着边了吧。

孔子把脸一沉：你懂什么！

"名不正，则言不顺；言不顺，则事不成；事不成，则礼乐不兴；礼乐不兴，则刑罚不中；刑罚不中，则民无所措手足。"——《论语·子路》

总之，正名是一切政务的前提、基础。

于是，王莽吩咐：来人，咱们得正名！首先，所有的官职得正名，都要修订一遍，全部跟《周官》里的名字统一，比如太守要改为大尹或卒正、连率。另外，之前汉朝给匈奴、西域等封的印绶，都得尽快改成咱新朝的，要重新刻印，给他们送过去，把汉朝的印收回来。

下边人们遵命落实。有几个使者带着新印和金银财宝给匈奴送去，找单于换印。单于瞅着那堆金银财宝，心情大好：好，好，好，来人，快接过来，把汉朝的玺印给使者。

一个匈奴大臣进言：咱是不是先看看那个新印？

单于没在意：看什么看，使者们来趟不容易，喝酒！

喝完酒，新朝使者拎着汉印回馆舍休息。

次日，单于醒了酒，打开印盒子一看，立马傻了眼，印文竟然是"新匈奴单于章"，之前汉朝给他的印文是"匈奴单于玺"。玺，是皇帝的东西；章，是什么玩意儿？而且"匈奴"前还加了个"新"字，这明显是贬低、降格！单于大怒：来人，快去找那几个新朝使者，把原来汉朝的印要回来！

单于的手下找到新朝使者才知道，汉朝的印已经被砸烂了，碎了一地。

这是怎么回事呢？原来，头天晚上，这几个使者回到馆舍长出一口气：今天真是侥幸啊！单于要是先看了印文，他肯定不换。今天勉强糊弄了过去，明天他准得再要汉印。怎么办呢？

其中有个使者叫陈饶，非常果敢，抢斧子便把汉印砸碎了：就这么办。

单于看汉印碎了，无可奈何，只好让新朝使者返回。他越想越有气：这个新皇帝王莽欺人太甚！我看咱也不跟他维持什么和平了，打他！

于是，匈奴大军南下侵扰。

王莽大怒：还击！朕干脆灭了他们！汉朝皇帝灭不了匈奴，我王莽要灭他们。下诏，朕要调集三十万大军，十二道并出，踏平匈奴！

接下来，王莽新朝对匈奴的战争打打停停，有胜，有败，此不细说。有意思的是，这期间王莽招募了很多身怀绝技和有各种发明创造的人。

博募有奇技术可以攻匈奴者。——《汉书·王莽传》

其中有一位好像真是穿越过去的，他发明了一种飞行器，自称"一日千里，可窥匈奴"，一天能飞上千里，可以从高空侦察匈奴的兵力部署。

王莽很感兴趣：好！召见！让他给朕现场演示演示。

于是，这哥们就来了。

取大鸟翮为两翼，头与身皆着毛，通引环纽，飞数百步堕。——《汉书·王莽传》

他这个飞行器是穿戴式的，有两个大鸟翅膀，全身都是用羽毛连缀，"通引环纽"，有一套协调连动的装置。穿上这个飞行器经过一段助跑，便可腾空而起。"飞数百步堕"，"步"是当时的长度单位，相当于现在的一米多，就是说，这次飞行演示一次飞行了近千米！

还有一位"穿越者"，号称发明了一种药物能代替粮食，打仗时军队省得再带粮草辎重。

由王莽对这些人的招募，可见他对战争的认识多么浅薄。战争靠不得投机取巧，容不得异想天开。王莽轻易发动对匈奴的战争是他失败的一大原因。他征调三十万大军，是以举国之力、巨大的战争开销使老百姓背负巨大压力。特别需要指出的是，在北方边境地区，这么多军队陆续集结过来，以战时管理对当地百姓征用各种物资，弄得老百姓们顿时没法儿活了。《汉书》讲：

> 北边自宣帝以来，数世不见烟火之警，人民炽盛，牛马布野。及莽挠乱匈奴，与之构难，边民死亡系获。又十二部兵久屯而不出，吏士罢（pí）弊，数年之间，北边虚空，野有暴骨矣。——《汉书·匈奴传》

几年之间，北部边境地区就从牛马布野的盛世景象变成了白骨露于野的乱世，甚至因为饥荒出现了人吃人的现象。

西域的情况也差不多，各国都感觉自己被贬低，对王莽很不满。于是，焉耆国带头反叛，攻杀西域都护但钦。随后，王莽派去镇压的七千多人的部队也几乎全军覆灭。王莽无计可施。

还有西南夷，王莽把句町王改成了句町侯，句町国也反了。派了很多军队过去，也是平定不了。

东北方向的高句骊国，王莽逼其出兵一起打匈奴，高句骊也反了。王莽派出手下名将严尤前去镇压，严尤诱杀了高句骊国君。王莽大悦，将高句骊改名为下句骊。结果，整个朝鲜半岛也都反了。

> **东、北与西、南夷皆乱。——《汉书·王莽传》**

原来稳稳当当的大汉帝国的周边体系是经过汉武帝以来上百年用无数生命换来的，被王莽一改名，便完全破坏掉了。

在这个过程中，几十万大军被派出去，四面出击，那得花费多少军备开支？多少人力、物力？汉武帝当年也是这个情况，不过，汉武帝的国内政治是比较成功的，他善于用人，各方面的政策制定和落实都比较得力。可王莽跟汉武帝哪比得了，他的国内政治一塌糊涂！

王莽的国内政治还是"必先正名"。他认为国都长安的"长"字不行，不符合经典中的意义，不正，得改正为经常的"常"。其他各地郡县的名字也跟着大改一通，而且都不是改一次就改定了，他还反复修改。

一郡至五易名。——《汉书·王莽传》

有的地名一年改一次，一连改五次。把人们都改昏了头，弄得朝廷下诏书提到哪个地名，都得在后面加个括号注明原来的名字。这不是胡闹嘛！

更要命的是王莽的货币政策。他竟然在七年间，搞了四次货币改革。

第一次是居摄二年（7），当时王莽还是摄皇帝，他在原来流行的五铢钱的基础上，新推出大钱和契刀、错刀两种刀形币，一共四种钱币，一起流通。两年后，他正式即位新朝皇帝。有一天，王莽拿着一个刀币端详，忽然心里一硌硬：哎呀，我之前脑子准是进水了，我怎么弄了个刀币呢？金刀刘！这不还是给人老刘家干吗？不行，废掉。于是，他把契刀、错刀两种刀币连带着五铢钱全部废止。

而更作金、银、龟、贝、钱、布之品，名曰宝货。——《汉书·食货志》

凡宝货五物，六名，二十八品。——《汉书·食货志》

也就是说，他给钱币正名，钱不叫"钱"，改叫"宝货"，并且一下子推出了二十八种不同材质、不同面值的宝货，有金质的，有银质的，有铜质的，还有乌龟壳的、贝壳的，有值一毛的，也有值一千、一万的，全都投入市场流通使用。

老百姓们彻底被整晕了，认不过来——这个小贝壳是多少宝货？你知道吗？不知道啊！而且，像龟壳、贝壳这样的钱币，形质不可能整齐划一，没法儿规范，根本没法儿用。怎么办呢？没办法，老百姓们私下里买卖，还是用五铢钱。

王莽知道这个情况后大怒：竟敢违反诏令！传旨，凡是敢用五铢钱的，一律充军发配！还有，凡是盗铸钱币的，一经发现，连坐，街坊邻居一块通通杀头！

于是，农商失业，食货俱废，民涕泣于道。——《汉书·食货志》

钱币是经济体系的血脉，钱币乱套了，整个经济就乱套了。怎么办呢？只好继续调整，继续改，又改了两次货币。非但没改好，反而越改越乱。好多老百姓倾家荡产。

不过，后世玩钱币收藏的人们有福了。王莽时期的好多种钱币发行时间很短，量很少，物以稀为贵，就很值钱。再者，当时有的钱币，比如金错刀币，相当精美，工艺水平非常之高，这也体现王莽时期的工程制造技术达到了相当高的水平。有出土的王莽时期的青铜卡尺，跟现在的游标卡尺几乎一样。

总之，从上述这些情况可见，王莽在政治方面不成熟、不稳健，他太急躁了。《汉书》所谓：

莽性躁扰，不能无为。——《汉书·食货志》

他太折腾，没有一点道家无为而治的意识。老子所谓：

治大国若烹小鲜。——《道德经·第六十章》

治理国家得像煎小鱼似的，不能翻过来、翻过去地没完，那样小鱼就翻烂了。

《汉书》还说：

莽意以为制定则天下自平，故锐思于地里，制礼作乐，讲合六经之说。——《汉书·王莽传》

这还是"必先正名"的思路。王莽认为，最关键的工作是按照经典把方方面面的制度都设计好，有了好制度天下就能治理好。于是，天天关起门来跟大臣们研究制度，制定推出王田、废奴、五均六筦等各种各样的政策，要说起来，都算是好政策，是好制度，是为底层人民着想。

但是，只有好政策、好制度，没有好的执行者也白搭。对于一个新的帝国，当务之急是什么？是稳定。确保稳定的当务之急是什么？是吏治，整个官僚体系得有效率，各级政府管理人员得让人民信赖。然后，以良好的吏治确保形成一个相对公平的法治的社会环境。这是当务之急。可是，王莽光研究政策制度了。

不暇省狱讼冤结民之急务。县宰缺者，数年守兼，一切贪残日甚。——《汉书·王莽传》

也就是说，整个基层的法制是混乱的，老百姓们有冤难申。很多县令之类的重要职位一空数年，基层官吏贪污腐败盛行。即便再好的政策，到了这帮执行者手里，也都变成了盘剥百姓中饱私囊的工具。

总之，还是钱穆所讲，王莽纯粹是书生治国——他是个外行。他正如《周易》所谓，"德不配位"，他根本没有治国平天下的才能，把国家搞乱套了。又赶上一些地方连续发生自然灾害，老百姓们生活在水深火热中，"富者不得自保，贫者无以自存"，活不下去了！怎么办？既然怎么着也是一死，干脆反了吧！

于是，秦朝末年的情景重现，很多地方的老百姓被逼上梁山，落草为寇，啸聚山林，由几十人、几百人，就变为成千上万人了。

对此情况，一开始王莽不以为意，派出使者：你们去各地了解一下情况，简单安抚一下。

然后，有使者回禀：微臣到了当地，招抚了几拨反贼，问他们为什么不做良民，偏要造反呢？他们都说：

愁法禁烦苛，不得举手。力作所得，不足以给贡税。闭门自守，又坐邻伍铸钱挟铜。——《汉书·王莽传》

现在的政令、法规太多，今天一个，明天一个，弄得老百姓们无所适从。拼命种一年地的收入都不够缴税的；老老实实坐在家里，也可能因为邻伍犯法而被连坐。总之，老百姓们是被逼得没办法了，所以才造反。

王莽大怒：住口！你胡说八道！来人，把他的官职免掉！

随后，再有使者回来复命便学乖了：微臣调查清楚了，造反的都是一帮刁民、地痞无赖，都该杀！您就不能可怜他们，还安抚他们干什么？直接灭掉就完了！有您的英明圣威，吹口气就把他们灭了，太简单了。

王莽大悦：好，升官！

跟秦二世当年的反应一模一样。历史是大循环，前面发生的事，后面终将重现，所以才要以史为鉴。只是，有句话说得好："历史给人们的最大教训就是人们从未在历史中吸取任何教训。"正因为王莽没有吸取前代历史的教训，从一开始，他对于各地的农民起义就没有足够重视，没有组织积极有效的应对措施，没有及时派出重兵弹压，致使各地农民起义军迅速做大，尤其北边青州、徐州一带的赤眉军和南边豫州、荆州一带的绿林军，都达到了数万之众。

直到地皇三年（22）春天，王莽才正式派出朝廷大军，兵分两路，一路打赤眉军，一路打绿林军。而这两路大军出去打了不到一年，都被击败。绿林军还拥立刘氏宗族子弟刘玄称帝，号称大汉更始皇帝，绿林军成了汉军。战争的性质，由王莽政府平定叛乱，变成了大汉朝复兴，要诛灭窃国大盗王莽。

地皇四年（23）下半年，王莽的军事力量已经完全处于守势，新莽政权风雨飘摇，岌岌可危。王莽正惶惶不可终日之时，一直站在他身后的一个人突然出手，要置他于死地。这人是谁呢？正是刘秀。此刘秀非彼刘秀，不是东汉开国皇帝刘秀，而是王莽的国师刘秀，也就是刘歆。此前，刘歆因为要避汉哀帝刘欣（与歆同音）的讳，改名刘秀。为什么改成刘秀呢？据说，当时他看到一条谶语：

刘秀发兵捕不道，四夷云集龙斗野，四七之际火为主。——《后汉书·光武帝记》

他改名刘秀时，暗中期望自己是若干年后那个"发兵捕不道"的人。然而，一晃三十年过去了，那个不道的人是谁呢？很明显，就是王莽。

王莽倒行逆施，夺我刘汉江山，把天下弄得一团糟；我的两个儿子、一个闺女也都让他弄死了；我跟王莽真是国恨家仇！而且，汉军马上就要打到长安来了，我刘秀此时不发兵，更待何时？！可是，我这个国师公手里没兵，怎么发呢？

刘歆正琢磨着，有人主动找上了门：国师公，我有兵，咱们一块儿干吧！

刘歆吓了一跳，因为找他的那个人竟是王莽的叔伯兄弟王涉，时任卫将军，主管皇宫保卫。

刘歆心说：这是来套我的吧，是不是看出我什么心思来了？他一拨拉脑袋：王将军，您这说的什么话？

王涉坚持：您别害怕，我是诚心诚意的。因为，我一直供养着一位有道高人，叫西门君惠。此人精于天文谶纬之道，他跟我说：

星孛扫宫室，刘氏当复兴，国师公姓名是也。——《汉书·王莽传》

从星象上看，你们老刘家必将复兴，而带头人叫刘秀。叫刘秀的人可能挺多，但放眼天下，论地位，论威望，论学识，论才能，谁能跟您比得了？肯定是您！您不要以为，我是王莽的兄弟就非得保着他，向着他，不是这样的，我现在得为我们整个王家着想。眼瞅着战争这么打下去，我们老王家必遭灭族之祸，不如主动劫持了王莽，向汉军投降，这样还可以保全宗族。另外，我跟您说个秘密，当年，我大伯新都哀侯王曼，也就是王莽的父亲从小体弱多病，而王莽的母亲功显君从年轻时就爱喝酒，是个很风流的女人，所以王莽很可能不是我们老王家的种！

新都哀侯小被病，功显君素耆酒，疑帝本非我家子也。——《汉书·王莽传》

他每天戴个面具，为什么？因为他跟我们老王家这帮人长得就不像。

再者，您可能担心，光凭我手下的兵力搞不定这事儿。这个您放心，我已经跟大司马董忠说好了，他是掌握大军兵权的。只要咱们三个联合起来，此事万无一失！干吧！

刘歆激动：好，干！为了咱老刘家和老王家，冒这个险，值！

结果，他们还没动手，此事就被董忠的手下告发，王莽先发制人，把他们全灭了。

王莽更难受了，自觉众叛亲离，每天饭也不吃，觉也不睡，盯着各地节节败退的战报，以酒浇愁，仅以鳆鱼下酒。

说话间，更始帝刘玄的汉军已经打到了武关，这算是到了长安的大门口。

王莽惶恐：苍天啊，你难道真要亡我吗？

手下一个人进言：皇上，您别着急，您这一喊苍天，我想起一个说法。

古者国有大灾，则哭以厌之。宜告天以求救！——《资治通鉴·汉纪三十一》

古代经典《周礼》和《春秋左传》都提到，国家面临大灾患时，通过大哭可以感动上天，把这个灾患给压下去。咱要不试试？

王莽：好吧，试试就试试。

于是，一天，王莽率领满朝文武举行祭天仪式，齐刷刷跪在地上，一起大哭，还要求长安城全体百姓当天也得一起哭。

王莽自己哭得死去活来，一边哭，一边嘱咐手下：你们看着，谁没哭，谁哭得声大，都记下来。

随后，有五千多名老百姓因为当天哭得特别投入而被加官，成了郎官。

可是，这当然不管用。眼瞅着武关将被攻破，王莽困兽犹斗，打算做最后一搏。他封了九大将军，号称"九虎"，让九虎率领长安城内的数万精兵直奔武关，拼尽一切也要把汉军挡住。临出发时，王莽亲自劳军，接见九虎等将领：诸位将军，诸位爱卿，这次朕就全靠你们了。来人，给各位将领发钱，每人发四千钱！

九虎将一听这个，立马都被激励起来，重赏之下必有勇夫，是吧？不是。将领们一下子都寒心了：四千钱，这是打发要饭的吗？

当时，王莽的国库里还有上百万斤黄金。值此最危难之际，王莽只拿出不到万分之一的黄金来激励将士。九虎将毫无斗志，到了武关即被汉军击溃。

汉军拿下武关后所向披靡，地皇四年（23）九月初一，攻入长安城，直奔未央宫杀来。当时，杀声震地，火光冲天，大火烧到了掖庭承明宫。住在承明宫里的是王莽的女儿，此前汉平帝的皇后。她大喊一声：

"何面目以见汉家！"自投火中而死。——《汉书·外戚传》

贞洁烈女，为汉室守节。当初，汉平帝死的时候她才十五岁。三年后，王莽即位，给她改称尊号为"黄皇室主"。王莽心疼她：我闺女这么年轻，凭什么给老刘家守寡。可是，闺女有什么样的心思呢？

王莽跟家人子女的沟通肯定很差，他不肯问闺女的想法，而是直接物色了一个公子，让其扮成太医来给闺女看病。一见面，"太医"竟然说是来相亲的，黄皇室主大怒，将其轰出，然后大病一场，最终为汉朝自杀守节。

也有很多人在最后时刻为新朝守节，《汉书》虽刻意淡化，一带而过，却仍让人印象深刻。比如，大将孔仁兵败。

叹曰："吾闻食人食者死其事。"拔剑刺而死。——《汉书·王莽传》

我既然吃的是新朝的俸禄，就应当为新朝而死。自杀殉节。

在汉军已经攻入未央宫时，王莽的身边仍然有上千人追随。

公卿大夫、侍中、黄门郎从官尚千余人随之。——《汉书·王莽传》

他们没有四散而逃，而是紧跟王莽，生死与共。

最终，乱战之中，有个小士兵一刀砍死了王莽。他也不认识王莽。只是知道他砍死的这位肯定是个官。他把王莽身上的绶带解下来，挎在自己身上，随后作为领赏的证明。有一个汉军校尉看到，大惊：这个绶带哪儿来的？

小兵说：有个官被我砍死了，在那边。

校尉冲过去，砍下了王莽的头颅。在场的士兵们听说是王莽，蜂拥而上。

分裂莽身，支节肌骨脔分。——《汉书·王莽传》

把王莽身体剁烂了。

很快，王莽的头颅被送到了更始帝刘玄的案前。

三、昆阳之战

更始元年（23）九月，更始帝刘玄率领汉军攻入长安，这支军队的主体是此前的绿林军。绿林军兴起于荆州绿林山一带，这里处于南阳郡、南郡、江夏郡三郡交界，属于"三不管"地带，山高林密，可以充饥的东西也比较多。因此，当时被王莽新政搞得活不下去的很多穷苦百姓藏身于此。这帮人凑到一起也难免有纷争，谁来主持公道？于是，大家一起推举出两个有威望的人做大帅，分别是江夏郡新市乡的王匡和王凤。

一开始，他们并不敢公开跟官府为敌，最多不过打家劫舍，混口饭吃，混一天算一天，都盼着哪天朝廷政策宽松一点，收成再好一点，最好再来次大赦，就好回家种地，各自过安生日子去。这时候，朝廷若能政策得当，安抚、招安，问题肯定不大，好办。而王莽听不进去这种意见，地皇二年（21），他发动荆州当地的两万大军，进剿绿林山，要把王匡等人全部消灭。王匡他们也就拼了命，竟将官军一举击溃。开弓没有回头箭，他们索性攻打县城，一举拿下江夏郡竟陵县。于是，这支绿林军迅速壮大至五万之众。

与此同时，在青州、徐州一带的赤眉军也起来了。

赤眉军的兴起，最早缘于一位女英雄。她本是琅邪郡海边一个县城的富婆，因为夫家姓吕，人称吕母。吕母的儿子在乡里做游徼，犯了点小罪过，本来罪不至死，却生生被县令处死。吕母痛不欲生，差点儿没哭死，最后一想：我光哭有什么用，我得干点什么！我干什么呢？开酒馆。

她很有钱。

赀产数百万。——《后汉书·刘盆子传》

她用这些钱开了一家高档酒馆，还买了很多衣服。有道是，长袖善舞，多钱善贾。吕母的酒馆开得很火爆，很多人都来消费，其中不乏游侠、小混混。有的人消费完了，没钱。吕母一笑：没钱不要紧，记账，赊着，随便喝。哎，你这身衣服旧了，阿姨送你身新衣服，不要钱，以后再说。

一来二去，时间长了，母吕的酒馆便开成了"黑店"，聚集了很多江湖人物。这些人都很尊敬吕母。有一天，他们凑起一大笔钱，来还给吕母。吕母大哭：诸位弟兄，我不图你们还钱，我是有事相求。县令冤杀了我的儿子，我要报仇！你们能帮我这个忙吗？敢不敢？

这些人热血沸腾：敢！这有什么？杀了那个狗官！

于是，吕母把所有的好酒都拿出来：好！咱们说到做到，喝！

之后，吕母带着这百十多号人占据一个海岛，招兵买马，队伍很快达到数千之众。随后，他们攻下县城，砍了县令的脑袋。正所谓，女子本弱，为母则强。母爱太伟大！

几年后，吕母病死，她手下这支队伍转投另一个揭竿而起的琅邪人樊崇麾下，一两年间就发展至数万之众，在青州、徐州一带攻城略地，数次击败官军。他们为了在乱战之中方便分辨敌我，都把眉毛染成了红色，由此得名"赤眉军"。

除了荆州绿林军和青州、徐州的赤眉军，还有冀州的铜马军、青犊军等很多支农民起义军相继而起，眼看着又要天下大乱。

这时，在绿林山北不远的地方有个小城叫春陵，属于南阳郡，当地有三兄弟，老大刘縯，字伯升，老二刘仲，老三刘秀，字文叔。他们的父亲本是个小县令，生活条件还可以，算得上是个不大不小的地主家庭。可是，对比一下他家祖上，绝对是没落了！他们的爷爷的爷爷的爷爷，就是汉景帝。也就是说，他们是汉景帝的七世孙，或者说是刘邦的九世孙。

他们的父亲死得早，同样做县令的叔叔刘良照顾他们的生活。三兄弟性情各异，老大刘縯，跟刘邦很像，是豪杰做派。

不事家人居业，倾身破产，交结天下雄俊。——《后汉书·齐武王縯传》

养家糊口过日子的事儿他一概不管，他的那份家产都拿出去结交各地豪杰了。

老三刘秀则要安分得多。

性勤于稼穑。——《后汉书·光武帝纪》

他一门心思做个富足的小地主，每天小算盘一打，经营土地，本富为上。

有一次，刘縯跟刘秀开玩笑：我说老三，你就不能跟咱高祖爷爷学学吗？你得有大想法，整天鼓捣这几亩地能有多大出息。

刘秀笑笑：有大哥您学高祖爷爷就行了，我就学咱那二祖爷爷，老实种地，我感觉也挺好。

话虽如此，让大哥这一说，刘秀还是有点小触动。在二十岁出头时，刘秀便找了一个机会到长安太学求学。他主要学《尚书》。

略通大义。——《后汉书·光武帝纪》

"略通大义"可不是贬义，古来英雄豪杰读书莫不如此，他们不做抠字眼、钻牛角尖的腐儒学问，只取切实有用的"大义"来指导人生实践。

刘秀在太学大概只学了一两年，便回家继续当小地主了。又过了几年，就到了绿林、赤眉等纷纷兴起的地皇三年（22）。当时，南阳郡正在闹饥荒，社会动荡，大哥刘缜的一个手下犯了大案，刘秀也被牵连，只好跑到新野县他姐夫邓晨家里躲了起来。

邓晨的朋友们听说刘秀来了，都过来看望，闲聊：兄弟，新野是咱们家的地盘，你就放心待着吧。看这形势，没准儿哪天还得变回去，到时还是你们老刘家的天下哩。

这帮人中有一位叫蔡少公的，对图谶颇有研究，他接过话：对，肯定还得变回去。而且，我听说一句谶语：

刘秀当为天子。——《后汉书·邓晨传》

旁边人：噢，看来准是那个国师公刘秀吧。

刘秀笑道：

何用知非仆邪?——《后汉书·邓晨传》

干吗非得是他呢？没准儿就是咱！

大家哄堂大笑：还真没准儿！皇帝轮流做，明年到我家，刘秀兄弟要是当了天子，那咱们也都成了皇亲国戚。哈哈……喝酒喝酒……

然后，刘秀在邓晨家里待了几天，就待不住了。他是个过日子的人，这么闲待着哪行，得找点事干。干什么能赚钱呢？想来想去，决定倒卖粮食。南阳正闹饥荒，物以稀为贵！

于是，刘秀把邓晨家里存的粮食拉了几车，到南阳郡治所宛城去卖，果然很赚钱。刘秀立即从别的地方调粮食，在宛城开起一家粮食店，生意红火。

一天，两个富家子弟来拜访：打扰了，在下李通、李轶，我们哥儿俩想请您喝一杯。

刘秀早闻这哥儿俩是宛城有名的富豪，他们的父亲在长安为官，是个人物，立即答应：好，我请你们。

酒过三巡，李通把话说开：家父好星历谶记，常跟我说——

谶云"刘氏复兴，李氏为辅"。——《后汉书·李通传》

你们老刘家会复兴，而我们老李家会辅佐你们。而今绿林军起，南阳骚动，正是乱世出英雄之际，大丈夫此时不振奋一搏，更待何时？

刘秀心头一惊：这个……别……在下可不敢当，不敢当……

李通嘿嘿一笑：只恐怕您不敢当也得当。令兄刘伯升这会儿估计在春陵已经起兵，您还能站在清水里吗？

刘秀脸色大变，心想：大哥前些天确实跟我露过此意，怎么办呢？

此时，刘秀只有二十八岁，正是血气方刚时，他把心一横：干！

说干就干，立即行动，他与李通兄弟秘密地采购了一批刀剑弓弩，凑了一拨人，回到春陵与大哥刘缤会合。

刘缤正在动员春陵刘氏各家：咱们要一起反王莽！夺回我刘家天下！

好多人一听要造反都吓坏了，四散而逃。正逃着，迎面正撞见刘秀身着绛衣大冠骑牛挎刀剑而来，不禁惊呼：

谨厚者亦复为之。——《后汉书·光武帝纪》

刘秀这么安分谨慎的人竟然都一起造反了！看来真是没别的道了，干脆跟着他们兄弟干吧。

于是，刘缤、刘秀兄弟拉起了一支七八千人的子弟兵，亲戚朋友都参加了。不参加，败了也得连坐，不得不参加。他们自称汉军。开打！

在攻克两座小城之后，汉军向宛城进军，进至小长安跟王莽新朝军队遭遇，惨败。刘秀骑着不久前刚缴获的一匹战马，夺路而逃。逃出没多远，正遇见妹妹刘伯姬，他一把给拽上马。兄妹骑一匹马，继续逃。半道又遇上姐姐刘元——邓晨的夫人。刘秀大喊：姐姐，快跟我上马！

刘元摆摆手：你们快逃吧，别管我，别磨蹭；再磨蹭，咱们都得死在这儿……

后面追兵逼近，刘秀只得洒泪而别。刘元和她三个女儿都被乱军杀死；二哥刘仲及同乡刘家兄弟数十人战死；刘秀的母亲樊娴大致也在此期间病死。

刘縯擦干眼泪，收拾残兵，重整队伍，一数还剩不到一半人，于是退守小城棘阳。而王莽的十万大军正在压上来，这支刚刚诞生的汉军危在旦夕。

怎么办？找帮手。这时，绿林军的一支先头部队正在离棘阳不远的宜秋，几位绿林军将领听说汉军败得那么惨，都吓坏了，正琢磨各自逃命，忽听手下来报：外面来了一位汉军大将，自称刘縯，要求见咱们的首领，有大事相商。

这几位绿林军将领当时还分不出正副主次，当即共推一位叫王常的作为代表会见刘縯。一番交谈下来，王常叹服：

今刘氏复兴，即真主也。诚思出身为用，辅成大功。——《后汉书·王常传》

看来，刘姓要重夺江山，此为天意！在下不才，愿意为将军效犬马之劳！您少等，我去说服另外几位将领一起追随您。

其中两个将领，张卬与成丹各自手下兵力较强，都反对：咱凭什么给刘縯当手下，他算老几？

王常说：不对，我跟你们说，当今这个狗皇帝王莽乘人之危篡夺了刘姓汉朝江山，然后瞎改革，把百姓的好日子糟践了。

民之讴吟思汉，非一日也。——《汉书·王常传》

老百姓都怀念大汉朝的美好生活，恨不得老刘家重掌天下，这是民心所向，也是天意所向。

举大事，必当下顺民心，上合天意，功乃可成。——《汉书·王常传》

光有实力蛮干是不行的，当年项羽那么厉害还不是照样完蛋，咱们更不可能成事的，必须抱住老刘家的人，才有机会。这位刘縯将军乃是汉高祖正脉，气概超凡，绝对是王公之才，所率汉军实是"下顺民心，上合天意"，咱不抱住他，岂不成傻子了？

张卬等人听王常这么一解释，服了：也对，跟他们联合起来，咱这草头班子，也都成了大汉军队。好！

于是，刘縯、刘秀兄弟的汉军跟这支绿林军成功整编。随后，他们在地皇四年（23）正月初一一举击败王莽的那支军队，斩杀两万余人，乘胜包围宛城，汉军迅速壮大至十几万人。

接下来，将领们商量：既然人心思汉，咱们干脆拥立一位刘姓将军做大汉皇帝吧。

拥立谁呢？两个人选：头一个是刘縯；另一个是刘玄，也是刘秀的本家哥哥——刘玄的爷爷的爷爷跟刘秀的爷爷的爷爷是一个人，而且家都在春陵。

刘玄也是有些豪杰气派的人，此前负罪亡命，加入绿林军，号称"更始将军"。这样，他比刘縯跟绿林军的关系更亲近，而且为人相对柔和，因此，绿林军将领们多数希望他当皇帝。于是，他们派人把刘縯叫来：我们想拥立更始将军称帝，你意下如何？

刘縯说：你们能拥立我们刘家人，我非常感谢！可是，此事不宜操之过急。王莽若听说咱们称帝号，肯定集中兵力来打咱；赤眉军若听说咱们称帝号，很可能也会拥立个皇帝，来跟咱争……

好几位绿林军将领频频点头：嗯，有道理……

忽听人大喝一声：别说了！

人们吓一跳，扭头一看，只见大将张卬拔出宝剑往地上一戳，怒冲冲地喝道：刘伯升你别说了！

疑事无功。今日之议，不得有二。——《后汉书·齐武王縯传》

像你这前怕狼后怕虎的，什么事儿也甭干了。今天这事儿，你不是不反对吗？那就这么定了，拥立更始将军做皇帝。谁再说别的，老子宝剑无情！

绿林军将领们立即附和：张将军说得对，就这么定了！

刘縯委曲求全：好吧。

更始元年（23）二月初一，刘玄即皇帝位，史称"更始皇帝"。王匡、王凤等绿林军主要将领都被封为三公九卿。刘縯被封大司徒，相当于宰相。刘秀仅被封为太常偏将军。

接下来，整个汉军士气高涨，乘势而进。一方面，主力部队继续围攻宛城；另一方面，王凤率领刘秀等将领北上，迅速攻克颍川郡南部的昆阳、定陵、郾城等三座县城。

五月，王莽新朝主力军队也开进了颍川郡。这次王莽动了老本，派司空王邑、司徒王寻，相当于两个宰相，带着从各州郡征调的四十三万大军，号称百万，"旌旗辎重，千里不绝"，要来踏平这支敢立新皇帝的汉军。新朝军中又招募了很多奇人异士，其中有一位巨无霸。

巨无霸，长一丈，大十围。——《后汉书·光武帝纪》

此人身高差不多有两米三〇，而且身形非常粗壮。还有驯猛兽的能人，带着一大群老虎、豹子、大象、犀牛等，以助军威。

自秦、汉出师之盛，未尝有也。——《后汉书·光武帝纪》

自秦、汉以来，出师打仗的军队，从来没有这么大规模的。

一天，刘秀跟一帮将领带着几千兵正在颍川打游击，远远地瞅着东北洛阳方向尘土蔽日，车声如雷，新莽大军越来越近。登高一望，顿时都吓傻了：我的妈呀，快逃命吧！

他们拨转马头，仓皇逃回昆阳城内，打铺盖卷儿就要各回各家，都惊慌失措。唯有刘秀格外镇定：都别慌！大家听我说一句。值此危难之际，咱们必须凝神聚力！我们没有退路，真要是把昆阳城丢了，王莽大军一日之内就能杀到宛城，围攻宛城的汉军将腹背受敌，肯定全军覆没。那样的话，咱们谁也跑不了，都是死路一条。只有团结起来拼死一搏，才有机会活下来。

将领们一撇嘴：嚯，小白脸，小嘴巴巴的，你不就仗着你大哥刘伯升吗？还敢教训我们。

刘秀一笑，没言语。

这时，外面探子来报：王莽大军已逼近城北！

军陈数百里，不见其后。——《后汉书·光武帝纪》

无边无际，也说不上来了多少人。

这帮汉军将领都傻眼了，包括王凤、王常都面面相觑：怎么办呢？怎么办？哎呀，刘将军啊，刚才您怎么说的来着，是我们话说得重了，您别往心里去，您给大家指条道吧。

刘秀一挽袖子：好，那我可就说了，咱们可以这么着这么着……

大家伙儿听完都服了：刘将军分析得句句在理，我们听您的！

于是，刘秀安排王凤和王常留下来驻守昆阳城，他自己带着十几个随从，出南城门，去定陵、郾城搬救兵。

刘秀头脚出了昆阳，王邑、王寻率领的十余万人先头部队，便把昆阳城团团包围。

当时，王邑手下有一员名将，就是此前被王莽派去打高句骊大获成功的严尤。严尤建议王邑：留下两三万人围昆阳，大部队继续南下，去救宛城之围，打汉军主力。

王邑不以为然：咱这么多人，拿下这个小昆阳还叫点事儿吗？咱先把它打烂、碾碎，不正好显示咱的军威吗？来人，准备攻城！

昆阳城内的汉军只有八九千人。王邑大军几十万人陆续集结到城下，里里外外包围了好几十圈，箭弩齐发。昆阳城内矢下如雨，汉军伤亡惨重。再者，外面攻城的又是云梯，又是挖地道，又是拿巨大的冲辒撞城门。守城的王凤、王常很快就坚持不住了，他俩商量：咱干脆投降吧。投降之后，估计最多把咱这几个将领杀了，弟兄们应当还有一条活路。

他们在城头打出了白旗。王邑一撇嘴：想投降活命是吧？晚了！本帅要屠城震慑敌胆，以振军威！继续猛攻！

王凤、王常没办法，只好继续拼死守城，想尽办法，苦苦支撑，愣是坚守了好几天。

眼瞅着这么一个昆阳小城，连攻数日也拿不下，严尤又找王邑，说兵法讲究：

围城为之阙。——《汉书·王莽传》

不能把城完全围死了，否则，城里人只能铁了心顽抗到底，得给他们留个缺口，让他们心里惦记着弃城而逃，让他们三心二意，这个城就好攻了。再说，即便真放跑一些反贼也不是坏事，他们肯定会跑到宛城报信，把咱们大军的气势描述一番，可能直接就把宛城的反贼吓死了。

王邑听得不耐烦，一摆手：磨叽这个干吗？继续打！

可继续打还是拿不下，整个新莽军队有点泄气。这时，探子来报：打西边又来了一队反贼，有一千多人。

王邑立即分出几千人前去迎战。

这一千多人哪儿来的？当然是刘秀带来的。刘秀出昆阳去定陵和郾城搬救兵，这两处汉军贪恋城中财物，都想坚守不出：我们去了也救不了，还不如在此坚守。

刘秀一笑：哈哈，瞧你们这点小心思，这个小县城里能有几个钱？咱们要是把王莽这支大军击溃，那是多少财宝？比这县城多一万倍也不止！反过来讲，你们要是不出兵，等着人家来各个击破，脑袋都没了，还有什么财物可贪？

两城将领：也对，那就打吧！刘将军，咱们出发！

于是，刘秀先带上这一千多人打前锋，杀回了昆阳。眼瞅着新军迎战的几千人越来越近，刘秀带上几十个骑兵勇士，身先士卒，直接突阵！

只见他们如离弦之箭，冲入新莽军阵，如虎入羊群，杀进去，又杀出来，眨眼之间，斩首数十级。

后面赶上来的汉军将领齐声叫好：好！刘将军威猛！

刘将军平生见小敌怯，今见大敌勇，甚可怪也。——《后汉书·光武帝纪》

以前打的那些小仗，刘将军不过马马虎虎，看不出什么胆气来。今天，大敌当前，竟然如此神勇。好！咱们再突他一次，哥儿几个，一起冲！

刘秀和几位将领还有几十号勇士再突敌阵，又是杀进、杀出，斩首数十级。

一下子，汉军的士气就打出来了，心说：闹了半天，王莽的军队都是攒鸡毛凑掸子，这么好打。杀！

一举将这几千新莽军击溃。刘秀乘势而进，直奔王邑、王寻的中军大帐杀来。

王邑、王寻颇为镇定，问：反贼的援军来了多少人？

刚刚败回的将领答：他们有三千多人。

王邑把眼一瞪：什么？三千人，就把你们打成这样，真是废物！来人，点一万兵马，我跟王寻司徒要亲自灭了他们。你们都在旁边看着，不许上手，看看我们怎么灭他们。

结果，两边一交战，王邑、王寻就有点儿招架不住。别的将领也不敢助战，因为刚才王邑说不让别人上手——这不倒霉催的吗——很快地，王邑这一万兵被击败，司徒王寻被击毙。昆阳城内的汉军乘机鼓噪而出，里外夹击，杀声震天。几十万新莽大军顿时乱了阵脚，兵败如山倒，四散而逃，有互相踩踏死的，有挤河里死的，还有被汉军杀死的，没数了。最终，王邑、严尤等只剩下几千人逃回洛阳。

这就是历史上著名的昆阳之战。此战之后，王莽新军主力尽废，天下豪杰闻风而动，各地郡县官府都被起义军占领，然后等着大汉更始皇帝的诏命、封赏。

　　这里，所谓"天下豪杰"，其实多数是地主阶层，王莽王田制改革损害了他们的利益，他们于是起来推翻王莽，决心恢复之前的土地制度，拿回他们的土地。从这一点上来讲，这是一种历史的倒退。

四、刘秀的奋斗

更始元年（23）六月发生的昆阳之战，刘秀带领一万多汉军，击溃王莽四十万大军。与此同时，宛城也被汉军拿下。于是，天下响应，各地豪杰揭竿而起，都打着汉朝旗帜夺取郡县。此时，最高兴的人莫过刘玄，眼前形势大好，自己即将成为重整河山君临天下的真皇帝，兴奋不已。然而，他很快又变得焦虑不安，心想：该不会有人跟我争吧？王匡、王凤、王常、张卬他们不可能跟我争，因为公认得姓刘的坐江山。谁姓刘？刘縯、刘秀兄弟！刘縯本来就不服我，现在又有一战成名的刘秀助着。怎么办呢？

那几位绿林军大将本就与刘縯不合，立即进言：除掉他吧！

刘玄点头。

几天之后，刘玄召集各路将领：最近捷报频传，大家辛苦啦，喝酒！

刘縯挨着坐在刘玄下首，刘玄很热情：来，咱们哥儿俩喝一个……哎，你挎的这把宝剑不错，给我欣赏欣赏吧。

刘縯解剑呈上。刘玄似笑非笑地把剑接到手中把玩。旁边将领申屠建突然起身：皇上，我也有一样好东西，您看看吧。

刘玄接过来一看，脸色大变，手抖声颤：好，好，朕收下了。那个，伯升兄弟，你还是把宝剑收起来吧。

申屠建愣在那里，瞅着刘玄继续喝酒没什么反应，他只好回头落座。

酒宴结束，人们各回各营。路上，舅舅樊宏拉住刘𬙂：大外甥，刚才申屠建献给刘玄的那个礼物，你看到了吗？那是一只玉玦！这不会是一出鸿门宴吧！

刘𬙂皱眉：不至于吧，都是本家兄弟，我也没怎么着他。您想多了。

要不怎么说，害人之心不可有，防人之心不可无呢？刘玄本是计划好了的，先拿了刘𬙂的宝剑，便以摔杯为号，当场杀掉刘𬙂。可是，临了又犹豫，下不了这个狠手。申屠建献玉玦，正是催促刘玄当机立断，刘玄还是犹豫。刘𬙂躲过一劫，随后本该长点儿心，却没当回事儿。不久，刘玄又找了个机会，给刘𬙂安了个罪名，把他杀掉了。

当时，刘秀正带兵在外，刚刚打下颍川郡的父城。忽然噩耗传来，说大哥被更始皇帝杀了。刘秀痛不欲生：哎呀！可疼死我了！哥哥死得冤，欲加之罪，何患无辞。哥哥啊，我该怎么办？

刘秀恨不得飞到宛城，砍了刘玄的脑袋，给大哥报仇。可是，以他的实力，跟刘玄没法儿比。他不过是个偏将军，手下不过几千兵，还未必跟他一心。怎么办？

不能冲动，要冷静！刘玄既然杀我大哥，下一步肯定要杀我。怎么办？没办法，硬着头皮上吧。

当即，刘秀骑上马，独自一人跑到宛城向刘玄谢罪：皇上受惊了，刘𬙂竟然犯了那样的罪过，罪不容赦，死有余辜，您能大义灭亲心中定然也很痛苦，还请千万宽心，保重龙体。我作为刘𬙂的弟弟没有及时劝导、匡正他，也是罪责难逃，要杀要剐，我都没有怨言。

刘玄亏心：兄弟哪里话，我也是身不由己，不杀刘𬙂不足以服众，你也得理解，先去休息吧。

刘秀回到住处，刘縯的几个亲信手下正等他。刘秀一摆手：各位请回吧，什么也不必说。我大哥犯罪，大家肯定也都跟着受牵累，对不起！来人，送客！

转过天来，再上朝，见到刘玄，见到其他将领，刘秀就像什么事儿也没发生一样。

饮食言笑如平常。——《后汉书·光武帝纪》

该吃吃，该喝喝，谈笑自若。既没给刘縯办葬礼，也没穿孝，什么都没有。给人感觉，这哥儿俩肯定有过节，一点儿兄弟亲情也没有。

实际上，刘秀是在演戏。在那段日子里，夜深人静之时，他常常一个人躲在被窝里偷偷落泪。

刘秀手下有个叫冯异的人，很有心。冯异字公孙，本是新朝父城守将，刘玄此前派了好几拨人打父城都打不下来，换上刘秀也是打了好多天都打不下来。中间，冯异有事出城，被刘秀活捉。冯异被刘秀的魅力折服，献城投降，并成为刘秀亲信。冯异看到刘秀枕头被子上有泪痕。

枕席有涕泣处。——《后汉书·冯异传》

他便宽慰了刘秀几句。刘秀一摆手：嘘，打住，不要乱讲，你看错了，那不是泪痕，不要跟别人说这个。

最终，刘秀以这番忍辱负重的表演骗过了刘玄，非但没被杀，还被封为武信侯，继续重用。

同年九月，汉军攻入长安，杀死了王莽。

王莽的人头被送抵宛城，刘玄看之大喜，对身边的爱妃笑言：哎呀，可惜了。

莽不如是，当与霍光等。——《后汉书·刘玄传》

王莽要是不篡位，那就是第二个霍光，是大汉朝的再造之臣。唉，人心不足蛇吞象，最终落此下场。

这个妃子很聪明，咯咯一乐：

若不如是，帝焉得之乎？——《后汉书·刘玄传》

王莽要是不篡位，哪辈子能轮上您当皇帝啊。

刘玄大笑：也对。来人，把王莽的人头拿出去，悬头示众。另外，刘秀呢，朕让他做司隶校尉去洛阳修缮宫室，有两个多月了吧，修得怎样了？找人看看去，咱抓紧迁都，定都洛阳。

刘秀这个工作干得怎么样呢？干得非常好！他不仅把新国都洛阳修缮规制一新，在这段时间的工作中，刘秀还显示出在政务管理方面的卓越才能。

置僚属，作文移，从事司察，一如旧章。——《后汉书·光武帝纪》

不论是司隶校尉手下各部门的设置，还是跟相关单位之间的公函行文，或是开展具体的工作，都非常规范，完全恢复到了战前西汉时期的正常状态。

同年十月，刘玄从宛城搬至洛阳，正式开始坐天下。各地官员、名流都来朝贺。其中，从长安来的一帮人多是西汉遗老，他们到了洛阳，发现皇宫内外进进出出的汉军将领，头上都还扎着底层庶民戴的头巾，身上穿的衣服竟然还有女式的，披的大斗篷、套的坎肩也都是女式的。

皆冠帻，而服妇人衣，诸于绣镼。——《后汉书·光武帝纪》

把这帮西汉遗老弄得哭笑不得：难道就是这帮人光复我大汉朝吗？

这时，迎面又来了一群人，这老哥儿几个眼前一亮，问旁边人：请问这些都是哪里来的官人？

旁边人说：您不知道啊，这都是司隶校尉府的。

有位老先生顿时泪目：

不图今日复见汉官威仪！——《后汉书·光武帝纪》

没想到今天，老朽还能重见我大汉朝当年的威仪！这身衣冠完全是大汉朝的标准，没半点儿走样。好！请问，司隶校尉是哪位啊？什么？

刘秀？就是打了昆阳之战的那位刘秀将军吗？哇！了不起！

就这样，当时的有识之士们对刘秀都暗挑大指：这才是大人物！没准儿他才是真命天子哩。

刘玄也很满意：刘秀为我收拾的国都和这些宫殿都太漂亮了，真是一个好帮手，以后我还得重用他。刘司徒、朱司马，你们看，下一步咱还有什么重要工作呢？

大司徒刘赐说：现在青、徐一带的赤眉军已经向咱称臣。不过，黄河以北的铜马军、青犊军，好像还不服咱，他们活动的冀州、幽州诸郡县多数都还没跟咱确立正式的君臣关系。所以，得派一个得力的人去走一圈，把这些郡县的政府组织都规制好，把铜马、青犊搞定。

刘玄说：有道理，那你看让谁去合适呢？

刘赐答：臣以为，最合适的人选莫过于刘秀，他是您的本家兄弟，为人可靠，而且能文能武，肯定能驾驭好河北的这种复杂局面。

大司马朱鲔立即反对：决不能让刘秀去！让他去了河北，就等于纵虎归山。皇上，您别忘了他大哥刘伯升是怎么死的。

此前，朱鲔是杀害刘縯的主要参与者和执行者，所以，他对刘秀一直保持着很高的戒心。

刘赐反驳：那事早过去了。你可不要挑拨我们刘家兄弟的感情，皇上，我敢保证，刘秀绝对没问题。

最终，刘玄同意了刘赐的意见，封刘秀为破虏将军，行大司马事，持节，镇抚河北州郡。

于是，更始元年（23）十月，刘秀带上几十个亲信离开洛阳，北渡黄河，穿过河内郡、魏郡，一路北上。每经过一个郡、县，他们都会短暂停留，把当地官员和豪杰召集起来，代表更始皇帝重新选定当地领导班子，所有的制度都恢复到以前汉朝的状态，此前因为触犯王莽法令而被关进大牢的囚徒也全都被释放，等等。他实行了一系列拨乱反正的政策。刘秀全都处理得当，吏民喜悦。

可是，后面的路到底该如何走，刘秀心中茫然：我就这样在刘玄手下装一辈子孙子吗？大哥的仇不报了吗？唉，走一步看一步吧。

一天，刘秀一行来到魏郡邺城，刚刚安排好住处，手下来报：外面有个书生求见，自称是您的小兄弟。

刘秀：噢，小兄弟？请他进来。

来者二十岁出头，白白净净，一看就是个读书人，带着一股聪明劲儿。刘秀感觉眼熟，定睛一看，乐了：哎呀，真是我的小兄弟啊。

来人大笑：哥哥，可想死我了。

刘秀高兴坏了：咱们快十年没见了吧，你长这么高了，我都快认不出来了。

来者叫邓禹，字仲华，老家也是南阳郡的，新野人，是个神童，十三岁就到长安太学读书，正好跟刘秀是同学。两人在一起称兄道弟，关系非常好。邓禹在长安待了几年，学成回家。随后，汉军兴起，当地几位豪杰都撺掇邓禹投奔刘玄手下谋个官职。邓禹一拨拉脑袋：别着急，我再等等，看看再说。

他在底下冷眼观察着当时的形势，还有各种出头露脸的人物，暗自琢磨谁能成事，应当跟谁。最后，他听说刘秀已经离开洛阳去镇抚河北，才终于下定决心，追随刘秀。

刘秀跟邓禹寒暄热乎了一番，落座，刘秀问：兄弟大老远来找我，是不是想做个郡守县令？河北这些郡县，你随便挑。

邓禹一笑：谢谢哥哥。不过，这些官儿太小，兄弟我看不上。

刘秀也笑了：有志气！你的意思是？

邓禹起身向刘秀深施一礼：主公在上，请受邓禹一拜。

愿明公威德加于四海，禹得效其尺寸，垂功名于竹帛耳。——《后汉书·邓禹传》

我的意思是，要辅佐您打天下、当皇帝，我出将入相，跟您一起青史留名！

刘秀哈哈大笑，然后，严肃起来：先吃饭，咱们慢慢聊。

两人整整聊了一宿，邓禹畅论一番：

历观往古圣人之兴，二科而已，天时与人事也。——《资治通鉴·汉纪三十一》

古来得天下的帝王，都是靠两样：一是得天时，有天命相助；二是得人事，有能人相助。如今虽然刘玄称帝，可是，各种灾异愈演愈烈，可见天命不在他；再者，此人才智平平，手下绿林出身的那班将领不过是一群暴发户，眼里只盯着钱，盯着一点点权力，只想满足私欲，根本不深谋远虑，不胸怀天下苍生。他们怎么可能坐得了天下呢？

四方分崩离析，形势可见。——《后汉书·邓禹传》

依我看，很快还得大乱套。

刘秀问：依你之见，我现在应当怎么办？

邓禹说：

于今之计，莫如延揽英雄，务悦民心，立高祖之业，救万民之命，以公而虑，天下不足定也。——《后汉书·邓禹传》

您现在赶紧打定主意，单干吧！不要再想着依托刘玄如何如何了，要抓紧整合方方面面的资源，招兵买马，聚拢人心，提高自己的实力和威信。就凭您刘姓宗室的身份，凭带兵为政的声望，还有您的天纵英才，"天下不足定也"，打天下不过小菜一碟！

刘秀大悦：好兄弟，你就是我的张良、萧何！

随后，冯异也找刘秀，跟邓禹的意思差不多，也是说：刘玄即位之后，政令混乱，老百姓们仍然生活在水深火热中，跟王莽时期没什么两样。

人久饥渴，易为充饱。——《后汉书·冯异传》

天天挨饿的人，随便给他点儿东西吃，就觉得是人间美味。咱得利用这个形势，抓紧把工作铺开。您得把咱这帮人都撒出去，分头行动，到河北各郡县去落实您的惠民政策，尽快赢得广大人民的支持。

刘秀说：很好，老冯，你去拿个方案，把人都分派出去，摸清各地的情况，谁支持咱，谁反对咱，做到心中有数。

说话间，刘秀一行到了邯郸。邯郸是北方名城，赵国故都，现在，主持这里的是原西汉诸侯赵缪王之子刘林。刘林也是乱世英雄，在赵国及周边很有影响，胸怀大志，他早闻刘秀昆阳之战以少胜多的威名，建议刘秀消灭赤眉军。他说：虽然皇上即位，但天下仍乱，尤其赤眉军对咱大汉仍是很大威胁。此前，赤眉首领到洛阳称臣，随即反叛，重回赤眉军中，横行青、徐、兖州。我有个计划，现在赤眉主力集结于黄河东岸。

但决水灌之，百万之众可使为鱼。——《后汉书·光武帝纪》

咱只要把黄河东边的大坝掘开个大口子，就能把他们都淹死。机不可失，时不再来，将军，咱们干吧！

刘秀不以为然：此事不要提了。赵国的事情，你们盯一下，我得继续北上，去真定。

刘林热脸贴了刘秀的冷屁股，很不爽，于是，转而实施他的另一个更宏大的计划——拥立刘子舆。

刘子舆是何方神圣？据说，他是汉成帝与宫女所生，为免赵飞燕姐妹加害，藏于民间，后有传奇经历，天文历法无不精通，藏器待时，等待时机推翻王莽重掌天下。

这是真的吗？按史书所写，这是个骗局，这个自称刘子舆的人本叫王郎，只是一个江湖术士。

常以为河北有天子气。——《后汉书·王昌传》

于是，编出这么一套来，忽悠刘林，想借助刘林的势力来实现他的天子梦。

而刘林真信了：您真是受委屈了，您才是我们老刘家的嫡嗣正脉。我保您！

就这样，刘林的一帮豪杰朋友也都信了，他们放出传言说赤眉军马上要北渡黄河，过来拥立刘子舆做皇帝。很快地，老百姓们也都信了。于是，刘秀头脚离开邯郸，刘林后脚就在邯郸原赵王宫拥立了这个所谓的刘子舆即皇帝位，并宣称：我们才是大汉正统，刘玄得取缔，即日起，所有河北郡县不得再向刘玄称臣，要接受我们的领导！要立即拿下刘秀，不能让他在我们的地盘上继续搞事情！

河北各郡县听说刘林拥立了汉成帝的儿子，多数都支持。于是，刚刚到达真定的刘秀陷入四面楚歌的危险处境之中。

五、刘秀逆袭定河北

更始二年（24）十二月，江湖术士王郎谎称自己是汉成帝流落民间的儿子刘子舆，在邯郸称帝，很快便得到冀州大部分郡县的支持。正在冀州中部真定的刘秀处境危险。怎么办？

三十六计，走为上。刘秀带领一帮随从赶紧跑，一路向北跑出了冀州，来到幽州重镇蓟县，即原西汉广阳国国都。刘秀进了城，正要接见蓟县城内的官员，却被手下谏止：将军且慢，刚刚接到情报，当地官员已接到伪皇帝王郎的檄文，悬赏十万户侯来抓您！这里，咱恐怕不能待了。

刘秀一皱眉：蓟县官员什么态度？是听王郎的，还是听咱的？民心所向到底如何？王霸听令，你带几个人去城中张贴告示，就说我大司马刘秀就地征兵，要去攻打邯郸。如果能招上兵来，那咱就能在蓟县立足。如果招不上人来，再想办法。

王霸是跟刘秀一起打昆阳之战的旧部，此前刘縯被杀，刘秀手下很多人都改投门户，王霸则不离不弃忠心耿耿，刘秀曾称赞他：

疾风知劲草。——《后汉书·王霸传》

那么，王霸到蓟县街头招兵，招上来没有呢？没有。

市人皆大笑，举手邪揄之。——《后汉书·王霸传》

当地人都冲王霸起哄：哪儿来的什么大司马刘秀，跑这充大尾巴狼？还招兵，想什么呢？快滚蛋吧！

王霸灰头土脸地回来复命，另一个手下也慌慌张张跑回来：报，大事不好，原广阳王之子刘接响应王郎，正招兵买马，要来逮您呢！怎么办？

刘秀一激灵，蹿了起来：跑！

他们直奔南城门。跑到城门下，傻眼了，大门紧闭！守城的军兵马上围了上来。

刘秀亮出宝剑：杀！冲！

经过好一番恶战，刘秀带人冲出蓟县城，夺路而逃。

往哪儿逃呢？往家逃。洛阳在南边，就往南跑。这会儿，刘秀脑子里半点儿单干的想法儿也没有了，活命要紧。可是，此时蓟县以南几乎所有郡县都已听命于邯郸，刘秀他们只能避开县城，不走大路，一早一晚地抄小路走，困了累了只能在野地里找个避风之地休息。当时正是数九寒天，有两天还下着小雪，手下人好多已在蓟县失散，刘秀身边只剩下二十来个人，衣物行李也都丢了，饥寒交迫，狼狈不堪。

人是铁，饭是钢，一顿不吃饿得慌。他们跑到饶阳县，已经好几天没怎么吃东西了，实在饿得不行了，刘秀一琢磨：不行，总不能做个饿死鬼。

他一指前面的县城，大喊一声：咱们进城，去狠狠地吃顿大餐！

手下都撇嘴：您是不是饿昏头了，咱进城吃大餐，岂不是自投罗网？

刘秀哈哈大笑：咱就自称邯郸派过来的使者，打这儿路过，吃他们顿饭，那不是看得起他们吗？反正他们也不认识我刘秀。

手下这帮人也都是豪杰，立马来了精神：好，够刺激，进城！

饶阳官吏一听说是邯郸的使者，赶紧小心伺候，把刘秀他们迎入馆舍落座，好饭好菜一道一道地往桌上端。刘秀这帮人早都饿坏了，一见饭菜，筷子都来不及拿，直接下手抢，半点儿用餐礼仪也不讲究，吃相太夸张。

饶阳官吏起疑心：皇上的身边人怎么还这样呢？不对！

可他也不确定，于是派一个手下出去喊了一嗓子：邯郸使者到！

刘秀他们正狼吞虎咽地吃着大餐，闻听此喊声差点儿没噎死：什么？真使者到了。怎么办？

刘秀一下子蹿出房门，条件反射似的，就要跑。这可往哪儿跑？在门口，被凉风一吹，他身上打了个冷战：完了！跑不了了，是福不是祸，是祸躲不过。

他把衣服一掸，手往后面一背，架子端起来，说道：噢，我们邯郸的同事也来了吗？那正好，进来一起吃吧。

饶阳官吏一看刘秀这么镇定，便打消了疑虑，赶紧解释：误会了，误会了，没有别的邯郸使者来，您慢慢吃吧。

于是，刘秀他们稳稳当当吃完了这顿大餐，腆着肚子大摇大摆出了饶阳城。回头瞅瞅，没人跟着，这才撒丫子快跑。

跑着跑着，发觉后面又有追兵越来越近，刘秀他们又都紧张了起来。这时，打前站的手下回来禀报：前面有条河叫虖（滹）沱河。

河水流澌，无船，不可济。——《后汉书·王霸传》

这条河没怎么上冻，河面上都是些冰碴儿，也没船，咱们过不去了。

大伙儿都吓坏了。刘秀把脸一沉：不可能！整个河段你都看了吗？王霸，你再看看去。

王霸快马急驰来到河边查看，可不是吗？河面上只有一层薄薄的冰，都没冻严实，肯定过不去。怎么办呢？王霸心想：我要是回去照实说，人们直接就得散了摊子四散而逃。不行，车到山前必有路，等人们都到了跟前再想办法吧。

王霸咬着牙回禀：我看了，河冰坚厚，可以过去。

大伙儿立马全都振作起来：好，快！驾！

等他们跑到河边，怎么样？河冰竟然冻严实了！很神奇，河水在正常情况下不可能冻这么快。虽然冰不太厚，但勉强能禁得住人。于是，他们都下了马，蹑手蹑脚上了冰，往前蹭着走。刘秀等人刚上了岸，后面的冰就裂开了，好几个随从，连人带马都掉进河里。这也正好挡住了追兵。

刘秀长舒一口气，如有神助，再次死里逃生。

继续南逃，仍然又冷又饿，刘秀身边只剩下王霸、邓禹、冯异等十来个人。

蒙犯霜雪，面皆破裂。——《资治通鉴·汉纪三十一》

脸上都生了冻疮，身体也越来越虚弱。他们跑到下博县，实在跑不动了，也不知道该往哪儿跑。十几个人离洛阳还有千里之遥，前路险阻，怎么办呢？都很迷茫，很沮丧！就在这时，前面道上来了一个白胡子、白头发、一身白衣的骑牛老者，慢慢悠悠地走到刘秀跟前，点头一笑，回身一指：

努力！信都郡为长安守，去此八十里。——《后汉书·光武帝纪》

小伙子们，再加把劲儿，前面八十里就是信都城，信都郡守是支持长安反对邯郸的——当时刘玄已从洛阳迁都长安。

刘秀被说愣了：这是哪儿来的老头啊？

他想跟老者叙谈，老者则头也不回地走了，很快便消失不见，神妙不测的感觉。刘秀大喜：此必是神人相助！大家都精神起来，赶往下一站信都城！

刘秀一行进入信都城，与郡守任光相见。任光也是南阳人，参加过昆阳之战，被刘玄派到信都做太守，正在抓紧巩固城池，加强防守，准备应付王郎军队的攻打。

任光拜见刘秀：您这一来，我就有信心了。去年您仅凭一个小昆阳就能打败王莽四十万大军，打王郎还不是小菜一碟。您看咱该怎么打，请发号施令吧。

任光正与刘秀商议战略，临近的和戎郡太守邳彤也赶过来欢迎刘秀。

于是，刘秀打天下的帝王之路正式开始。这时，他的手里只有信都、和戎两郡，而挡在前面的第一个敌人王郎手里至少有十个郡，把信都、和戎围在当中。以少对多，怎么打？刘秀也没有信心，他甚至想干脆打个突围战，带着这两郡的兵，直接撤到河南去。但他很快便打消了这个念头，因为一旦这么做，人心立马就得散掉，根本出不去。只能拼死一战！怎么打呢？刘秀他们研究了一通，发现还是有很多机会的。毕竟，所谓的刘子舆身世仍被很多人怀疑，向其称臣的多数郡县也只是表面支持，真肯为其卖命的并没几个。另外，在这些郡县之外，还有一些农民起义军也是独立的武将力量，比如有个叫城头子路的首领，还有一个叫力子都的首领，手下都有几万人，甚至十几万人。再有一些小县城里，也有新起来的豪杰，手下多有几千号人，也都久仰刘秀的威名。当务之急，就是团结一切可以团结的力量。另外，要争取打几场漂亮仗，让人们看到希望。

接下来，刘秀在这两方面都执行得不错，一连打下几个县城，手下兵马也越来越多，尤其是收编了原西汉真定王刘杨的十几万人。刘杨本是支持王郎的，但刘秀极力拉拢，娶其外甥女郭圣通为妻，便将其搞定。就这样，只用了一个多月，刘秀对王郎的形势便由非常被动的局面变成了势均力敌。两方军队在钜鹿和广阿两座城相持不下，王郎占钜鹿城，刘秀攻不下；刘秀占广阿城，王郎攻不下。

一天，刘秀带着一帮将领在广阿城楼上巡视，忽然看到西北方向来了一支骑兵军队，速度很快，沙尘蔽日。远远看去，这支军队兵强马壮，盔甲鲜明，军容威武。刘秀倒吸一口凉气。

这段时间，王郎军兵天天在城外喊：我们的援兵快要到了，都是幽州突骑，特种骑兵，灭你们就跟捻死个跳蚤似的！

刘秀军兵也不示弱：我们大司马也去发幽州突骑了，等他们来了，灭你们比捻死只跳蚤还容易！

此时，刘秀的心悬到了嗓子眼儿：来者必是幽州突骑无疑！那都是原来对抗匈奴的边防精锐，是帝国最好的兵、最好的马、最好的装备，他们要是来支持王郎的，我命休矣！

手下将领们也都吓坏了，瞪大了眼睛张望。眼瞅着这支幽州突骑来到城下，刘秀终于看清了为首的将领，顿时喜出望外，挥手呼之。

来将是谁？耿弇。

耿弇之父耿况儒生出身，与王莽从弟王伋是同学，时为幽州上谷郡太守，听说更始帝刘玄灭了王莽，立即派耿弇带上厚礼赶赴洛阳，去向刘玄称臣，希望保住上谷太守的位子。耿弇行至真定，听说刘子舆在邯郸称帝，两个随从官吏劝其改投刘子舆：刘子舆是汉成帝之子，实为大汉正统，离着咱上谷郡又这么近，还正隔在去洛阳的道中间，咱为何非要舍近求远呢？

耿弇这时只有二十一岁，略微考虑了一下：不对，这个所谓的刘子舆隔在洛阳和我们上谷、渔阳之间，正好被南北夹击，腹背受敌。

发突骑以辚乌合之众，如摧枯折腐耳。——《后汉书·耿弇传》

以我们的幽州突骑来打刘子舆这帮乌合之众，如摧枯拉朽，跟捻死只跳蚤一样。

观公等，不识去就，族灭不久也。——《后汉书·耿弇传》

这可是生死抉择！您二位要是乐意投刘子舆，我也不拦着，随后有灭族之祸，可不要后悔。

这两个官吏摇摇头，拍马走了。耿弇不由得紧张起来：完了，洛阳去不了了，这两人肯定会给刘子舆报信截我。怎么办呢？

另一个随从提醒他：听说更始皇帝派刘秀来河北了，咱可以去那里找他。

耿弇大喜，他从小就"好将帅之事"，久仰昆阳之战的大英雄刘秀，于是，在刘秀到达蓟县前，他追了上来，开始追随刘秀。

刘秀在蓟县难以立足，耿弇提议：如今南边郡县都已投靠邯郸，干脆我们北上去上谷吧。再者，我们旁边的渔阳郡太守彭宠跟您是老乡，也是南阳人。我们两郡共有上万突骑，您抓在手里，打邯郸很容易。

刘秀挺高兴。

指弇曰：是我北道主人也。——《后汉书·耿弇传》

指着耿弇说：我跟你北上，你就是我的北道主人。

他们正商量着，刘接兵至，刘秀和耿弇各自夺路而逃，失散。刘秀手下其他人都不想北上，稀里糊涂向南逃。耿弇则北回上谷。这时，邯郸使者也到了上谷。耿况对于究竟保哪头权衡不定。最终，上谷郡功曹寇恂帮助耿弇说服耿况，联合彭宠，保洛阳，保刘秀，打邯郸。

彭宠也是好一番权衡思量，他的手下吴汉、盖延等都是豪杰，久仰刘秀的大名，都劝彭宠跟着刘秀干。

于是，耿况、彭宠联合，各发突骑两千、步兵一千，一共六千精兵，一路南下，来投刘秀。捎带着，他们走到哪儿，打到哪儿。

所过击斩王郎大将、九卿、校尉以下，凡斩首三万级，定涿郡、中山、钜鹿、清河、河间凡二十二县。——《资治通鉴·汉纪三十一》

这支生力军，还没见着刘秀，就给刘秀拿下了五个郡的二十二个县。然后，就到了广阿城下。

刘秀简直不敢相信：上天怎么如此眷顾我？

他在城楼上跟耿弇对了半天话，才确信，耿弇他们是真来帮自己的。这才大开城门，将这支当时天下最强大的军队收入麾下。

这真是上天对刘秀的眷顾！后面的历史证明，与耿弇一同带领这支军队的寇恂、吴汉、盖延等都是顶级名将，后面多半个天下都是他们打下来的。

就这样，刘秀对王郎便有了绝对优势。仅仅一个月后，更始二年（24）四月，刘秀率军包围了邯郸城。

王郎派杜威出城和谈。

杜威开始挺高调：我们皇上刘子舆是成帝之子，天下民心所向！

刘秀冷笑：

设使成帝复生，天下不可复得，况诈子舆者乎！——《后汉书·王昌传》

今天就是汉成帝活着也白搭，何况你们这位刘子舆只是个冒牌货。

杜威坚持：话不要这样讲，我们皇上不忍心百姓受战火之苦，才跟您和谈，我们可以放弃帝号，听命于更始皇帝，条件是要封我们皇上为万户侯。

刘秀一拍桌案：休想！

顾得全身可矣。——《后汉书·王昌传》

能给你们留条命就了不得了，还想什么万户侯！

杜威也怒了：太欺负人了，那就打吧！

最终，刘秀猛攻邯郸城二十多天，攻克，斩王郎。对敌人，够狠。

之后，清点战利品，刘秀发现很多信件。此前作战期间，两方都暗地里派间谍拉拢对方将领，难免有人动摇，跟对方有书信往来。现在，刘秀拿到这些信，是不是要仔细清查呢？没有，他瞅都没瞅，下令把将领们都召集来，将这堆书信当众烧掉。

令反侧子自安！——《后汉书·光武帝纪》

前面谁有过动摇，都过去了，既往不咎，都安心干活去吧。

这就是帝王胸怀！

然后，将领朱祐私下进言：

长安政乱，公有日角之相，此天命也。——《后汉书·朱祐传》

现在，刘玄在长安政治乱套，而您天生就是帝王之相，天命在您！

刘秀勃然大怒：大胆朱祐，竟敢有此大逆不道之言，来人，把朱祐拉出去！

然而，他并没有真的处罚朱祐，刘秀只是做做样子，他感觉时机还不成熟。

更始帝刘玄当然也不傻，瞅着刘秀灭了王郎，拿下了整个冀州和幽州，兵强马壮，羽翼已丰，他下诏：来人，去封刘秀为萧王，即日回长安朝见，他手下军队就地裁撤、遣散。封苗曾为幽州牧，韦顺为上谷太守，蔡充为渔阳太守，即日上任。

刘秀当然更不傻，他回复刘玄使者：感谢皇上封我为萧王，这个我接受。可是，让我去长安朝见和裁撤军队，暂时还不行，因为河北现在还有铜马、青犊、赤眉等数十支农民军到处劫掠，我必须得带兵将其剿平。

然后，刘秀封吴汉、耿弇为大将军，持节北上，征调幽州十个郡的全部突骑部队，要南下来打这些农民军。

新任幽州牧苗曾授意这十个郡的太守不要听从刘秀的调遣，不过，面上还是要过得去，他出城迎接吴汉。刚一打照面，冷不丁，吴汉手起刀落，苗曾人头即被砍下。耿弇也把韦顺、蔡充都给砍了。整个幽州十郡大震，一下子都知道谁是爹谁是爷了，全部表态：我们坚决支持萧王，全部突骑军队唯萧王马首是瞻。

此前依靠上谷、渔阳两郡突骑，刘秀便灭了王郎，现在十个郡的突骑打农民军自然更不是问题。只是，光打败农民军还不行，更主要的是真正降伏、整合这些农民军，使其为我所用，这仍然是个问题。于是，刘秀又玩了一手狠的——对自己。

有一次，刘秀在蒲阳大破铜马军，铜马军的十来万人投降。刘秀将其主要将领全部封侯：今后咱们就是一家人，同打虎同吃肉，一起平定天下，你们都回去各领各兵吧。

转过天，刘秀只带着两三个随从，铠甲都没穿，便来到新收编的铜马军各营地巡视。

这帮铜马军将领叹服：

萧王推赤心置人腹中，安得不投死乎！——《后汉书·光武帝纪》

萧王跟咱推心置腹，这是把命交给咱，对咱这么信任，咱不能对不起他，得为其效死力！

随后，刘秀把收编的各部农民军全部打乱分配给手下心腹大将统领。

众遂数十万。——《后汉书·光武帝纪》

手下兵力壮大至数十万之众，其中，以铜马军为最多，时人称刘秀为"铜马帝"。

刘秀对"战友"也够狠，这个人叫谢躬。

打王郎的时候，刘秀是从北往南攻邯郸。此前，更始帝刘玄已经派出尚书令谢躬带领几万兵从南往北攻邯郸。最终，邯郸是刘秀与谢躬合力打下的。然后，谢躬也带兵进驻邯郸城内，与刘秀各占半城。

刘秀对谢躬表现得很恭敬、热情，经常给他送些礼物，经常请他来喝酒。谢躬勤于职事，刘秀常常挑大拇指称赞：

谢尚书真吏也！——《后汉书·吴汉传》

您真是我们大汉朝的好官！

说得谢躬心里美美的，把刘秀视为知己。可是，他妻子提醒：你可不要被刘秀虚头巴脑的这一套忽悠了，防人之心不可无，你们同在一城，早晚得出事。

谢躬不以为然：我跟刘秀没什么矛盾，不会怎么着的。不过，你说的这个"同在一城"确实不大好。

于是，谢躬带兵离开邯郸，驻扎到了南边的魏郡治所邺城。

　　不久，刘秀南下打在魏郡活动的青犊军，请谢躬带兵策应配合打另一支农民军尤来军。谢躬看刘秀的作战方案没问题，他要是策应配合打好了，这仗很漂亮。于是，谢躬带上主要兵力，出了邺城。结果，那支尤来军很顽强，竟然把谢躬击败了。谢躬收拾残兵，逃回邺城。进了城，才发现，刘秀已派吴汉乘虚而入将邺城占领。谢躬束手就擒，被杀。手下兵力被刘秀全部收编。

六、刘秀称帝

更始二年（24）冬，刘秀杀掉谢躬拿下魏郡，继续南下拿下了河内郡，随即与邓禹、冯异等商定下一步战略，兵分三路：

第一路由刘秀亲自率领吴汉、耿弇等主力回师北上，继续剿灭冀州、幽州活跃的各支农民军，巩固对冀州、幽州的统治。这是后院、根据地，必须理顺、砸实。

第二路由刘秀最器重的邓禹率领两万兵马西征长安。当时，更始帝刘玄已在长安近一年，政治混乱，赤眉军正要去攻打他，已进至颍川郡。刘秀分析，赤眉军应当能攻克长安。不过，赤眉军一直没有表现出建立政权的意识，一直都在打运动战，近乎到处打劫的流寇。所以，他们应当不会长驻长安。邓禹西征军可以乘虚而入，收鹬蚌相争渔翁之利。

此前，与王郎交战之初，刘秀刚刚打下一个郡，指着地图问邓禹：

天下郡国如是，今始乃得其一。子前言以吾虑天下不足定，何也。——《后汉书·邓禹传》

天下郡国有那么多，我拼了命才打下这一个郡。你之前说我"天下不足定"，这话靠谱吗？

邓禹微笑回答：

古之兴者，在德薄厚，不以大小。——《后汉书·邓禹传》

自古以来帝王创业垂统，都不是看他一开始有多大地盘，而是看他的德行能不能感召人，能不能让天下归心。如今天下大乱，生灵涂炭。

人思明君，犹赤子之慕慈母。——《后汉书·邓禹传》

人们都盼望能有一位明君圣主，救人民于水火，就像失乳的婴儿盼望母亲一样。只要让人们在您身上看到这种希望，您就一定能成。

刘秀振奋：邓公真是我的良师益友。

第三路兵马负责守住河内郡。河内郡跟更始帝的东都洛阳只有黄河一水之隔，对面随时都可能过来攻击。因此，河内守将很关键，选谁呢？选冯异。冯异是刘秀心目中仅次于邓禹的人物。此前，刘秀从蓟县南逃最落魄狼狈的日子里，冯异一直紧紧追随，尽力照顾他。每次刘秀饿得快要坚持不住时，冯异总是能出人意料地给弄点儿好吃的，就跟变戏法儿似的，要么给变出一碗香喷喷的豆粥，要么变出一份麦饭，那种情况下不啻极品美味。再者，冯异不但对刘秀好，对同僚也特别好，非常谦和。每次打了胜仗，刘秀要论功行赏，别人都争功，冯异则独自躲得远远的，找棵大树站一边凉快去。

军中号曰"大树将军"。——《后汉书·冯异传》

他便得了一个"大树将军"的雅号。

冯异对手下士兵也很好，每次刘秀调整军队编制，士兵们都希望被调到冯异的军营。

刘秀封冯异为孟津将军，带领魏郡与河内郡两郡兵力，沿河布防，防备洛阳。

刘秀拿下河内时几乎兵不血刃，原太守直接投降。此前，新莽战争时期，河内郡也未遭战乱，本身又是中原粮食主产区，很富裕，人口也多。

城邑完、仓禀实。——《后汉书·冯异传》

因此，河内郡非常适合作为一个大后方基地，就类似当年刘邦的关中，可以源源不断地给前线供粮食、物资、兵源。刘邦是以政务能力超强的萧何管理关中，刘秀也需要一个这样的人来做河内太守。谁能胜任呢？刘秀拿不定主意。邓禹善于识人，推荐了寇恂。

寇恂原是上谷郡功曹，跟耿弇一起说服耿况，发兵支持刘秀。邓禹说：

寇恂文武备足，有牧人御众之才，非此子莫可使也。——《后汉书·寇恂传》

寇恂文武双全，没人比他做河内太守更合适了。

三路兵马安排好，刘秀先送邓禹西征军上路，然后，自己带兵北上。

此时，更始帝刘玄在洛阳的兵马主要有两大将领：大司马朱鲔和舞阴王李轶。李轶是李通的弟弟，最早是他哥儿俩在宛城劝刘秀起义的。所以，开始时，李轶跟刘秀的关系挺好，跟冯异的关系也挺不错。后来，李轶另择高枝，成了刘玄的心腹。

于是，冯异凭之前的老交情，给李轶写信，言明利害：刘玄不可能长久，您应当早做打算，赶紧跟我们萧王干吧。

转祸为福，在此时矣。——《后汉书·冯异传》

对抗到底，只有死路一条。

李轶接到这封劝降密信，琢磨：有道理！"刘氏复兴"看来得应在刘秀身上。可是，此前我一门心思保刘玄，帮着他杀害刘縯，刘秀准恨死我了，他能捐弃前嫌吗？

他给冯异回了封密信，表达了这种顾虑，同时，也放松了与冯异的对抗。有一次，冯异带兵跟洛阳一支军队交战，斩杀了对方主将。战场离李轶大营很近，李轶竟然按兵不动，见死不救。

冯异判断李轶有归降诚意，便写信向刘秀请示：能不能捐弃前嫌，并给他封赏承诺，好将他争取过来。此前他的回信也请您一并过目。

刘秀的反应出人意料，他竟然把李轶的这封秘信公开，回复冯异：

轶多诈不信，人不能得其要领。——《后汉书注》

李轶这个人阴险狡诈，让人摸不透心思。你不要信他所言。

冯异被弄得很尴尬，其他将领也都挺不理解。不久，洛阳传来消息，朱鲔派人将李轶刺杀了。

此事也可见刘秀之狠，他是有仇必报的！

朱鲔刺杀李轶之后，组织了一次大规模的渡河战役来打河内郡。他以为刘秀主力已经北上，而且冯异的兵力正好离得比较远，河内空虚，他可以稳操胜券。结果，朱鲔的先头部队刚过了河到达温县，离河内治所怀县还很远，就被前来迎战的寇恂击败。冯异也赶了过来，与寇恂乘胜追击，渡过黄河，直抵洛阳城下。

环城一匝而归。自是洛阳震恐，城门昼闭。——《资治通鉴·汉纪三十二》

冯异和寇恂不但守住了河内郡，而且一举压制了洛阳。

正在冀州作战的刘秀接此捷报大悦：好，二位将军，我没看错！尤其寇恂，短短几个月的时间，就赶制出数百万支弓箭，调运来四百万斛粮食，还给弄来上千匹马，不愧是我的萧何！

手下将领们也很高兴，整个北线剿灭冀州、幽州各农民军的战役也已基本搞定。中间也不算容易，比如说，在范阳打尤来军的时候，刘秀有点儿轻敌，便打了败仗，被尤来军追击，刘秀走单了，不小心从马上摔下，后面的尤来追兵顿时围了上来。眼看着，刘秀就得被活捉，危急之际，耿弇率几个突骑冲上来，其中一个叫王丰的军官跳下马来：大王，快快上马！

刘秀扶着王丰的肩膀，爬上马背。

抚其肩而上，顾笑谓耿弇曰："几为虏嗤。"——《后汉书·光武帝纪》

他冲着耿弇不好意思地笑了笑：哈，差点儿让这帮贼人看了笑话。

耿弇连发数十箭，终于把刘秀救出。可是，刘秀慌不择路，与大部队失散了。

大部队由吴汉等将领带着，连续几天不见刘秀的踪影，都以为刘秀战死了，士气一度低落至极。所幸的是，几天之后，刘秀归队。之后再战，他倍加小心，再无失利，一路风卷残云，把冀、幽农民军全部扫平，得胜而回。

将领们都很兴奋，按捺不住封侯拜相的冲动，数次劝进：您快赶紧称帝号，当皇帝吧！

刘秀虽早已与刘玄决裂，但仍很持重，他似乎在等一个时机，故每次都果断拒绝：别、别说了。

这次收到河内捷报，将领们又乘机劝进，刘秀仍然不作声。将领们挺泄气，耷拉着脑袋出去了。只有大将耿纯没走，他对刘秀讲：您这么英明，应当明白这帮人跟着您出生入死图什么？无非为了攀龙附凤。

攀龙鳞，附凤翼，以成其所志耳。——《后汉书·光武帝纪》

想借着您的势力实现各自人生最高的梦想。您要总这么态度模糊，人心会散掉的！那可就前功尽弃了。

刘秀一皱眉：好的，我知道了。那谁，你去把冯异召来。

很快，冯异从河内赶来拜见刘秀。刘秀示意身边人出去后，说：我最信任的人就是你和邓禹，现在邓禹那头战事吃紧，只能把你叫来。你觉得，现在称帝，时机如何？

冯异早已猜到，也早已想好，便给刘秀分析一通：现在天下大乱，刘玄在长安众叛亲离，必会被赤眉军消灭。西南地区，公孙述已在巴蜀称帝。东边青州、徐州、兖州一带被刘永占据。陇西地区，有隗嚣称霸一方……这些人都不足以成大事。天命在您身上，不要犹豫了！

刘秀还是皱眉，说：昨晚我做了一个梦。

梦乘赤龙上天，觉悟，心中动悸。——《后汉书·冯异传》

我梦见一条赤色的巨龙，载着我飞上了天。醒来之后，吓得我心跳加速。心跳得很厉害。你说这是什么意思呢？

冯异喜形于色，眼睛放光，倒身便拜：这是大吉兆！

此天命发于精神。——《后汉书·冯异传》

《周易》所谓，"飞龙在天"。此正是登极之象也。您说您心跳得厉害，那是激动，不是害怕。

刘秀正跟冯异说着，外面来报：来了个儒生，自称是您同学，从长安送来一件极其重要的东西，要亲手给您。

刘秀：哦？请他进来。

那个儒生手捧一个精致的盒子，笑容满面地进来。刘秀一看，果然是同学。此人名叫彊华，当初跟刘秀一起在太学读书，还住一个宿舍。刘秀起身相迎：老同学，多年未见，给我捎的什么好东西？

彊华笑着施礼：您自己看下就知道了。

他一边说着，一边打开盒子，从里面取出一卷古书，交给刘秀。刘秀看上面写的都是古文大篆，不认识，便让冯异看。冯异学问好，《后汉书》称其：

好读书，通《左氏春秋》《孙子兵法》。——《后汉书·冯异传》

冯异接过这卷古书一看，脸色大变：哇！妥了！这是一道符命！叫"赤伏符"，写的内容是：

刘秀发兵捕不道，四夷云集龙斗野，四七之际火为主。——《后汉书·光武帝纪》

于是，顺应天命，建武元年（25）六月，刘秀在鄗县，即今柏乡县固城店镇，设坛即皇帝位，史称光武帝。"光武"是其死后谥号。

谥法：能绍前业曰光，克定祸乱曰武。——《后汉书注》

后人以此谥表彰刘秀光复大汉社稷江山、平定战乱的平生功业。

"刘秀"此名也有说法。据说，他出生时，忽然满室红光。

有赤光照室中。——《后汉书·光武帝纪》

很神奇的感觉。怎么回事呢？其父请卜者占之，结果：

此兆吉不可言。——《后汉书·光武帝纪》

大吉之兆，但是不能细说，自己琢磨吧。

其父时为济阳县令，当即联想到另一件奇怪之事。几个月前，济阳一农田竟有一株禾苗秀了九个穗儿。

有嘉禾生，一茎九穗。——《后汉书·光武帝纪》

这是祥瑞！

于是，取名"刘秀"，"秀"字本义就是秀穗儿的意思。

现在，这个神奇的孩子果真做了皇帝。

几乎与此同时，相差没几天，另一个神奇的放牛的孩子竟然也做了"皇帝"。怎么回事呢？还得翻回去，从刘玄讲起。刘玄于更始元年（23）年九月灭掉王莽，次年二月由洛阳迁都长安。当时长安未遭很大破坏，未央宫被烧，但还有很多宫殿基本完好。

宫女数千备列后庭，自钟鼓、帷帐、舆辇、器服、太仓、武库、官府、市里，不改于旧。——《后汉书·刘玄传》

几乎都还是王莽时的老样子，还是一个非常繁荣的长安，还是一片富丽堂皇的皇宫，还是有无数的美女、财富，吃的、用的、住的都还是顶级的皇室规模，甚至好多宫中的太监（此为明清以后俗称，本书从俗）、郎官都还是原班人马，没换。刘玄入住的是原来太后住的长乐宫。长乐宫比未央宫一点儿也不差，顶今天的八个故宫大。刘玄端坐在金碧辉煌的正殿之上，殿下文武百官两旁肃立，高呼：吾皇万岁万万岁！

那是什么感觉？做梦也梦不成这样！《后汉书》写得真切：

更始羞怍，俯首刮席不敢视。——《后汉书·刘玄传》

刘玄强作镇定，两手没抓没挠、不由自主地抠着身下的席子，眼神儿也不自然，总往下瞥。他感觉自己当之有愧，忐忑不安。

这时，有迟到的将领匆匆进来：参见陛下。

刘玄脱口而出：今儿个，你们抢来多少东西？

问虏掠得几何。——《后汉书·刘玄传》

旁边的老太监、郎官们一听这个，都傻了，嘴张得老大，眼睛瞪着，不敢笑，也不敢哭，心说：这还是一帮绿林强盗！哪里是坐天下的啊。

接下来，刘玄终日沉湎后宫享乐，不理朝政，将领们也不拿他这个皇帝当回事。

时李轶、朱鲔擅命山东，王匡、张卬横暴三辅。——《后汉书·刘玄传》

李轶和朱鲔在洛阳完全不听招呼；王匡、张卬等在长安的将领也毫无王法，横征暴敛。其他各级官员大多是社会底层出身，"皆群小贾竖"，一点士大夫的体面也没有，穿着礼仪全不讲究，当街打架骂街常有。长安百姓很快便编出好多段子：

灶下养，中郎将；烂羊胃，骑都尉；烂羊头，关内侯。——《后汉书·刘玄传》

大意是，这么一帮烧火做饭、鼓捣羊下水的人竟然都做了高官。

其实,这也没什么问题,刘邦当年也这样,手下将领们都是底层出身。不同的是，刘邦他们经历了相对漫长的战争洗礼，得以脱胎换骨。而刘玄他们的胜利来得太快太容易了，曾国藩所谓"天下事未有不自艰苦得来而可久可大者也"，来得容易去得快！所以，刘玄的失败也是眨眼之间。

眨眼之间，赤眉军就打到了长安。赤眉军的情况在史书中记载甚少，前文已述，其为樊崇等人领导的农民军，与绿林军几乎同时兴起，规模达数十万之众。刘玄灭王莽后，樊崇等十多个赤眉将领到洛阳向刘玄称臣，都被封侯，没过多久又都偷偷跑回，继续率赤眉军四处游荡，就像一群逃荒的饥民，哪座城市有粮食，就打哪座城市。打下来，粮食吃完，再打下一城。就这样，赤眉军一路打到了颍川郡，拿下颍川治所阳翟。

然后，他们想攻洛阳，但洛阳的防守太强，赤眉士卒们都很疲沓，想回老家，人心要散。怎么办呢？樊崇等将领商量：干脆，咱们向西打长安！长安城里金银财宝如山，粮食有的是。

顿时，士气大振：好！打长安！

很快，赤眉军便攻入长安屏障弘农郡。这时，长安的另一个屏障，黄河北边的河东郡也被邓禹率西征军攻入。

刘玄是两头都没顶住，带兵将领都败归长安。眼瞅着兵临城下，长安要保不住，刘玄很紧张：怎么办？各位爱卿，你们都想想办法。

张卬等绿林军将领竟说：怕什么，大不了，咱把长安能抢的都抢了，还回绿林山当强盗。

掠长安，东归南阳。事若不集，复入湖池中为盗耳！——《资治通鉴·汉纪三十二》

刘玄气恼，想设计把张卬等弄死，却被张卬发觉。于是，窝里反，大乱。

这时，樊崇率赤眉军已入关，进至京兆尹华阴县。一天，儒生方阳找樊崇说：近日军中发生了一件奇怪事，您知道吗？

樊崇：你是不是说那个老巫婆？

方阳：正是，那个老巫婆最近发了疯似的整天喊着叫着说：

景王大怒曰：当为县官，何故为贼！——《后汉书·刘盆子传》

谁要是讥嘲她就得病倒。此事，您不觉得奇怪吗？

樊崇一笑：巫婆嘛，本来就这么神道的，正常。

方阳：不对，这回不一般！可能真是景王刘章显灵了。汉初灭吕家时，时为朱虚侯的刘章立了首功。他显灵发怒，意思很明确，就是让咱们拥立他的后人当皇帝，领导咱们重整大汉江山。准是这个意思！

樊崇点头：有道理。既然咱都打到了长安，拥立皇帝，封侯拜相，也是水到渠成。

其他赤眉将领也都赞同：好！立了皇帝，咱们就都封侯拜相了，就这么办！可是，到哪儿去找景王刘章的后人呢？

方阳：不用找，你们忘了吗？刘恭不就是景王的后人吗？他保了刘玄，他的两个弟弟还在咱军中呢。

刘恭之前跟樊崇一起到洛阳称臣，被刘玄留在身边做侍中，挺受器重，他没跟樊崇一起归队。他的二弟刘茂、三弟刘盆子，一直都在赤眉军中一个叫刘侠卿的校官手下。

主刍牧牛，号曰牛吏。——《后汉书·刘盆子传》

都是管放牛、喂牛的。

还有一个叫刘孝的，也是景王的直系后人。

在这仨人里面，应当拥立哪个做皇帝呢？赤眉将领们商量了一大通，最终决定抓阄。他们弄了三块小木片，其中一块写上"上将军"。

古天子将兵称上将军。——《后汉书·刘盆子传》

三块小木片放进一个盒子里，三位景王后人按年龄大小依次抓阄。

刘盆子年纪最小，只有十五岁，他最后一个抓，抓中。在场的上万赤眉军山呼万岁，差点儿没把他吓尿裤子。

七、刘秀降赤眉

建武元年（25）六月，刘秀在鄗县称帝，东汉王朝建立。天下大乱，战火频仍。几乎同时，在长安城东不远处的华阴县，赤眉军拥立刘盆子为帝，继续挺进长安。长安城内的皇帝刘玄则正遭遇王匡、张卬等将领的窝里反，两边打了一个多月，结果王匡、张卬干脆向赤眉军投降。九月，他们打开东都门，把赤眉军迎入长安城。刘玄无处可逃，只好向赤眉军投降，并把传国玉玺献给了刘盆子。

赤眉将领们都想把刘玄杀掉，被刘盆子的大哥刘恭挡住。最终，刘玄非但没被杀，还在刘恭的帮助下获封长沙王。

过了两三个月，长安备受赤眉军蹂躏祸害，相比之下，刘玄领导的绿林军近乎体恤百姓，刘玄近乎明君。于是，一些人暗中运作，想重新拥立刘玄。

而张卬与刘玄仇怨已深，害怕刘玄重新得势，派人将其暗杀。

缢杀之。——《后汉书·刘玄传》

勒死了。

虽然《后汉书》把刘玄写得很不堪，但王莽毕竟是被他带兵推翻的，算是一代枭雄。最终，他却死得挺窝囊。而刘盆子虽然名为皇帝，其实更窝囊。他本是校官刘侠卿手下牛吏，被拥立皇帝之后，自己也没当回事，一切照旧，照样每天给刘侠卿请安，点卯。

犹朝夕拜刘侠卿，时欲出从牧儿戏。——《资治通鉴·汉纪三十二》

恨不得还出去跟那帮放牛的小兄弟们玩。

樊崇等赤眉军将领一开始还做做样子，搞点君臣上下的礼仪，时间稍长也就算了，都嫌麻烦。入主长安之后，他们又想正规起来。刘盆子端坐皇宫大殿之上，文武公卿列坐左右，有模有样。然而，腊八宴会，这帮人喝酒乱性，撒酒疯，数十个将领在皇宫大殿上大打出手，打得不可开交。最终，负责皇宫保安的卫尉带领上千军兵冲入大殿，杀死了上百人，才制止住这场皇宫里的群体斗殴事件。刘盆子被当时血肉横飞的场面吓坏了，天天哭泣不已。

而赤眉军还是一如既往的强盗做派。

数虏暴吏民，百姓保壁，由是皆复固守。——《后汉书·刘盆子传》

三辅地区各郡县的老百姓都在原更始帝任命的当地官员和豪杰带领下固守城池，抵抗赤眉军。

刘恭看在眼里，急在心里，便给刘盆子出主意：这样下去，赤眉军不会长久，弟弟你还得是刘玄的下场！干脆咱别做这个皇帝了，把玉玺交出去，保命要紧。

刘盆子：我早就不想当这个破皇帝了，你看咱怎么弄？

于是，建武二年（26）正月初一，刘盆子大会群臣。刘恭先说：各位将军，谢谢你们拥立我弟弟当皇帝。可是，我弟实在是德薄才短，担不起来，我们还是辞职让贤吧。

樊崇等赤眉军主要将领略识大体，赶紧谢罪：皇上恕罪，您准是看我们下面太乱套，生气了，我们一定改，您是我们的真命天子！请千万不要辞。

旁边有个将领，职位稍低，却是个暴脾气，大吼：这他娘的，准是刘恭挑拨的，你想整事吗？

刘恭吓得一哆嗦，赶紧躲到刘盆子身后。

刘盆子怎样呢？

乃下床解玺绶，叩头曰：今设置县官而为贼如故。——《后汉书·刘盆子传》

刘盆子当即下了龙床，把传国玉玺解下来，举过头顶，给这帮将领跪拜磕头：爷们儿啊，你们嘴上把我当皇上，可咱实际上还都是强盗行径，一点儿也不得民心，照这么下去，眼看着就得搞砸了！我当这个空头皇上，哪里担得起这个责任？你们干脆现在把我杀了吧。

他照着刘恭之前教的，一把鼻涕一把泪地哭述一番。弄得将领们都挺不好意思，都齐刷刷跪倒：皇上啊，太对不住您了，我们一定痛改前非，再也不出去抢了。

随后，真就好了一阵子。赤眉军各支兵马，全部"闭营自守"。

三辅翕然，称天子聪明。——《后汉书·刘盆子传》

整个长安地区竟然都恢复到太平日子的状态，甚至市场上买的卖的五行八作也重新活跃起来，私下都在传颂刘盆子辞皇帝这个故事。

不承想，一切都高兴得太早了。安生了只有二十多天，有的赤眉军将领就又忍不住出来抢。这与"囚徒困境"类似：他抢，你不抢，那你就吃亏，干脆都抢。结果，很快又乱套了。

这回刘盆子没辙了：抢吧，我看你们都抢完了，还怎么着？

就这样，又过了半年多，临近建武二年（26）的秋天，整个长安几乎没有什么粮食了。怎么办呢？这几十万人得吃饭！占着这个大皇宫也不能当饭吃，看来长安待不了了。去哪儿呢？

有人提议：回咱青州、徐州老家，多好！

有人反对：不行，不能东归。如今刘秀已拿下洛阳，兵强马壮，正张着嘴等咱呢！往南也不行，往南蜀道艰险，蜀地已被公孙述占据。往北也不行，往北是邓禹的西征军，而且好像也没什么粮食。只能往西，陇山以西，整个西北凉州地区未经战乱，粮草充足，咱们向西吧！

于是，樊崇等率领赤眉大军放弃长安，向西挺进。他们刚刚过了右扶风，进入凉州地界，就遭遇了西北军阀隗嚣的猛烈阻击。赤眉军猝不及防，完全没想到隗嚣的军事力量这么强，被打蒙了，不知道该往哪儿去，只好停滞于陇山一带。此时已入冬，正赶上一场暴雪，赤眉大军又被冻死好多人，士气一落千丈，士兵们都哭着说要回家。

樊崇等将领没办法了，只好掉头向东，又想回长安。可是，长安已被邓禹占据。

就在刘秀鄗县称帝时，邓禹率领两万西征军也正好打下一场关键战役，拿下了河东郡。刘秀派使者，"持节拜禹为大司徒"，并封他为酂侯，食邑万户。当年，刘邦便封萧何为酂侯，在刘秀心目中，邓禹的分量甚至不止萧何，他在册封诏书里称赞邓禹：

深执忠孝，与朕谋谟帷幄，决胜千里。孔子曰：自吾有回，门人日亲。斩将破军，平定山西，功效尤著。——《后汉书·邓禹传》

这段话把邓禹赞到头了。首先，"深执忠孝"，这是德，忠诚，这是第一位的。然后，"与朕谋谟帷幄，决胜千里"，这是刘邦称赞张良的话，运筹帷幄决胜千里。再后，"孔子曰：自吾有回，门人日亲"，这是称赞邓禹帮助刘秀识拔了很多优秀的将领，包括寇恂、吴汉等都是经邓禹推荐得到刘秀重用的，这就像当年萧何向刘邦推荐韩信等人相类似。最后，"斩将破军，平定山西"，这类似韩信独当一面，以两万西征军苦战数月，击败更始帝十几万大军，拿下了长安屏障河东郡，战功卓著。可以说，邓禹是集合汉初三杰于一身的人物。而此时，他才多大年纪呢？

禹时年二十四。——《后汉书·邓禹传》

才二十四岁！要不怎么说，年轻人切不可妄自菲薄呢。二十岁出头，多大事业都可以做了。

邓禹拿下河东郡后，继续西进，渡过黄河，进入左冯翊地界。这时，赤眉军已攻入长安。

赤眉所过残贼，百姓不知所归。——《后汉书·邓禹传》

长安地区的老百姓眼瞅着王莽被刘玄推翻，刘玄又被赤眉军推翻，一拨不如一拨，尤其赤眉军完全是一群强盗，本以为再无活路，听说邓禹大军严明军纪秋毫无犯，终于看到希望，主动欢迎他们。

皆望风相携负以迎军，降者日以千数。——《后汉书·邓禹传》

邓禹西征军的规模迅速壮大，号称有百万之众。将领们和当地新投奔来的豪杰们都劝邓禹乘势进攻赤眉军，夺取长安。可是，邓禹认为：

赤眉新拔长安，财富充实，锋锐未可当也。——《后汉书·邓禹传》

不如先等等，等赤眉军懈怠一些，最好在他们再出点什么乱子时，再攻不迟。

于是，邓禹率兵北上，拿下北地、上郡，在长安外围休养士卒。这是一个以退为进、以逸待劳的战略。而刘秀并不认同他的做法，还有点烦：邓禹这是要学韩信拥兵自重，还是学乐毅打齐国，故意让两城互耗？

刘秀当然不能明说，他派使者前来催促邓禹进攻长安，邓禹则坚持自己的战略思路。

邓禹没有想到，战略没问题，人出问题了。他手下两个大将因为争权打了起来，大将冯愔攻杀了另一个大将，进而畏罪反叛，掉头打邓禹。邓禹慌忙应对，同时派了一个亲信去向刘秀汇报。刘秀沉吟半天，问：这个冯愔，平日跟谁最亲近？

邓禹亲信答：冯愔跟黄防关系最好，他这一反，拐带着黄防也一起反了。

刘秀点点头：好，黄防，我知道。好了，你回去告诉邓大司徒，不要慌乱。

缚冯愔者，必黄防也。——《后汉书·邓禹传》

这个黄防肯定会把冯愔办了！

一个多月后，黄防真就绑了冯愔，来向邓禹谢罪。

由此可见，真正运筹帷幄决胜千里的，不是邓禹，而是刘秀！

邓禹的祸事虽然平息，但影响很坏，使他在军中和地方上的威望降低很多，西征军士气低落。正好赤眉军放弃长安西进，邓禹赶紧挥师南下，进入长安。一时间，士气陡然大振，全军上下非常高兴！可是，高兴了没两天就高兴不起来了，因为，此时的长安几乎是一座空城，一点粮食也没有，一点有价值的东西也得不到。再来，原来从刘玄手下分裂出来的一些大小军阀还在附近活动，邓禹还得随时防备，随时准备参加战斗。

邓禹刚把西汉皇帝宗庙、陵园等稍作收拾，便跟军阀延岑开战，竟被打败，只好撤出长安，向北撤到左冯翊云阳县，那里粮食比较多。这时，军阀刘嘉带着不少人马来投降。结果，受降之后又出现一些摩擦，又乱了一阵子。再者，粮食本来就少，人多了就更不够吃了。

军士饥饿，皆食枣菜。——《后汉书·邓禹传》

在这种情况下，赤眉军又杀回长安。邓禹无力阻击，跟赤眉军打了两仗，全都败北。

赤眉军重新进入长安，但还是面对一座空城，没粮食，什么也没有。《后汉书》讲：

时三辅大饥，人相食，城郭皆空，白骨蔽野。——《后汉书·刘盆子传》

整个长安地区，此前可能是全世界最繁荣富庶的地区，短短三四年就变成了人间地狱，人吃人，到处都是白骨。在这种生存绝境之下，人性之恶显露无遗。赤眉军几乎把所有的西汉皇帝、皇后的陵墓都盗掘开，把陪葬的金银财宝盗出，甚至"污辱"了吕后的尸体。

发掘诸陵，取其宝货，遂污辱吕后尸。——《后汉书·刘盆子传》

吕后已经死了二百年，早是一把白骨了，还怎么"污辱"？《后汉书》是这样讲的：

凡贼所发，有玉匣殓者率皆如生。故赤眉得多行淫秽。——《后汉书·刘盆子传》

就是说，那被埋葬了一二百年的皇后皇妃，凡是身上穿着玉匣的，"率皆如生"，都跟活人一样，非但没有成为一把白骨，身上都还是软的，就差有体温了。所以，"赤眉得多行淫秽"。我感觉这准是民间传闻入了正史。总之，赤眉军在长安大肆破坏，而邓禹无可奈何。怎么办呢？刘秀决定再派冯异带领一支新的西征军，重新入主长安。

此前，刘秀率主力扫平幽、冀，南归称帝，然后跟冯异军队兵合一处，一起包围洛阳，连攻数月不下。直到长安刘玄向赤眉军投降，洛阳主将朱鲔才有所动摇，向前来游说他投降的岑彭说：当年我参与杀刘伯升，更始帝派你们皇帝去河北时我还竭力阻挠，所以不敢投降。

岑彭也是个人物。昆阳之战时，刘玄、刘缤等汉军主力全力以赴攻打宛城，宛城守将就是岑彭。岑彭的防守非常顽强，固守数月。

城中粮尽，人相食。——《后汉书·岑彭传》

实在是没法儿再坚持了才投降。

当时刘玄等人都想杀掉岑彭出气，幸亏刘缤将其救下。刘缤说：

彭，郡之大吏，执心坚守，是其节也。今举大事，当表义士，不如封之，以劝其后。——《后汉书·岑彭传》

岑彭作为宛城主将，全力坚守，这是他的职责、使命，他全力以赴完成使命，坚持到了最后，这是有气节的义士！我们现在从事这个事业，必须鼓励这种精神，倡导这种正大的价值观，这样才能感召天下精英。非但不能杀他，还应给他封侯！大加表彰。

刘玄等人服气：好！有道理，封岑彭为归德侯！

随后，岑彭在朱鲔手下做过校尉，两人关系不错。刘秀拿下河内时，岑彭投其麾下。这次，岑彭负责劝降朱鲔，他把朱鲔的顾虑回禀刘秀：

您看怎么答复他呢?

刘秀一笑:你回去,这样跟他说:

夫建大事者,不忌小怨。——《后汉书·岑彭传》

做大事的人不会在乎小仇小怨。只要他投降,以前的恩怨不但一笔勾销,而且官爵可保!

河水在此,吾不食言。——《后汉书·岑彭传》

朕对黄河起誓,说到做到,请他放心。

岑彭高高兴兴回到洛阳城下,转达了刘秀所言。朱鲔站在城上,还是有点犹豫。随后,他派人放下一条绳索,喊话岑彭:

必信,可乘此上。——《后汉书·岑彭传》

要想让我相信你,就抓着这根绳索爬上来说吧。

岑彭下马上前,手下一把挡住:将军,当心有诈!

岑彭一甩袖子:待着,谁也不许动。空身一人大踏步向前,走到城墙根儿下,抓住绳头,就要上。

城头上的朱鲔一摆手:且慢!好了,不用上了,容我再安排几天。

五天后,朱鲔率城中大军正式投降。刘秀遵守承诺,给朱鲔封侯。后来,朱鲔做到了少府。

传封累代。——《后汉书·岑彭传》

后面好几代儿孙都顺利世袭他的职位。

刘秀拿下洛阳后,在此定都。据说,刘秀自认为汉朝是火德,跟"洛"字左边的三点水犯克,就将其去掉,在右边加"隹"字,成了"雒"——雒阳。这是在建武元年(25)十月。当年底,刘秀已基本控制幽州、冀州、豫州、荆州,在此区域以东、以南依然被其他大小军阀占据,他正安排将领欲将它们各个击破。往西的主要问题就是长安的赤眉军。

刘秀一边派冯异带兵西进,一边派人给邓禹捎信嘱咐:

慎毋与穷寇争锋!——《资治通鉴·汉纪三十二》

赤眉军现已是穷寇，你不要强攻，他们会拼命的。他们在长安找不到粮食，下一步只能往东来。

吾以饱待饥，以逸待劳，折棰笞之，非诸将忧也。——《资治通鉴·汉纪三十二》

我派大军在长安东边的渑池、新安和宜阳等着他们，以饱待饥，以逸待劳，绝对能打服他们。你尽快回来就行了，千万不要再跟他们开战。

邓禹羞愧：不行，我必须再打几个漂亮仗，把面子捞回来。

于是，他带着已经饿得不行的军队，从后面追击东归的赤眉军。打了几个小仗，皆败。

邓禹更较上了劲：我还就不信了！

正好，冯异的军队也已经开至华阴。邓禹约冯异一起，在华阴西边的回溪又跟赤眉军打了一次大仗。结果，惨败，邓禹全军覆没，只带了二十四个手下逃回在宜阳的刘秀大营。

关于邓禹之败，还有一点史料值得关注。《后汉书·张宗传》里记载，有一次，邓禹大军在小城枸邑与赤眉大军遭遇，邓禹决定撤退，派哪个将领殿后呢？

众人多畏贼追，惮为后拒。禹乃书诸将名于竹简，署其前后，乱著笥中，令各探之。——《后汉书·张宗传》

这帮将领，谁都不敢担负这个危险的殿后任务。怎么办呢？邓禹竟然以抓阄定人选。足见，邓禹治军不够严。

当时，只有张宗将军不想抓阄，说：

死生有命，张宗岂辞难就逸乎！——《后汉书·张宗传》

我来殿后吧！

邓禹很感动，说：

将军有亲弱在营，奈何不顾？——《后汉书·张宗传》

你就不怕你战死了，老婆孩子没人照顾吗？

邓禹要是真说这样的话，真就是妇人之仁了，所谓"慈不掌兵"，他最后这个结局也不意外了。

倒是张宗讲了一句带劲的话：邓将军，您放心吧。

一卒毕力，百人不当；万夫致死，可以横行。——《后汉书·张宗传》

我和手下弟兄们抱定必死之心，定能顶住赤眉，确保大部队成功撤退。

随后，他真就做到了。

还说冯异。回溪之战，冯异差点儿战死，从马上摔下来，徒步爬山崖，只带着几个手下逃回大营，坚壁自守。

转过天来，赤眉军大举进攻冯异营垒。冯异已经做好了准备，他埋伏好一支假赤眉军，也把眉毛染成红的，服装打扮跟赤眉军一样，从侧翼包抄前来进攻的真赤眉军。一下子把真赤眉军给整晕了，众遂惊溃，冯异乘胜追击。

大破于崤底，降男女八万人。——《后汉书·冯异传》

在崤山底下的谷地大败赤眉军，一举俘虏八万人。

刘秀闻讯大悦，盛赞冯异：

失之东隅，收之桑榆。——《后汉书·冯异传》

回溪之败，是失之东隅；崤底之胜，是收之桑榆。

崤底惨败的赤眉军仍有十几万人，狼狈逃出，穿过崤山，出关东归，建武三年（27）闰正月十七日，到达宜阳。远远地，一支大军横阵大山之下。谁？正是光武大帝刘秀。刘秀把手下的精兵主力全压上来了！

亲勒六军，大陈戎马，大司马吴汉精卒当前，中军次之，骁骑、武卫分陈左右。——《后汉书·光武帝纪》

军威盛大，气势冲天！

赤眉军吓傻了。

惊震不知所为。——《后汉书·刘盆子传》

怎么办呢？这仗没法儿打了，咱这边都饿得跟绵羊似的，人家那边全都如狼似虎。得了，赶紧投降吧。

于是，樊崇领着刘盆子还有三十多个主要将领"肉袒降"，都光着膀子来向刘秀投降。

赤眉军全部缴械。

积兵甲宜阳城西，与熊耳山齐。——《后汉书·刘盆子传》

兵器盔甲等堆在宜阳城西，跟旁边的熊耳山一样高。

刘秀把手一挥：上饭！

调集粮食让这十几万赤眉降军放开了吃上一顿饱饭！可以想象那个场面，乱世血泪啊！

酒足饭饱之后，刘秀拉着刘盆子、樊崇等人：来来来，陪朕一起检阅一下我大汉军队吧。

阅兵式上，刘秀笑问刘盆子：你说，随后朕会不会杀了你？

刘盆子也抿嘴一笑：微臣罪该万死，不过，我相信您会同情、理解我，赦免我的罪过。

刘秀大笑：

儿大黠，宗室无蚩者。——《后汉书·刘盆子传》

你小子聪明，之前听说你的种种传闻，要我看，那都是你装傻！咱们老刘家就没有蠢人。

刘秀又问樊崇：樊将军，后悔投降吗？如果后悔的话，可以把人马还给你，咱们再好好打一场。

樊崇等人赶紧跪倒磕头：皇上说笑了，我们之所以出长安东归，其实就是奔着来向您投降的。如今，您能不嫌弃我们犯过的罪过，收留我们，我们太高兴了。

犹去虎口归慈母，诚欢诚喜，无所恨也。——《后汉书·刘盆子传》

刘秀点头：嗯，要说起来，你们的罪过确实够大了。

所过皆夷灭老弱，溺社稷，污井灶。——《后汉书·刘盆子传》

杀人无数，把我们老刘家的宗庙祖坟都给砸了挖了，朕怎么还能收你们呢？你们说说，朕是在哪点上看重你们，原谅你们的呢？

赤眉将领们面面相觑。

刘秀说：朕告诉你们吧，虽然你们罪恶滔天，但是你们身上还有三样好！

犹有三善：攻破城邑，周遍天下，本故妻妇无所改易，是一善也；立君能用宗室，是二善也；余贼立君，迫急皆持其首降，自以为功，诸卿独完全以付朕，是三善也。——《后汉书·刘盆子传》

一是你们打遍天下，也曾无限风光，可是，没有人因此就换老婆，这个很好！

二是你们能拥立老刘家人做皇帝、做首领，这个也很好！

三是别的军阀打到最后，常常会有人杀了首领，再去投降，好去讨封赏，可你们赤眉军没有，自始至终，你们主要将领都很团结，没有出现窝里反现象。

就冲这三样好，朕既往不咎，以后，咱们就是一家人啦。

刘秀话虽如此讲，不久之后，还是以谋反之名将樊崇诛杀。刘盆子则得以善终。赤眉军的结局大致如此。绿林军主要将领王匡、张卬等结局也大致如此。

八、刘秀四面出击

建武三年（27）闰正月，光武帝刘秀收降赤眉军。至此，更始帝刘玄和绿林军、赤眉军退出历史舞台，不过，后起的各路军阀战事犹酣。接下来的三年，刘秀继续东征西讨、南征北战。北征彭宠；东讨刘永和董宪、张步；南战秦丰、李宪和反叛的邓奉；西边呢，主要是怀柔隗嚣、窦融，打延岑，蜀地的公孙述和并州、朔方的卢芳暂时打不着。

最有戏剧性的是打彭宠。此前，彭宠作为渔阳太守派出吴汉、王梁、盖延等将领，率三千突骑，南下支持刘秀。刘秀之所以能战胜王郎，彭宠帮了大忙。

刘秀灭王郎，定河内，挥师北上扫荡冀、幽农民军，到达蓟县，离渔阳很近，彭宠赶过来看望他。彭宠本以为，刘秀得拿自己当恩人。

至当迎阁握手，交欢并坐。——《后汉书·彭宠传》

准得执宾主之礼，并排而坐，握手言欢。

结果不然，刘秀虽然挺热情，却完全是以君臣之礼接见彭宠。彭宠得行跪拜大礼。

彭宠窝火：当初还不如保王郎！

随后，刘秀即皇帝位，原彭宠部将吴汉被封大司马，王梁被封大司空，跟大司徒邓禹并列三公。而彭宠虽被封侯，却仍任渔阳太守，他更加窝火：真是忘恩负义，他应该给我封王！怎么办呢？得了，咱拉屎攥拳头——背地里使劲儿吧。

于是，他用心治理渔阳，利用原来设在渔阳的盐铁官，积极扩大财政。

积珍宝，益富强。——《后汉书·彭宠传》

彭宠本是想争口气，把渔阳搞好，独守一郡，虽无封王之名，也略有封王之实，并没想反叛刘秀。

可是，不怕没好事，就怕没好人。当时的幽州牧朱浮坐镇在蓟县，召集了很多当地精英人物充实幕府，加强州牧权力。这么多人的开支从何而来？只能各郡分摊。

彭宠很抵触：招这么多人有什么用？生生给我们增加负担。不给！

朱浮恨彭宠，就向刘秀打小报告：彭宠全力以赴积蓄经济和军事力量，准是图谋不轨。

朱浮本是刘秀心腹，深得刘秀的信任。于是，刘秀派使者召彭宠来洛阳说明情况。

彭宠跟使者说：请您转告皇上，我可以去洛阳，不过得叫上朱浮一块儿，我得跟他当面对质。

刘秀拒绝，再派使者召彭宠独自觐见。

彭宠既惶恐，又痛恨朱浮，思来想去，最终反叛。

自将二万余人攻朱浮于蓟，分兵徇广阳、上谷、右北平。——《后汉书·彭宠传》

发两万精兵，攻打朱浮所在的蓟县，还有幽州其他郡县，来势汹汹。

当时赤眉军还未出长安，刘秀分不出大军来应对彭宠。

朱浮本以为激怒彭宠反叛，刘秀会立即亲率大军北上灭彭宠。中间，他还写信气彭宠，说：

伯通自伐，以为功高天下。往时辽东有豕，生子白头，异而献之，行至河东，见群豕皆白，怀惭而还。若以子之功论于朝廷，则为辽东豕也。——《后汉书·朱浮传》

朱浮之前做刘秀的大司马主簿，相当于办公室主任，文章写得好，这段写得俏皮，大意说：以前辽东郡有个人，他家的猪下了小猪崽是白色的头，他从未见过这样的白头猪，感觉很神奇，就想送到长安，进献给皇帝。结果，走到河东郡，才发现当地一群群的猪都是白头。彭宠（字伯通）你自以为功劳比天大，实际跟这个辽东白头猪一样平淡无奇。就凭你小小的渔阳郡就想与天子为敌，实在是不自量力。

犹河滨之人捧土以塞孟津，多见其不知量也！——《后汉书·朱浮传》

就好比一个人拿手捧土去堵黄河。

彭宠更是气坏了，攻势愈猛。而刘秀只派了一个普通将领邓隆来救援，被彭宠击败。

朱浮渐渐不支，写信恳求刘秀亲自救援。刘秀已经收降赤眉，却仍不救朱浮，回信说：此前朕料定赤眉会出长安来归降，果然不出所料。

今度此反虏，执无久全，其中必有内相斩者。——《后汉书·朱浮传》

朕预料彭宠也不会猖狂太久，早晚会被他内部人斩杀。你再坚持坚持吧。

结果，朱浮坚持了一年。

城中粮尽，人相食。——《后汉书·朱浮传》

朱浮勉强突围，中间还被迫杀死自己的妻子，才得以逃脱。

彭宠攻破蓟城，自称燕王，进而拿下上谷、右北平等地，除了东边的辽西、辽东两个郡，其他的幽州郡县全部被他占领。另外，他北结匈奴，南邀军阀张步，结成稳固联盟，令刘秀奈何不得。可是，只过了两年，刘秀的预言再次成真，彭宠被手下斩杀。

怎么回事呢？有段时间，彭宠夫人总做噩梦，梦见自己光着身子逃跑，后面被人追，跑着跑着没道了，前面是一道城墙。好不容易爬上了城墙，身后突然冒出来一个秃脑袋的男人，一把把她推了下去。夫人惊醒。白天，她也疑神疑鬼，总听着屋里有蛤蟆叫，可是把地砖都挖开，也找不着。怎么办呢？彭宠找来卜筮、望气者。

皆言兵当从中起。——《后汉书·彭宠传》

都说彭宠内部将发生兵变。

彭宠琢磨：我内部？不会是我侄子子后兰卿吧？我之前让他在刘秀手下做人质，没准儿他跟刘秀还有来往。得了，别让他在我跟前了，让他带些兵到城外驻扎去吧。

其他的几个亲信，也都被彭宠调开，他身边只留下几个苍头，也就是奴仆，都是跟了他好几年的，什么官职也没有，什么资源也调配不了，不可能起兵造他的反。

宠斋，独在便室。——《后汉书·彭宠传》

一天，彭宠独自在斋房斋戒，中午犯困，刚睡着就感觉身上一紧、脖子一凉，随即惊醒，只见三个苍头竟把他连人带床绑在了一起。为首的苍头叫子密，正拿一把匕首抵住他的咽喉：别出声，敢出声，一刀弄死你！

彭宠又气又急，不敢言语，眼睁睁瞅着三个苍头有条不紊地开展计划。他们先是出去跟院子里的侍从官吏说：大王说了，斋戒期间停止办公，你们都放假回家休息吧。

侍从们挺高兴，扭头走了。

他们又把外间屋的几个奴婢捆起来：我们奉大王之命捆你们，也说不好为啥，请你们配合一下。

几个奴婢不敢反抗，束手就擒，一人嘴里塞一团破布，都被掼到一边去了。

接着，一个苍头去找彭宠的夫人：大王有事叫您独自去斋房商议。

彭夫人半点儿也没多想，独自跟着过来，进屋一看，大惊：啊……

她还没"啊"出来，就被一个苍头把嘴捂住。子密上来，"啪啪"俩大嘴巴：别出声，想要你丈夫活就老实听话，把你压箱底儿的宝贝们都给老子弄来。你要是敢打半点儿歪主意，咱们就同归于尽。

彭夫人乖乖地回正房去拿珍宝钱财。子密和另一苍头跟着，留下一个小苍头继续拿刀子抵住彭宠的脖子。

彭宠的嘴被堵着，出不了大声，说不了话，不过勉强还能哼唧，他便游说小苍头：小兄弟，咱哥儿俩平时关系多好啊，你准是被坏人胁迫才这样做的。我闺女漂亮吧？你只要解开我，我便把她嫁给你！我的钱财全归你！

小苍头当即被整晕，伸手就要解绳。

这时，门开了，子密又回了屋，把眼一瞪：我就知道你得被他忽悠了，你傻啊？想活命就把他看好喽！

小苍头吓得一哆嗦，一口唾沫吐在彭宠脸上：呸，我才不上你的当！

彭夫人把金银财宝弄了两大包袱，顺便吩咐人在院外备好了六匹快马，又回到这个斋房。

子密命令：你带着针线没有，还得缝俩布兜儿。

彭夫人含泪问：爷，缝布兜干吗？

子密：让你缝你就缝，哪那么多话？

彭夫人乖乖地缝了两个篮球大小的布兜儿。

这时，已是傍晚。子密给彭宠松出一只手来，说：您还得给我们写个城门通行证。

彭宠没办法，给城门将军写了一个便条：

今遣子密等至子后兰卿所，速开门出，勿稽留之。——《后汉书·彭宠传》

我派子密他们到城外子后兰卿军营办事，你们不要阻拦，要马上开城门。

子密拿起来瞅瞅，点点头，手往怀里一勾，便将彭宠割喉。随即将彭宠夫妇人头砍下，放进刚才缝好的那俩布兜里。三人出门，乘上刚才备好的马车，稳稳当当地出了城门，直奔洛阳。

次日，彭宠手下才发现彭宠被杀。很快，彭宠国师韩利杀掉彭宠之子，举城向刘秀大将祭遵投降。

子密到了洛阳，将彭宠人头献上。刘秀大悦，封子密为"不义侯"，意思是：你帮了我的大忙，我得给你封侯，可是，奴仆杀主，大不义，故封"不义侯"。

司马光对此大不以为然：这叫什么价值观？仁、义、礼、智、信乃立国之本，不义怎可封侯？

此而可侯，汉爵为不足劝矣！——《资治通鉴·汉纪三十三》

这种不义之人都可以封侯，东汉的侯爵还有什么意思？不值得让士人争取了。

这里，我也要发一点感慨：画龙画虎难画骨，知人知面不知心。你信任的人可能会突然在背后给你捅刀子。诸葛亮所谓，"亲贤人，远小人"，其实日子久了，谁是贤人，谁是小人，我们应当有所察觉。所谓"路遥知马力，日久见人心"。问题是，我们常常会抱着侥幸之心与小人相处。

除了北边彭宠之外，东边、南边的几个军阀也都被刘秀大军一一消灭，其中较有故事性的是大将耿弇带兵打张步。张步占据几乎整个齐地，势力颇强。双方在临淄附近大战，打了整整一天，难分胜负。

飞矢中弇股，以佩刀截之，左右无知者。——《后汉书·耿弇传》

乱战之中，耿弇大腿中箭，箭头射进了肉里，箭杆、箭羽在外面支棱着。耿弇怕影响士气，暗自将箭杆锯下，继续作战。傍晚收兵，手下将领们才知道，赶紧找军医来处理。

这时，信使来报：皇上亲率大军，正从鲁地赶来，要会同咱们一起剿灭张步。

将领们很高兴：太好了！耿弇将军正好养养伤，咱们闭营休战两天，等皇上到了再出战吧。

耿弇一瞪眼：这叫什么话？

臣子当击牛酾酒以待百官。——《后汉书·耿弇传》

等皇上到了，咱们得宰了牛，备好酒菜，好好款待皇上和文武百官。

反欲以贼虏遗君父邪?——《后汉书·耿弇传》

怎么能等着皇上来，劳烦皇上帮咱打仗呢？明早，继续开战！全力以赴，给我往死里打，务必拿下张步！

次日，耿弇真就把张步大军一举击溃。

随后，刘秀赶到临淄，大会群臣，庆祝拿下齐地。刘秀称赞耿弇：这仗打得漂亮，比当年韩信拿下齐地那场仗要难打得多。

其功乃难于信也。——《后汉书·耿弇传》

耿将军，此前你主动请战，要独领一军，北定彭宠，然后顺势而下，取张丰、平张步。当时好多人都不以为然，以为你吹牛。而今你竟然都做到了，真可谓：

有志者事竟成也！——《后汉书·耿弇传》

后世有人将此名句扩充为一副著名对联：

有志者，事竟成，破釜沉舟，百二秦关终属楚；苦心人，天不负，卧薪尝胆，三千越甲可吞吴。

西边的军阀，主要分三大股。一大股是在长安周边的关中地区。

时关中众寇犹盛。——《资治通鉴·汉纪三十三》

赤眉军走后，关中还有好多小军阀，各占一片，"各称将军，拥兵多者万余，少者数千人，转相攻击"，互相掐。

时百姓饥饿，人相食，黄金一斤易豆五升。——《后汉书·冯异传》

到了人吃人的境地，黄金就不值钱了，因为它不能当饭吃，一斤黄金只能买五升豆子。

老百姓如此，大树将军冯异率领的西征军也好不到哪儿去，刘秀在后方的粮草接济经常断，不能及时送到。

军士悉以果实为粮。——《后汉书·冯异传》

士兵们经常吃野菜、野果子充饥。

就在这样艰苦的条件下，冯异一步一步完成了邓禹没能完成的任务，把关中军阀全部消灭干净。然后又一点一点恢复关中的生产、经济，把社会恢复到稳定的状态。

就这样，冯异独当一面，"专制关中"，约有三年，民间很多人称其为"咸阳王"。中间，有人上书，提醒刘秀提防冯异。

刘秀直接将其批转给冯异。冯异吓了一大跳，立即上书解释了一大通：恳请皇上千万别听这些小人谗言，微臣哪有什么能耐？之所以能平定关中，完全是靠皇上的英明领导。

臣伏自思惟：以诏敕战攻，每辄如意；时以私心断决，未尝不有悔。——《后汉书·冯异传》

微臣回想自己打过的那些仗，凡是按照您的指挥打的，都特别顺利，都打胜了；凡是没接到您的指令，只好自作主张来打的，每次都不顺。其他的好多事情，凡是您做的决策，时间越长，人们就越发现这个决策高明。

乃知"性与天道，不可得而闻也"。——《后汉书·冯异传》

这就像孔圣人的学生们永远学不会孔圣人的真学问一样，您的智慧是我们永远都无法企及的！您就是借给微臣几个胆，微臣也不敢怎样啊。

冯异既大表忠心，又给刘秀大戴高帽，显示出极成熟的政治智慧，让我看到了曾国藩写奏折书信的影子，既显得很诚恳，又带着恭维，很厉害！

建武六年（30）春天，冯异回到洛阳朝见刘秀。刘秀从皇座起身，上前扶起叩头施礼的冯异：三四年不见，真辛苦你啦。诸位爱卿，你们都看看他！

是我起兵时主簿也。为吾披荆棘，定关中。——《后汉书·冯异传》

来人，把朕要赐给冯将军的珍宝、衣服、钱帛都搬上来。

几个太监抬的抬，架的架，一大堆金银财宝都弄了上来，价值连城。

刘秀拉着冯异的手：想当年，咱们从蓟县仓皇逃出，又怕，又累，又冷，又饿，多亏了你的照顾。

无蒌亭豆粥，虖沱河麦饭，厚意久不报。——《后汉书·冯异传》

你在无蒌亭给我弄了一碗豆粥，在虖沱河边给我弄了一碗麦饭，那都是我平生吃到的最上等美味！你自己一口都舍不得吃，都给我吃，这番深情厚谊我一直铭记在心。我知道今天这些东西不足以报你这个情，只是我的一点心意，你收下吧。

冯异赶紧跪下施礼：谢谢皇上，那都是臣应该做的，想想那时候，多难啊！

臣闻管仲谓桓公曰：愿君无忘射钩，臣无忘槛车。齐国赖之。——《后汉书·冯异传》

春秋时，管仲辅佐齐桓公成就霸主之业后，曾对齐桓公讲：希望您永远不要忘记曾经被射中带钩的危难时刻，臣也不忘记被装入囚车的落难经历。由此，齐国得以保持了长久的强盛。今天，臣也斗胆进一言：

愿国家无忘河北之难，小臣不敢忘巾车之恩。——《后汉书·冯异传》

希望皇上永远不要忘记我们追随您，经营河北时的草创之难；小臣也永远不敢忘记当年在父城外巾车乡被您活捉而不杀之恩。

说到动情之处，君臣二人不禁潸然泪下。

随后，冯异在洛阳住了十多天，刘秀数次召见，商定下一步的战略计划，一是怎么对付西边陇西凉州地区的军阀隗嚣和窦融；二是怎么对付西南巴蜀地区的公孙述。

九、隗嚣的选择

建武六年（30）春天，平定关中的冯异回洛阳，与刘秀商定对付西部三大军阀隗嚣、窦融、公孙述的战略。

隗嚣字季孟，天水成纪人也。——《后汉书·隗嚣传》

他是凉州天水郡成纪县的人。

好经书。——《后汉书·隗嚣传》

少仕州郡。——《后汉书·隗嚣传》

从小喜欢读书，有学问，年纪轻轻就在州郡为官，名声在外，得到国师刘歆的赏识，被提拔到长安任其属官。随后，刘歆要造王莽的反，事情败露自杀，隗嚣逃回天水老家。刘玄称帝，当地豪杰们在隗嚣两个叔叔隗崔、隗义的带领下，也拉起一支兵马，攻占了天水郡治所平襄。因隗嚣素有大名，有学问、做过高官、有威望，被推举为上将军。

隗嚣请高人方望做军师。方望建议：要想迅速壮大实力，必须抓住民心，现在民心思汉。

宜急立高庙，称臣奉祠，所谓神道设教，求助人神者也。——《后

汉书·隗嚣传》

得建立起汉高祖的宗庙，号称为光复大汉社稷而起兵，有高祖神灵保佑，定可无往不胜。正所谓"神道设教"，这样才容易感召民心。

隗嚣一撇嘴：建立高庙可不是小工程，我在长安见过，那个规模，可不是想建就能建的。

方望笑了：您想复杂了，正所谓：

礼有损益，质文无常。——《后汉书·隗嚣传》

你随便找个小土房，摆上汉高祖、汉文帝、汉武帝的牌位，搬上点供品就可以算作设立高庙了。只要能体现出这种礼制、心意就行，照样可以感动神明、感召民心。

隗嚣大悦，立即率人这么搞了一通，祭祀汉室宗庙，顺便还跟手下三十余名将领一起歃血盟誓……果有奇效，很快，他们这支军队便壮大到十万之众，顺利攻占天水郡北临的安定郡。

分遣诸将徇陇西、武都、金城、武威、张掖、酒泉、敦煌，皆下之。——《后汉书·隗嚣传》

随后，整个凉州地区所有郡县也全部接受了隗嚣的领导。

这是更始元年（23）的事。次年，更始帝入驻长安，征隗嚣入朝为官。

方望以为更始未可知，固止之。——《后汉书·隗嚣传》

方望说：更始皇帝刘玄能不能坐稳江山还不一定，您现在去辅佐他太不明智。

隗嚣不听，带着两个叔叔隗崔、隗义去了长安。

方望没跟着，他又去保了另外一个大人物——刘婴，就是汉平帝死后，王莽选作皇太子的那个小孩。王莽把他关在小黑屋里，不许人们跟他讲话。

至于长大，不能名六畜。——《汉书·王莽传》

把小刘婴活活养成了一个傻子。可能正因为他傻，王莽一直没杀他，直到刘玄攻占长安，刘婴依然活着，然后被方望找到了。

方望联合其他几个豪杰，立刘婴为天子，拉起一支队伍，但被刘玄消灭。

隗嚣叔侄三人到了长安后，被刘玄封官，同时也近乎被软禁了起来，每天都被人监视。怎么办呢？隗崔、隗义找隗嚣商量：贤侄，干脆咱造他的反，杀回老家去！

隗嚣制止：不行，风险太大，不能这么干。

两个叔叔不听，非要造反。隗嚣怕受连累，竟然向刘玄告发，两个叔叔被处死，他自己则被提拔为御史大夫。

如此卖叔求荣的卑劣行径，似乎并未影响他在老家的声望。刘玄跟张卬等绿林军将军窝里反，隗嚣站在张卬一边，一度被刘玄的兵马围困，死里逃生，逃回天水老家，重新召集旧部，自称西州上将军，很快又聚起一大批当时顶尖的能人。

这些能人哪儿来的？都是从长安逃来的。长安经绿林军、赤眉军轮番蹂躏，已成人间地狱，很多富人、能人都逃至陇西。

嚣素谦恭爱士，倾身引接为布衣交。——《后汉书·隗嚣传》

隗嚣礼贤下士，非常尊重人才，把这批宝贵的文武精英人物全部收到麾下。正所谓："千军易得，一将难求。"隗嚣得到这些能人辅佐，实力大增。赤眉军吃空长安，欲进入陇西，被隗嚣一举击退。

在此之前，邓禹手下叛将冯愔也曾想带兵进入陇西，被隗嚣击败。由此，隗嚣和光武帝刘秀也建立了联系。此时，刘秀虽未尽占天下，但名义上"普天之下，莫非王土"，于是正式封隗嚣为西州上将军，令其"专制凉州、朔方事"。称帝的一大好处是可以往外"批发"官帽，刘秀送给隗嚣这样一顶大官帽。同时，对隗嚣卑辞殊礼，极尽拉拢之能事，给隗嚣写信，"言称字，用敌国之仪"，称兄道弟，平起平坐，完全不用君臣之仪。随后，他干脆"以大司空扶安王印绶授嚣"，给三公之位，直接封王。之前，彭宠梦寐以求而不得的那些礼遇，刘秀都毫不犹豫地给了隗嚣。

隗嚣心里明白：刘秀这无非是合纵连横、远交近攻的一套，是多方博弈的老套路。

站在他的角度，东边是刘秀，南边是公孙述，他自己在西边，正好是个三角，这是一场"三国演义"。他有三条道：要么臣服刘秀，打公孙述；要么臣服公孙述，打刘秀；要么对谁也不臣服，自己割据一方，甚至问鼎天下。最理想的当然是第三条道，只是，理想和现实还有挺大的差距。到底走哪条道？隗嚣的心里天天权衡，而刘秀和公孙述的使者一拨儿又一拨儿地前来游说、拉拢。

隗嚣脑筋一转：我也派使者去看看刘秀和公孙述到底有什么两下子吧，知己知彼，百战不殆。派谁去呢？去个二把刀，什么也看不出来。所谓："行家伸伸手，就知有没有。"派过去的使者得能跟刘秀、公孙述伸伸手、会一会才行。谁有这本事呢？

隗嚣把手下文武官员掂量一番，唯有马援胜任，于是派其先去蜀地出使公孙述。

公孙述字子阳，扶风茂陵人也。——《后汉书·公孙述传》

他父亲是高官，汉哀帝时，他"以父任为郎"，数年后调任天水郡清水县县令。当时，父亲担心他太年轻不会干，派一老吏随行指教。结果，老吏在清水待了没几天便返回复命：

述非待教者也。——《后汉书·公孙述传》

述少爷根本用不着我教，他太能干了，比我明白多了。

公孙述天生是当官的材料，很快就把清水县治理得很好。能者多劳，天水太守干脆让他"兼摄五县"。他把这五个县也都治理得井井有条，一个盗贼也没有，一个恶性案件也没发生，当地人交口称赞：公孙县令，真神了！

随后，公孙述升任蜀郡太守，仍有能吏之名，在蜀地有很高威望。新莽末期，公孙述剿灭蜀地其他军事力量，自立为蜀王。随即，心腹李熊劝进：如今天下大乱唯蜀地安宁，既有沃野千里，又有山川险要，实为王者用武之地。

见利则出兵而略地，无利则坚守而力农。——《后汉书·公孙述传》

蜀地进可攻、退可守。

所谓用天因地，成功之资。——《后汉书·公孙述传》

既有此地利，又有天下大乱人民期待出现明君圣主救民于水火之天时，还有蜀地人民强烈拥护您之人和，天时、地利、人和皆备，不即天子之位，更待何时？

公孙述大悦：好！可是，我听说，人能做帝王都是受命于天的，得符合五德终始，得有符命、祥瑞之类，这些我哪儿有？

李熊一笑：

天命无常，百姓与能。——《后汉书·公孙述传》

什么受命于天，那都是骗人的！天命无常，天命与人事根本没有什么固定联系！历来的帝王都是打出来的，谁能耐大，谁实力强、拳头硬，老百姓就跟着谁，谁就能做帝王。放眼天下，谁的实力比得过您，您还犹豫什么？

公孙述点头：嗯，我再想想。

这天夜里，公孙述翻来覆去睡不着：我真的能做天子吗？做了天子能长久吗？

他越想越睡不着，似梦似醒之间看见一个人神神秘秘地来到他跟前，神神秘秘地讲了一句话：

八厶子系，十二为期。——《后汉书·公孙述传》

然后，转身不见。

公孙述惊醒：哎呀，这个梦太奇怪了！这是什么人呢，说的是什么意思呢？八厶子系，十二为期？这叫什么话？噢，我明白了，这是个拆字游戏，"八厶"即"公"字，"子系"即"孙（孙）"字，合在一起就是我的姓氏"公孙"。十二为期呢？莫非是说，我可以做十二年天子？准是这么个意思！

他当即叫醒妻子，说了一通：只能做十二年天子，是不是太短了？十二年后肯定是一死！做还是不做？

他妻子一拍大腿：

朝闻道，夕死尚可，况十二乎！——《后汉书·公孙述传》

孔夫子讲，当天闻道当天死都值，何况咱能做十二年天子，太值了！

于是，公孙述又鼓捣了一大通符命鬼神瑞应谶纬之类，于建武元年（25）四月称帝，比刘秀称帝早两个月。

马援也是茂陵人，与公孙述同乡同里，算是发小。

同里闬，相善。——《后汉书·马援传》

因此，马援对出使公孙述挺兴奋，边走边想象见面的情景。

以为既至当握手欢如平生。——《后汉书·马援传》

他以为公孙述会有那种久别重逢的激动和喜悦，忘掉所谓的礼仪，率性谈笑。

结果，他想错了，公孙述的欢迎仪式既隆重又庄重，场面盛大，礼仪烦琐，甚至还提前给马援换了一套礼服。

会百官于宗庙中，立旧交之位。——《后汉书·马援传》

文武百官都到场，给马援专门设了一个老朋友的上座。等这一大套礼仪程序进行完，还要给马援封侯，并封他为大将军。

马援的随从们都感觉特别有面子，散场后都跟马援说：干脆咱别回去了，留在成都保您的老朋友公孙皇帝吧。人家太尊重您了，欢迎仪式搞得这么隆重，一见面就封您大将军，一人之下万人之上，多好！

马援黑着脸：差矣！

天下雄雌未定，公孙不吐哺走迎国士，与图成败，反修饰边幅，如偶人形。——《后汉书·马援传》

这是什么时候？这不是太平盛世可以摆谱讲排场，这还天下大乱着呢。他真要拿我们当国士相待，就应如周公吐哺，哪有工夫搞这些浮文虚饰，跟木偶戏有什么区别？我看，公孙述肯定到不了大处。

只待了两天，马援便辞别而回，向隗嚣复命。

隗嚣问：你看这位公孙皇帝如何？

马援摇头：依我看，公孙述不行。

井底蛙耳，而妄自尊大，不如专意东方。——《后汉书·马援传》

他不过是个井底之蛙，没什么见识，还自以为了不起。我看，咱还是保东边的皇帝吧。

隗嚣点头：东边的皇帝你也去会会吧，回来再定夺。

于是，马援又去洛阳，出使刘秀。刘秀这里什么仪式也没有，马援直接来到刘秀办公的宫殿。刘秀穿着随意，谈笑风生：幸会，幸会，听说您前些天刚去见过公孙述，今天又来看我，我俩竟然都号称天子，让您见笑了。

马援也笑了：哪里，哪里，这是非常时期的非常之事。

当今之世，非独君择臣也，臣亦择君矣。——《后汉书·马援传》

有两个天子也不是坏事，正可以让我们下面的人们做一下比较，比较比较就能看出谁是真天子，谁是冒牌货。

刘秀笑问：您比较得怎样？咱们才刚刚见面，是不是还不好比较？

马援说：也不是，就拿这个见面来讲，我跟公孙述算是发小，他接见我之前，专门派人给我换套礼服，其实是怕我带兵器刺杀他。您却什么防备也没有，就不怕我是刺客吗？

刘秀哈哈大笑：

卿非刺客，顾说客耳。——《后汉书·马援传》

你不是刺客，你是说客。对不对？

马援也大笑，二人相谈甚欢。

马援在洛阳待了不短的时间，考察了解了方方面面，还陪同刘秀到下面几个地方考察，其间，跟刘秀多次长谈，惺惺相惜。随后，刘秀派使者来歙回访隗嚣，顺便将马援送回。

见到隗嚣，马援把刘秀大大地称赞一番：此人了不得！

才明勇略，非人敌也。——《后汉书·马援传》

他的才情、智慧、勇气、谋略都太厉害了，非凡人可比。

且开心见诚，无所隐伏，阔达多大节，略与高帝同。经学博览，政事文辩，前世无比。——《后汉书·马援传》

他那种直来直去的豪爽气概，跟高祖刘邦应当差不多。他的学问、政务能力，应当又在高祖之上。

隗嚣很惊讶：这么说，刘秀比刘邦还厉害？

马援一拨拉脑袋：

不如也。高帝无可无不可；今上好吏事，动如节度，又不喜饮酒。——《后汉书·马援传》

依我看，刘秀还是不如刘邦。刘邦是无可无不可，怎么着都行，达到一种随心所欲的境界；刘秀做事情则是特别讲规矩，方方面面都做得非常规范周密，特别勤政，而且不怎么喝酒。

隗嚣一撇嘴：

如卿言，反复胜邪？——《后汉书·马援传》

要照您这么说，刘秀哪里是不如刘邦，这不是比刘邦还厉害吗？好吧，我听你的，咱就保刘秀，联刘打公孙。

随后，又经数度使者往还，刘秀已经基本平定山东，隗嚣终于正式称臣。

遣长子恂入质。——《后汉书·马援传》

把长子隗恂送去洛阳做人质，以表示称臣诚意，这是春秋战国以来的老传统。

在整个谈判、结盟、称臣的过程中，隗嚣与刘秀度过了一段"蜜月期"。其间，刘秀主力忙于应付东方战事，冯异在隗嚣的支持、配合下顺利扫平关中大小军阀，还击退了公孙述北伐，双方合作愉快。隗嚣正式遣子入质称臣之后，刘秀已把东边安顿好，腾出手可以对付西边了，对隗嚣的态度悄然变化。

隗嚣立即感受到了这种变化。怎么办呢？

他本来有三条道：一是保刘秀，二是保公孙述，三是割据为王。他反复权衡，想把这道单选题做成多选题，想同时选一和三，希望通过保刘秀来实现割据为王。做帝王一直是隗嚣的终极梦想，为此，他还专门请教过大学者班彪。班彪是《汉书》的作者班固之父，从长安避乱逃至陇西，栖身于隗嚣之下。隗嚣问：当今天下大势您怎么看？是否像周朝末朝或秦朝末期那样来一次大洗牌，群雄逐鹿，最终靠拼实力、拼智慧，胜者为王、得天下？

班彪摇头：不会，如今形势跟周末、秦末可不一样，那时逐鹿的群雄都各有原六国的老底儿，现在的各路豪杰都无此基础。所以，百姓思汉。

汉必复兴，已可知矣。——《资治通鉴·汉纪三十三》

隗嚣不以为然：什么百姓思汉、汉必复兴，只不过因为老百姓们只知有刘姓汉朝，所以才这样说。当年刘邦打天下时，谁知道汉朝？还不是照样得天下。现在再出一个人们没听过的新朝代，有什么不可能？

班彪立即明白隗嚣争天下做帝王之心，挠挠头：这个问题不是一两句话能讲清的，我这两天写篇文章，给您看看吧。

随后，班彪呈上大作《王命论》，其中讲：帝王皆有天命，非能强求。当年尧禅位给舜，舜禅位给禹，都强调一句话：

天之历数在尔躬。——《论语·尧曰》

之所以禅位给你，让你做天下，是因为此乃天意，是天命所定。

高祖刘邦能得天下，同样是因为天命。

俗见高祖兴于布衣，不达其故，至比天下于逐鹿，幸捷而得之。不知神器有命，不可以智力求也。悲夫，此世所以多乱臣贼子者也！——《资治通鉴·汉纪三十三》

在一般世俗人眼中，刘邦能得天下，就像一帮人一起捕猎一头鹿，因为刘邦跑得快、射得准，便侥幸捕获了这头鹿，而不知道这背后其实是天命所定。天下，辽阔无垠，有无穷生命与物产，这是神器！而一个人多么渺小！怎么可能仅凭一个人的智谋、能力就能拿得下天下神器呢？正因为人们没有这种认识，没有这种天命信仰，所以世间才会有那么多乱臣贼子被野心和欲望裹挟，犯上作乱，危害人间。

当然了，也有很多人对帝王天命有认识，比如陈婴当年跟刘邦、项梁等一块儿起兵，手下也有两万之众，手下劝他称王，可他母亲告诫：老陈家没有当王的命！

暴得大名，不祥。——《史记·项羽本纪》

陈婴听从，后来投奔刘邦手下，被数世封侯，累世富贵。跟他一起称王的，都被灭了。还有王陵的母亲，坚信天命在刘邦身上，竟然以自杀来坚定儿子保刘邦的决心。后来，王陵做了大汉丞相，也是兴旺发达。从这两个故事，也可见：

穷达有命，吉凶由人。——《资治通鉴·汉纪三十三》

虽然人的贫穷富贵自有天命所定，但最终的结果也取决于人自身的抉择。

总之，对于天下神器切不可心存幻想，这关系生死存亡！

隗嚣看完这篇《王命论》，还是不以为然，他还是选择搏一把。

十、公孙述的教训

班彪写《王命论》，奉劝隗嚣不要痴心妄想做天子帝王梦，汉必复兴，应当踏踏实实保刘秀，可隗嚣不以为然。班彪于是打铺盖卷走人，良禽择木而栖，向西投奔凉州另一个军阀窦融。

窦融七世祖窦广国是汉景帝亲舅，获封章武侯，其章武侯国正在我的家乡黄骅。窦融出生于长安平陵，很小时父亲便去世了。一般来讲，这样的孩子会更早自立，而且他本身家底富厚，成年后便成为一个豪侠人物。

出入贵戚，连结闾里豪杰，以任侠为名。——《后汉书·窦融传》

西汉后期的侠多是黑白两道通吃，窦融本职为军官，在新莽军中参与了平定翟义、赵明起义的战役，因战功被封爵。他还把一个妹妹嫁给了大司空王邑做小妾。后来，跟王邑一起打了昆阳之战，战败逃回长安，升任波水将军。

刘玄大军攻入长安，窦融率军向当时刘玄的大司马赵萌投降。赵萌对他非常器重，向刘玄大力推荐：窦融有大才，实堪大用。

刘玄挺高兴：现在正是用人之际，河北还乱着呢，就让他去做钜鹿太守吧。

赵萌兴冲冲回来通知窦融：好消息，皇上答应让你去做名城钜鹿太守，估计这几天就能下正式任命书。

窦融且喜且忧：赵萌真不赖，皇上对咱也认可，挺好！可是，当此乱世，钜鹿乃兵家必争之地，吉凶难测不养人。怎么办呢？

窦融把几个兄弟叫来一起商量，最后下定决心：坚决不能去钜鹿，应当争取去张掖！兄弟们，咱们高祖父做过张掖太守，其他几位窦家长辈都曾在河西地区为官，那地方耕地好，牧场好，未经战乱，不仅富裕，而且张掖属国有精兵上万骑，又有黄河天险。

一旦缓急，杜绝河津，足以自守，此遗种处也。——《后汉书·窦融传》

那才是适宜安家落户绵延种族的地方。

兄弟们点头：有道理！可是，赵萌大司马好不容易给你求来钜鹿太守官职，还能变得了吗？皇上可是金口玉言。

窦融说：那没办法，硬着头皮求呗。

融于是日往守萌，辞让钜鹿，图出河西。——《后汉书·窦融传》

他天天就去磨赵萌，肯定也少不了送礼什么的，弄得赵萌没办法，硬着头皮又去找刘玄。

最终，窦融如愿以偿，做了张掖属国都尉，跟张掖太守平级，并举家迁至张掖。窦家在张掖是寡妇生孩子——有老底儿，而且窦融作为京师豪侠威望很高、能力很强，又好结交。所以，到了张掖不久，窦融就跟河西五郡的太守、都尉们打成一片了。

穿过凉州的这段黄河大致是南北走向，黄河以西有武威郡、金城郡大部、张掖郡、酒泉郡、敦煌郡，这就是河西五郡。河西五郡的太守、都尉们都是更始帝刘玄任命，听命于刘玄，而刘玄倒台后换了新皇帝刘盆子，怎么办呢？何去何从？

五郡长官凑在一起研究：咱们河西地区形势特殊。

河西斗绝在羌胡中，不同心勠力则不能自守。——《后汉书·窦融传》

整个河西五郡就像个勺子把，窄长一条伸出来，北边有匈奴，南边有羌人，西边是西域，东边是黄河，跟腹地断开，随时都可能遭到匈奴和羌人的夹击，如果不勠力同心，团结一致，难以自存。问题是，怎么团结起来？

权钧力齐，复无以相率。——《后汉书·窦融传》

咱们这帮人都是太守、都尉，同为二千石级别，互不统属，没法儿统筹调度、协调布防，家有千口、主事一人，必须推举出一个大将军来，才能形成一个稳固的同盟，共进共退。

推举谁呢？最后，他们推举了窦融。中间，有两个郡的太守反对，挂印而去，窦融都安排了新太守。

随后，窦融作为五郡大将军，干得很好，"修兵马，习战射""羌胡皆震服亲附""上下相亲，晏然富殖"，有效防备了羌人和匈奴的"寇略"，发展了地方经济，深得人民爱戴。这也可见，在乱世，割据的军阀有时是颇得民心的。为什么？因为他能保这一方百姓的平安。

河西的平安，也吸引来很多河东难民。河东包括了当时隗嚣完全控制的天水郡、陇西郡，和他大致控制的安定郡、北地郡等。此前，隗嚣自称西州大将军。

分遣诸将徇陇西、武都、金城、武威、张掖、酒泉、敦煌，皆下之。——《后汉书·隗嚣传》

所谓"皆下之"，只是名义上河西五郡承认隗嚣的"西州大将军"称号，实际上依然独立于隗嚣之外。然隗嚣虽极力笼络他们，但窦融和五郡太守经过审慎的思量，依然不顺从。

观符命而察人事。——《后汉书·窦融传》

他们既分析了所谓天命方面的情况，又分析了军事实力情况，最终认定保刘秀才是正道。

而刘秀也非常及时地派来使者，送来大笔好处，封窦融为凉州牧。

当时，刘秀给窦融的玺书，写得非常精到，既谦虚，捧得窦融很舒服，又洞若观火，把窦融思量犹豫的问题都给明明白白地划出道来。

玺书既至，河西咸惊，以为天子明见万里之外。——《后汉书·窦融传》

一封玺书便展现出刘秀的英明和实力，令河西五郡折服：这真是明君圣主，跟他没错！

建武六年（30）春，刘秀的帝王之战告一段落，整个东部地区的各路军阀被他全部剿灭，派出去的各路军队陆续返回洛阳。刘秀大宴群臣：各位将军辛苦了，打了这么多年仗不容易啊！如今，只剩下隗嚣和公孙述，隗嚣已遣子称臣，公孙述远据边陲偏安一隅，朕想干脆不理他们了。

且当置此两子于度外耳。——《后汉书·隗嚣传》

把他们置之度外，不打了，争取通过政治谈判，慢慢实现统一，让将士们和老百姓们都少受些战争带来的苦难。

文武百官山呼万岁：皇上仁爱，万岁！

可是，你不找他碴儿，他找你碴儿。没过几个月，公孙述主动出击，派兵出江关，沿长江而下，要夺取荆州。刘秀一看：那就打吧！

于是，他下诏给隗嚣：我们要从天水伐蜀，请你带兵打前锋。

同时，他起驾奔长安，说是来祭扫园陵。

建武六年（30）五月，刘秀到达长安，东汉大军在长安集结。这时，隗嚣只有两条道：一条道，是把手下大军拱手交出，给刘秀做伐蜀的先锋，当炮灰，自己最后封个侯，没准儿也跟樊崇一样被弄死；另一条道，就得立即联合公孙述，对抗刘秀。隗嚣选择了后者，在陇坻设重兵，阻击汉军。

窦融则立即上书刘秀，表忠心，表示河东五郡"砥厉兵马"随时听候调遣。同时，他致信隗嚣，对其错误抉择深表遗憾：您好糊涂！

这一弄，您前期做的那么多工作不白弄了吗？您儿子还在洛阳，不也白扔了吗？

百年累之，一朝毁之，岂不惜乎！——《后汉书·窦融传》

而且，您怎么可能成功啊？仅凭凉州的人力、资源，"易以辅人，难以自建"，绝做不了帝王。

智者不危众以举事，仁者不违义以要功。——《后汉书·窦融传》

智者、仁者做事都非常慎重，不会拿手下的生命去冒险；都选择走正道，不会为了所谓的成功而不顾道义、不择手段。可是，您为手下万千将士们考虑过吗？为做人质的儿子考虑过吗？悬崖勒马吧！我可能说得太直，您不乐意听。所谓：

为忠甚易，得宜实难。——《后汉书·窦融传》

对人忠诚，关心他，善待他，有这个心挺容易，但具体怎样表达才让对方乐于接受挺难。很多时候，我们可能一片好心付出却惹来怨恨，所谓"以德取怨"。这些道理我都懂，但我仍然这样直率地奉劝您，还请您理解，请您好好考虑一下吧。

隗嚣不听窦融的奉劝，开弓没有回头箭，决然与刘秀开打，从建武六年（30）打到建武九年（33），隗嚣病死军中，其子隗纯又坚持了一年。

这四年间，双方打了无数场仗，令人印象深刻的是寇恂招降隗嚣大将高峻那一场。当时，寇恂奉刘秀的招降玺书，来到高峻占据的城池前。高峻派军师皇甫文出城，来寇恂营中谈判。皇甫文很强势，在谈判过程中寸步不让，寇恂谈着谈着突然暴怒：来人，把这个狂徒拉出去斩了！

在场将领们很惊讶：寇大人，两军交战，不斩来使，高峻手下有上万精兵，他这座城咱打了一年多都没打下来，因此皇上才想招降他。您要是把他的军师杀了，岂不更僵了吗？

寇恂把眼一瞪：是听你们的，还是听我的？来人，推出去，斩了！

"咔嚓——"皇甫文人头落地。他的随从都吓傻了，寇恂依然满脸杀气：你们都看到了吧，回去告诉高峻。

军师无礼，已戮之矣！欲降，急降；不欲，固守！ ——《后汉书·寇恂传》

要想投降，就他娘的马上投降！要是不想投降，那就让他好好守城吧，以后再想投降，老子也不给你们机会了！

高峻当即开城门投降。

手下将领们既高兴又困惑：寇大人，怎么您把他的军师杀了，他还就投降了呢？

寇恂笑笑：这个道理挺简单。皇甫文是高峻的军师、文胆，高峻能顽抗到现在都是他在给高峻鼓劲儿出主意。

亡其胆，是以降耳。 ——《后汉书·寇恂传》

我把这个"文胆"杀了，高峻没了继续对抗的主心骨，只好投降。

诸将皆服。

另一个给人深刻印象的事情，是大树将军冯异在打隗纯期间病死军中。其间，刘秀还曾面临后院着火的问题，洛阳周边有叛乱，搞得刘秀两头忙，也是险象环生。总之，打隗嚣很不容易。隗嚣不愧是一代枭雄，很厉害，《后汉书》评价他：

区区两郡，以御堂堂之锋，至使穷庙策，竭征徭，身殁众解，然后定之。 ——《后汉书·隗嚣传》

隗嚣仅凭着手里天水、陇西两个郡，对阵刘秀的举国大军，愣是把刘秀整得智穷力竭。如果不是隗嚣病死，这个仗还不知道得打到什么时候呢！

若嚣命会符运，敌非天力，虽坐论西伯，岂多嗤乎？ ——《后汉书·隗嚣传》

要不是因为刘秀这个对手实在太强大，既有军事天才，又有符命所向，但凡换个别的对手，隗嚣没准儿真能成就西伯周文王的事业。

刘秀后院失火，不得不连夜赶回洛阳，临走时，给继续率军攻打隗嚣的大将岑彭留下玺书说：本已胜利在望，可我必须先回洛阳，你们再加把劲儿，争取平定陇右。然后，他直接挥师南下伐蜀。

人苦不知足，既平陇，复望蜀。每一发兵，头须为白。——《后汉书·岑彭传》

人这辈子受的多少苦累都是因为不知足啊！得陇望蜀，得了陇右，又想得蜀地。此前，每次发兵征战，我的头发、胡须都白一层，后面真不知道还得吃多少苦，咱们一起努力吧！

刘秀说这话时还是建武八年（32），刘秀想不到隗嚣竟然又坚持了两年，一直到建武十年（34）年底，他才全部拿下凉州，得了陇右，他的头发胡子不知已白了多少。接下来，他迫不及待地伐蜀，打公孙述。这一打，又是两年。

大致上，刘秀伐蜀是兵分两路：一路是以大将岑彭率战船数千艘沿长江溯流而上，从荆州自东向西进入蜀地。这一路，很快便打到了江州，即今天的重庆。

另一路，走陆路，从原来隗嚣盘踞的陇右地区自北向南进入蜀地。这一路，很快便拿下了武都郡的河池。这一路的主帅是刘秀的亲表哥来歙。此前，来歙曾数次代表刘秀出使隗嚣，克服了很多困难，对怀柔稳住隗嚣立了大功。打隗嚣，来歙又是主帅，冯异、耿弇都听他调遣。所以，来歙当时威名远播。他的这支汉军攻入蜀地，给公孙述的压力非常大。怎么办呢？《后汉书》写得很简略：

蜀人大惧，使刺客刺歙。未殊，驰召盖延。——《后汉书·来歙传》

公孙述竟然派刺客刺杀来歙。来歙没有当场毙命，派人火速叫来副帅虎牙将军盖延。盖延一进大帐，只见一把匕首刺中了来歙的要害，来歙牙关紧咬，脸色煞白，汗珠子"啪嗒啪嗒"往下掉，而手中竟然还拿着一支笔，伏案给刘秀写遗折。盖延大哭，跪在来歙跟前泣不成声。

来歙强打精神，咬牙骂道：

虎牙何敢然！ ——《后汉书·来歙传》

别哭了！堂堂虎牙将军就这点儿出息？我叫你来是要把军中大事交付给你。

反效儿女子涕泣乎！ ——《后汉书·来歙传》

要不是因为刀子扎在我身上，我非得斩了你，以肃军威！

盖延止住悲声：我错了，我错了，您说吧，有什么要嘱咐的。

来歙把各方面事务交代完，把给刘秀的遗折写完。

投笔抽刃而绝。 ——《后汉书·来歙传》

把笔一扔，把匕首拔出，气绝而亡。

"鸟无头不飞，人无头不走。"这支陆路伐蜀的汉军往下没法儿打了。

按道理，另一支水路伐蜀的汉军主帅岑彭应当吸取这个惨痛的教训，严防刺客。可惜，他没有足够小心。几个月后，就在这支汉军即将兵临成都城下之际，公孙述故技重演。当时，天色将暮，岑彭率军就地驻扎。他问手下：此地何名？

手下答：据说此地名彭亡。

岑彭心里一硌硬：彭亡？我叫岑彭，这个地方叫彭亡？不行，咱得改个地方驻扎……算了，眼看天就黑了，明天再说吧。

当天夜里，刺客伪装成公孙述逃亡的奴仆向岑彭投降，将岑彭刺杀。

这个血的教训提醒我们，凡是出现过的问题，一定要有一万分的警惕，不然，这个问题很快就会再次出现，这种悲剧很快就会再次重演。亡羊就得立即补牢，补得越快越好、越坚固越好。这是刘秀这边的教训。

站在公孙述这边，教训可能更加惨痛。首先，刺杀汉军主帅，并没能遏制汉军的攻势，只不过稍微拖延了一点儿而已。很快，在荆州待命的大司马吴汉又杀了上来，来势比岑彭更凶猛，是带着复仇的怒火杀上来的。建武十二年（36）春天，吴汉攻下成都旁边的卫星城广都，大军紧逼成都。城内大乱，公孙述手下文武官员纷纷偷逃出城，向吴汉投降。公孙述气急败坏，下令叛逃者一律夷三族！不管用。使者送来刘秀的劝降信，刘秀说：虽然你刺杀了朕的两员爱将，朕仍然可以给你留一条活路。投降，保你宗族完全。

他的心腹劝公孙述接受，公孙述低头沉默良久，然后抬起头，清了清嗓子，说：

废兴命也。岂有降天子哉！——《后汉书·公孙述传》

成败在天，自古以来有过天子投降的吗？以后谁敢再讲投降二字，杀无赦！传旨，全城总动员，全力备战！

与此同时，吴汉也收到了刘秀的诏书：成都城内尚有公孙述精兵十万，你千万不要轻敌，宜坚守广都，等其来攻，不可主动进攻，"勿与争锋"。

须其力疲，乃可击也。——《后汉书·吴汉传》

要打持久战，打包围战，打阵地战，打消耗战，把敌方消耗得差不多了，再发起总攻。

吴汉不以为然，他要乘着汉军锐气主动出击，率军出了广都，逼近成都。他把军队分为两个大营，亲自带一个，将军刘尚带一个，两大营相距二十余里，遥相呼应。

数千里外的刘秀闻讯大惊，急忙发来诏书：你这是大败着！如果公孙述重兵攻刘尚营，你想救都来不及。一旦刘尚败了，你也就败了。赶紧退回广都！快！

刘秀的诏书还没到，吴汉便已吃了败仗，两个大营被公孙述分割开，形势危急。不过，吴汉太能打了，他可以说是东汉开国的战神，虽败但未溃败，很快便稳住了阵脚。然后，玩了一个金蝉脱壳。

闭营三日不出，乃多树幡旗，使烟火不绝，夜衔枚引兵与刘尚合

军。——《后汉书·吴汉传》

重与刘尚兵合一处，合力反击，反败为胜。接下来，又八战八胜。

公孙述眼看着要坚持不住了，问计于延岑。延岑本是关中军阀，被冯异打败，逃到公孙述手下，是公孙述的得力干将，也是很厉害的豪杰人物，他把脖子一梗，说：

男儿当死中求生，可坐穷乎！财物易聚耳，不宜有爱。——《后汉书·公孙述传》

咱跟他们决一死战！兵法说得好，置之死地而后生！现在，您可不能爱惜钱财，要把它们都拿出来激励将士，咱们还有战胜的希望。

公孙述精神一振：好！跟他们拼了！来人，把咱国库里的金银财宝都拿出来，招起一支五千人的敢死队，交给延将军。

于是，延岑率领这支敢死队悄悄潜出城外，绕到吴汉大军的背后，发起突袭。汉军大乱，吴汉骑马逃窜，过河时从马上掉下，幸亏一把薅住了马尾巴，才没淹死。

经此一败，吴汉有点泄气。当时，已是九月，汉军粮草将尽，后方还不知道什么时候能接济上来。吴汉想撤军。幸亏，此前刘秀派来的高人张堪给他分析了一通，使吴汉继续坚持。最终，在十一月的一场战斗中，汉军将公孙述击毙。

公孙述是战死的。

被刺洞胸，堕马。——《后汉书·公孙述传》

是个爷们，战死沙场，不尿。不过，他的毛病也不少。史书说他：

为政苛细，察于小事，如为清水令时而已。——《资治通鉴·汉纪三十四》

他作为"天子"为政治国，却还用早年当县令的那一套，管得太琐碎。再者，他跟王莽似的，好给郡县改名，好搞钱币改革，给老百姓找麻烦。还有就是任人唯亲，还没怎么着就给两个儿子封了王。这些都让手下人不满，都是他失败的原因。当然，按史书的意思，公孙述之败，最主要的原因还是天命，他梦到的那句谶语"八厶子系，十二为期"果然不错，他真就只当了十二年的皇帝。

公孙述死后，延岑举城投降。

建武十二年（36）十一月二十一日，吴汉大军进入成都，将公孙述和延岑家族全部杀光。

放兵大掠，焚述宫室。——《后汉书·公孙述传》

这也是公孙述的教训，他如果不用刺杀敌方主将这种卑劣手段，估计吴汉也不会有这么大的气，对已经投降的公孙述妻儿家族也不会这么痛下杀手。连带着成都老百姓也都跟着倒霉，死了很多人。吴汉这个"放兵大掠，焚述宫室"很可能是史家写得客气了，不客气地写的话，就是屠城！

所以，刘秀闻讯大怒，大骂吴汉，"何忍行此"，怎么这么狠？

良失斩将吊人之义也！——《后汉书·公孙述传》

咱们打仗是为斩杀敌将，拯救那一方百姓，这样才是正义之师。你们这成什么了？

毕竟吴汉立了这么大的功，刘秀也不能给他什么处罚，只能骂一通，给世人做个样子。

成都的故事还不算完。六年后，建武十八年（42），成都守将史歆起兵造反。吴汉再次奉命统率大军入蜀，将其平定。

作为大司马，吴汉当之无愧是刘秀手下第一大武将，除了两次平蜀之外，他还打了无数仗，包括打匈奴等，他就是那种职业军人，随时备战，随时准备出征。

刘秀有时会打发人说：这段时间没打仗，你去看看大司马吴汉在忙啥？

每次的回禀都是：

方修战攻之具。——《后汉书·吴汉传》

他正在修造战车、修造兵器，正在备战。

刘秀感慨：

吴公差强人意，隐若一敌国矣！——《后汉书·吴汉传》

吴大司马得力！当年周亚夫称赞剧孟，"大将得之，若一敌国"，谁得了剧孟就跟得到一个实力相当的诸侯国似的。吴大司马正是站在我背后的这样一个"敌国"！

吴汉第二次平蜀两年后病逝。

十一、刘秀柔道治天下

建武十二年（36），大司马吴汉灭了公孙述。至此，光武帝刘秀大致完成了统一天下的大业。

数年后，吴汉去世。临终前，刘秀亲自来看望他，拉着他的手问：你还有什么话要说吗？

吴汉摇摇头：

唯愿陛下慎无赦而已。——《后汉书·吴汉传》

吴汉奉劝刘秀，对大赦天下得慎重，尽量少搞。

刘秀经常搞大赦天下吗？

在他即帝位之初，确实如此。按史书记载，刘秀即位时，大赦一次；第二年三月和六月各有一次大赦；第三年正月和六月又两次大赦；第四年一次大赦；第五年一次大赦；第七年又一次大赦。虽然此后直到吴汉去世时刘秀再也没搞过大赦，但前期七年连搞八次大赦，准是刺激了吴汉。他是职业军人，治军必须军纪严明，上面三天两头搞大赦，下面就没法儿管了，因此他耿耿于怀。

刘秀前期为什么如此频繁大赦呢？明面上每次大赦都各有说法，要么是即位，要么是立皇后，要么是日食，等等，实际上无非为了收买民心，所谓"宽则得众"。总之，大赦是一种政治手段，体现着刘秀治国理政的风格和思路。

刘秀搞的第八次大赦，是因为发生了日食。日食被古人理解为一种异，是上天的警示，执政者肯定是哪里做得不对了，得好好反省。究竟哪里不对呢？

刘秀手下大儒郑兴上书说：

夫国无善政，则谪见日月；要在因人之心，择人处位。——《资治通鉴·汉纪三十四》

出现日食、月食，都是因为"国无善政"，国家的治理出了问题，特别是在高级官员任用方面出了问题，没有做到顺应民心。就拿大司空这个职位来说，已空缺三个多月，朝野上下众望所归的人选是现任渔阳太守郭伋，他从汉哀帝时即已入仕为官，在新莽朝、更始帝手下和您手下做了很多年太守、州牧，官声口碑都很好，太适合做大司空了。可是，这么长时间了，您迟迟不确定此事，外间风传您还是想任用跟您打天下的这些将领功臣做这种高官。我得提醒您：

功臣用，则人位谬矣。——《后汉书·郑兴传》

总用这些武将功臣来文治天下，是容易出问题的。作为您来讲，用打天下的那种刚猛果决来治天下，也不妥，也得调整。

宜留思柔克之政。——《后汉书·郑兴传》

得刚柔兼济，得柔和一点。

刘秀看着郑兴这篇上书不住点头：好！不愧是大儒，说得好，对我胃口。来人，这篇东西让大家传阅一下，尤其让将领功臣们都看看，不能把高官都让他们做了，这是群众的呼声啊。不过，目前，这个大司空还是要让功臣干。

随后，刘秀任命了当年跟他讲"刘氏当兴，李氏为辅"的李通做大司空。因为，那还是建武七年（31），还跟隗嚣、公孙述打着仗，国家的主要事务还是打仗，必须重用功臣，这帮人才能被调动起来，才有效率。

几年后，隗嚣、公孙述等各路军阀都被灭了，不打仗了，这时候刘秀就请功臣们让位了。他具体怎么操作的呢？首先，对开国功臣们都大加封赏。建武十三年（37），吴汉平蜀，班师回朝后，刘秀给三百六十五个开国功臣封侯。

大飨将士，功臣增邑更封凡三百六十五人。——《资治通鉴·汉纪三十五》

像邓禹、李通等元勋的封地都有四五个县，非常丰厚。

有个博士提醒刘秀：给功臣的封地太多，有违强干弱枝的治理传统，对皇权不利。

刘秀不以为然：没那回事。

古之亡国，皆以无道，未尝闻功臣地多而灭亡者。——《后汉书·光武帝纪》

自古以来那些亡国的，都是因为国君荒淫无道，还没听说哪个是因为给功臣的封地多而亡的呢！

有些功臣本人已经战死了，刘秀就封其子孙或者其他继承人。总之，这就像今天的公司上市了，给老员工们现金分红，几辈子也吃不完、用不完。

因为有前期郑兴的上书，还有博士的功臣威胁论，刘秀本人肯定也多次流露过这层意思——武将功臣让位，提拔文官，一方面有利于国家文治；另一方面其实也是保护功臣。

欲完功臣爵土，不令以吏职为过。——《资治通鉴·汉纪三十五》

继续做高官，工作中难免会出什么差错，就有可能把封地甚至性命弄丢了。再者，这些功臣肯定也会想到西汉开国时刘邦对最大的开国功臣都是大开杀戒的。于是，邓禹、耿弇等最大的东汉开国功臣全都见好就收，主动辞官，只挂个虚职，退居二线。有他们带头，其他人自然也都识趣，也都主动让位，回家享福了。

刘秀始终表现得很友善，凡是各地进贡来什么奇珍异宝、好吃好玩的，他都拿出来遍赐诸侯，自己什么也不留。最终，这三百六十五个开国功臣，一个也没被杀。

皆保其福禄，无诛谴者。——《资治通鉴·汉纪三十五》

这在整个历史上，所有开国皇帝中，都是极为少见的。

不过，这里面有一个被封侯的人还是挺紧张的，那就是安丰侯窦融。窦融跟其他开国功臣不一样，他算是外姓人，是作为统领河西五郡的军阀被招安的。虽然，平定隗嚣，他也出了力，可心里面总是犯嘀咕。

此前，公孙述还没被灭掉时，刘秀一直让窦融继续坐镇河西，还是之前独立军阀的感觉，窦融便数次上书：您快把我调到洛阳去吧，我不想带兵了，只想老老实实在您手下做个小文官。

刘秀回复：

吾与将军如左右手耳。——《后汉书·窦融传》

你就是我的左右手，你不用想那么多，好好干活吧。

随后，公孙述被灭了，刘秀才把窦融召到洛阳。

赏赐恩宠，倾动京师。——《后汉书·窦融传》

对窦融极尽优待，大加封赏。先是封窦融为冀州牧，十多天后，干脆又升为大司空，位列三公。每次上朝，窦融排位都在邓禹等功臣之上。

窦融的心里更毛了，他通过刘秀亲信的人好几次表示要退回封爵，辞官，刘秀都没反应。这怎么办？吓死人啊！干脆直接上书：微臣今年已经五十三岁了，只有一个儿子，"质性顽钝"，一点儿也不灵透，平时我只是教他读读圣贤经书。

不得令观天文、见谶记。——《后汉书·窦融传》

天文星历、图谶纬书之类有可能让人想入非非的书，我是从来不让儿子看的。

诚欲令恭肃畏事、恂恂循道，不愿其有才能。——《后汉书·窦融传》

我只希望儿子做一个老实本分的人，能好好活着就行，不愿他有什么才能，更不敢奢望他还能继承封爵，做诸侯之类的。总之，微臣是什么想法也没有，您快点把我一免到底吧，让我回家做个平头百姓。

这篇上书呈进宫中之后，还是没有回音。

窦融愁坏了：皇上到底要怎么弄我啊？干脆找个机会跟皇上当面说吧。

于是，一天退朝时，大臣们全都出了宫殿，窦融走在最后磨磨蹭蹭，那意思想等刘秀主动问他，他再说。

可刘秀只打发一个小太监：你过去，告诉窦大司空，别磨蹭，赶紧回去。

最终，刘秀至死也没有把窦融怎么着，一直待之以殊遇，格外尊崇。

还有两个著名人物也得到了刘秀的殊遇。一位叫卓茂，是个老先生，也是南阳人，汉元帝时的太学生，学问很好，被称"通儒"，而且人性特别好。

性宽仁恭爱。——《后汉书·卓茂传》

特别厚道。早年他在汉哀帝丞相孔光手下做事，有一次驾马车出行，被一个儒生打扮的人拦住。那人上来一把抢过缰绳：吁！这是我的马，还给我！

卓茂一时没反应过来：咋回事？你的马？

那人说：对，这就是我的马，上个月刚丢的，怎么到你手上了呢？赶紧还给我，不然我去告官。

说着，那人上来解套。卓茂摇摇头：老兄啊，这匹马我已经买了好几年了，肯定不是你的。不过，我看你是个读书人，不像坏人，既然你非要认作是你的马，那你就牵走吧。回头你若发现不对，还请到丞相府把它还给我。

那人气呼呼地牵着马走了：哼，要是你的马，你还这么好脾气还我吗？

过了几天，那人牵着马回来了——这也是一个守信之人——回来向卓茂道歉：真对不起，我的马找到了，误会您了。哎呀，您真是宽厚长者啊，真是高人！

几年后，卓茂调任密县县令，也是备受当地人爱戴。《后汉书》说他：

劳心谆谆，视人如子，举善而教，口无恶言，吏人亲爱不忍欺之。——《后汉书·卓茂传》

真正是全心全意为人民服务，爱民如子，推行教化，率先垂范，称得起"父母官"。

有一次，有个人向他举报：县令大人，我举报我们那儿的亭长，他收了我贿赂的米和肉。

卓茂一捋胡须：请你说仔细点，这个米和肉，是亭长来跟你索要的，还是你主动送给他的？

这人答：是我主动送的。

卓茂继续问：你送他东西，是想让他利用手中的权力帮你办什么事吗？

这人答：这倒也不是。

卓茂把脸一沉：既然他不是向你索贿，也不是收了你的贿赂为你徇私办事，那么，你告他什么？

这人也急了：

窃闻贤明之君，使人不畏吏，吏不取人。——《后汉书·卓茂传》

我听说，真正的法制社会，应该是人人平等，官吏和老百姓也是平等的，老百姓不用怕官吏，官吏也不会要老百姓的东西。我给他送米、送肉，说到底是因为我怕他，我是为了避免他伤害我，我才向他行贿的，而他也收了。难道这不是他的罪过吗？

卓茂一拨拉脑袋：强词夺理，你这人老没意思了。人与人之间，礼尚往来，这是很正常的事。

那人当然不服气：既然如此，为什么法律上明文禁止官员受贿呢？

卓茂笑道：

律设大法，礼顺人情。——《后汉书·卓茂传》

法，是国家统一定的，没有错；礼，是人们具体办事时要讲究的，要照顾着人情，也没有错。拿今天这个事来讲，你告亭长，如果按法，我可以判你为诬告，治你罪，甚至像以前的酷吏那样给你安一个杀头的罪名也不新鲜。可我没有，我只是"以礼教汝"。你说是讲法好，还是讲礼好？

这人赶紧磕头谢罪：谨遵教诲。

这个故事，现代人看难免别扭，古人则有古人的认识。

推实不为华貌，行己在于清浊之间。——《后汉书·卓茂传》

你可以说他不讲法治，也可以说他和稀泥，甚至可以说他算不上一个清官，但他是推诚相见的，是与人为善的，是有利于礼乐教化的推行的。所以，这个故事才能被传颂。

卓茂做了几年密县县令，当地"教化大行，道不拾遗"。有一年闹蝗灾，周边二十多个县的庄稼都被蝗虫吃光了，蝗虫唯独不进入密县。

独不入密县界。——《后汉书·卓茂传》

这可以说是上天对善政的嘉许。是真的吗？当时的上峰长官也不信，实地来看，还真有这么回事。

见乃服焉。——《后汉书·卓茂传》

总之，卓茂是西汉末的著名好官。随后，王莽做摄皇帝，卓茂决然辞官，表达对汉室的忠心，又为他赢得了很高的声誉。

刘秀在鄗县即位之后，第一时间就派人出去寻找卓茂。找到之后，他便给当时已经七十多岁的他封侯，食邑二千户，还拜他为太傅。

《后汉书·百官志》记：

太傅，上公一人。本注曰：掌以善导，无常职。——《后汉书·百官志》

也就是说，卓茂这个太傅是上公，在司徒、司空、太尉这三公之上，比宰相级别还高，他是皇帝的师父，是教导皇帝扬善避恶的。

那么，刘秀为何要如此尊崇卓茂呢？

刘秀是有些学问的，肯定熟知《孟子》里的一段话。那段话大致说，周文王兴起时，曾有两位大佬来投奔，即伯夷与姜子牙，此二人不屑于在商纣王手下为官，都享有很高声望。孟子说：

二老者，天下之大老也，而归之，是天下之父归之也。天下之父归之，其子焉往？——《孟子·离娄上》

这两位大佬都来保周文王了，天下人当然也不会再去保别人了。

刘秀尊崇卓茂要的就是这个效果，他在当时的诏书中还讲：

夫名冠天下，当受天下重赏。故武王诛纣，封比干之墓，表商容之间。——《后汉书·卓茂传》

也就是说，他不但是要效法周文王，还要效法周武王，他要打下这种以德治国的底子。

不过，有一个人不买他的账，虽然得到他的殊遇，却坚决不来保他的台。这个人当时的名气远不如卓茂，后世却享大名，他叫严光，字子陵，是会稽郡余姚人。

少有高名，与光武同游学。——《后汉书·严光传》

年轻时便有点儿名气，跟刘秀一块儿做太学生，住一个宿舍，关系非常好。

刘秀鄗县即位后，派人到各地网罗人才。严光料定刘秀肯定派人来找自己：怎么办呢？我去不去呢？不能去！我要去了，他是君，我是臣，

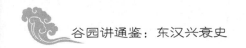

每天见面我得给他磕头下跪行君臣大礼。不行，丢不起那个人！

于是，他隐姓埋名，躲了起来。

刘秀的手下找不到严光，找了几个地方，根本没有"严光"这个人。刘秀挺郁闷：我这个老同学可是大才，找不到太可惜了。他该不会改名了吧？

于是，他找了一位画师，凭着他的印象给严光画了一张像。

乃令以物色访之。——《后汉书·严光传》

随后，刘秀的手下按图索骥，真就找到了。齐地官员报告：

有一男子，披羊裘，钓泽中。——《后汉书·严光传》

有个男的穿着一件大羊皮袄，大冷天的老是一个人在深山大泽中钓鱼，看着挺神秘，肯定不是我们当地人，长相跟画像上的有几分相像。

刘秀心中一动，直觉告诉他，此人肯定是严光，立即派人带着厚礼去请。

三反而后至。——《后汉书·严光传》

前后请了三次，才把严光请到洛阳。

严光先被安排在馆舍住下，两个御膳房的大太监天天山珍海味地伺候着，好吃好喝好招待他。司徒侯霸以前跟严光也有交情，立即派手下来请：严先生，我家司徒一听说您到洛阳了，立马就要来看您，可是他手里的工作太忙，脱不开身。您能不能委屈一下，等天擦黑的时候，随我一起去见我家司徒。

严光没言语。来人以为严光没听清：先生，我家司徒想请您过去。

严光还是没言语。来人有点着急了：您到底去不去啊？

严光这才说了两字：不去。

来人很难堪，想发作又不敢，勉强挤出个笑容：严先生，您要是不去，还请写书札数行，小人也好回去向司徒大人禀报。

光不答，乃投札与之。——《后汉书·严光传》

严光拿起一片简札，即一个写字的小木片，扔给来人：我手疼，写不了，我说你写吧，这样写——侯司徒，您能位列三公，这很好。不过，我要提醒您：

怀仁辅义天下悦，阿谀顺旨要领绝。——《后汉书·严光传》

你要坚守仁义，做天下人的司徒，而不要做只向某一个人讨好献媚的奴才。

侯霸见此书札，差点儿没把鼻子气歪了，次日一早便呈给了刘秀：皇上，您看看您这位老严同学怎么损我的吧？

刘秀大笑：

狂奴故态也！——《后汉书·严光传》

这小子就这样，以前就这么狂！朕亲自去拜望拜望我这位老同学。

很快，车驾来到了馆舍门前，管事的人赶紧跑进去，要喊严光出来接驾。刘秀则直接跟着进来：嘘，你不用喊他。

刘秀一个人直接进入严光的卧室。严光正四仰八叉地在床上睡着，刘秀照着严光的大肚子就拍了一巴掌：

咄咄子陵，不可相助为理邪？——《后汉书·严光传》

好你个严子陵，快起来！还用我请你好几回，真不想帮我治理天下吗？快起来，快起来！

严光装睡：啊……去……去……

随后，突然睁开眼睛，瞪眼瞅着刘秀，表情里似乎有无限的悲喜，又似乎什么也没有，淡然地讲：

昔唐尧著德，巢父洗耳。士故有志，何至相迫乎！——《后汉书·严光传》

上古时就有许由、巢父这样的人，尧帝特别想重用他们，甚至想把帝位禅让给他们，他们都不为所动，逃得远远的。这些故事谁都知道的，人各有志，何必非要勉强别人呢？

刘秀也愣住了，摇头一笑，一摆手：好，好，好，子陵兄，接着睡吧，改天再聊。

转过天来，严光进皇宫正式觐见刘秀。这一次，东拉西扯，天文地理，越聊越开心，从早上聊到中午，从中午又聊到了晚上。刘秀对自己的学问见识颇为自得：子陵兄，你感觉朕比当年如何？

严光一挑大拇指：嗯，好！您比当年可胖多了！

两人都哈哈大笑。

当天晚上，他俩都喝高了，刘秀拉着严光：子……子……子陵兄，今天你……你别走了，咱们一起睡，还像当年住宿舍、睡筒子铺似的。

然后，半夜里两人怎样睡的？史书没写，皇帝卧室里的那点事儿，外面人也看不见。不过，第二天，太史上奏：

奏客星犯御坐甚急。——《后汉书·严光传》

昨夜的星象异常，客星对帝王的星座进行了侵犯，"甚急"，侵犯得很猛烈、很过分。

刘秀忍不住笑出声来：哈哈，怎么天象什么都知道啊。

朕故人严子陵共卧耳。——《后汉书·严光传》

昨天夜里，我跟老友严子陵一块儿睡的，他把脚压在了我肚子上，所以就"客星犯御坐"了。

《后汉书》原话是：

光以足加帝腹上。——《后汉书·严光传》

此句很含蓄。

这些，很可能采自野史传说，接下来才是正史。《后汉书》说，刘秀只给了严光一个谏议大夫的小官。

除为谏议大夫，不屈。——《后汉书·严光传》

严光不能屈就：让我每天跟在你屁股后面，招之即来、挥之即去，你坐着，我站着；你站着，我跪着；你吃着，我看着；我受不了！

一如后世李太白所谓："安能摧眉折腰事权贵，使我不得开心颜！"或如陶渊明所谓："不为五斗米折腰！"或如谷园所谓："咱从来不想给谁当大爷，也当不了孙子。"你玩去吧！

最终，严光辞官回家。

乃耕于富春山，后人名其钓处为严陵濑焉。——《后汉书·严光传》

正所谓："山不在高，有仙则名；水不在深，有龙则灵。"正因为严子陵后半生归隐躬耕于富春山，成为史上最著名的一位"高尚其事，不事王侯"的隐士，成为一个能保持独立人格、不屈于权贵和世俗的理想的文人形象，富春山才这么有名。而他的垂钓处也成为后世文人凭吊怀古的名胜，被称为"严陵濑"。

当然，这也靠刘秀成全，如果刘秀发狠：不行，你不能辞官，必须为国家贡献你的才智，这是你的义务，你必须当个小官伺候我！不然死路一条！

那样的话，历史上也就没有严光了。所幸的是，刘秀是有这种胸怀的。类似的还有一个隐士或曰"逸民"，叫周党，是太原人，刘秀也很想把他招到手下，他还是出于政治的考虑，《论语》所谓"举逸民天下归心"，招揽到隐士逸民跟得到大佬归顺具有同样的政治意义。而这位周党也是坚决不买账，不出山。于是，有人弹劾周党故意以此抬高身价，是为大不敬，应当抓起来法办。刘秀则很大度，下诏：

自古明王圣主必有不宾之士。伯夷、叔齐不食周粟，太原周党不受朕禄，亦各有志焉。——《后汉书·周党传》

自古以来圣明的君主都能够容忍、善待一些不合作的人。比如说，伯夷、叔齐不食周粟，不愿意做周朝臣民，周武王并不为难他们。所以，朕也不会为难周党，人各有志，各从其志。

总之，刘秀的政治高调唱得一套一套的，很好地建立起了开明、包容的政治形象，比较柔和。

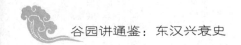

这种柔和的感觉也比较符合早年他在亲友们心目中的人设。比如前面讲过的，"勤于稼穑""谨厚者"等，早年他在人们心目中一直是一个安分谨慎厚道的小地主。灭掉公孙述一统天下后，有一年，刘秀回老家春陵（已改名章陵）祭祖，他把宗族亲友们都请来，大摆筵宴。所谓，一人得道，鸡犬升天，这些人都已成为皇亲国戚，过上了特别好的日子，都非常开心，尤其一帮婶子大娘，都是看着刘秀长大的，跟刘秀说话半点儿也不拿他当皇帝：你们说说，你们说说，咱家秀儿：

少时谨信，与人不款曲，唯直柔耳。今乃能如此！——《后汉书·光武帝纪》

小时候，那是多老实内向的孩子，不能说不能道的，就是一个实实在在的柔和的人，甚至有点儿软。真没想到能有今天，能当皇帝！

刘秀大笑：哈哈，婶啊，您说得太对了，以前我柔，现在我还是柔。

吾理天下，亦欲以柔道行之。——《后汉书·光武帝纪》

我还要用这个柔道来治理天下哩。

十二、刘秀的神道设教

汉武帝以来，数世经营建立起的大汉帝国和附属国体系被王莽搞砸，西域很快又被匈奴控制，只有莎车国的老国王从小在长安长大，对大汉朝很有感情，英勇不屈地跟匈奴对抗，并保护着原驻守西域都护府的汉朝人员。老国王死后，他的儿子、孙子相继为王，继续带领数个周边西域小国，一起对抗匈奴，并跟当时的河西大将军窦融建立了联系。窦融承制封莎车国王为西域大都尉，名义上享有对西域五十五国的领导权。刘秀灭掉公孙述后，建武十六年（40），莎车国王派使者到洛阳朝见，希望被正式封为西域都护。刘秀没多想，以为西域都护已废置多年，他也没有兵力、财力可以投到西域去，并且窦融也支持，就答应了，并做了西域都护的印绶交给了莎车国使者，让其带回。这时，有大臣进言：

夷狄不可假以大权。——《后汉书·西域传》

西域都护从未让外国人干过。这样的话，让西域各国怎么想？他们这是臣服于大汉朝，还是臣服于莎车国？

刘秀后悔：对，此事不妥。

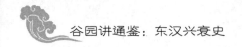

于是，刘秀又从莎车国使者手里要回了西域都护印绶。

这么一弄，莎车国王烦了，干脆自称都护，作威作福，向西域各国收重税。龟兹国不交，就被他打了好几次，最后龟兹国王竟然被他杀了。那段时期，正好匈奴也正好摊上事儿了，莎车国就肆意妄为起来。

建武二十二年（46），鄯善、车师等十八国联合派使者，各送一个王子到洛阳，请求遣子入侍、纳质称臣，希望刘秀能继续向西域派驻都护，镇压莎车国。刘秀很为难，当时的匈奴、乌桓、鲜卑、武陵蛮等很多所谓夷狄都在搞事情，都得占用大量军队去摆平，他无暇西顾，心有余而力不足。于是，他回复西域使者：对不起，朕暂时不能向西域派兵。

如诸国力不从心，东西南北自在也。——《后汉书·西域传》

你们各自努力吧，东西南北愿意依附谁就依附谁，我们大汉帝国罩不了你们了。

对刚刚草创的东汉帝国来讲，刘秀这个决策是明智务实的，体现了他的柔道，他是想歇会儿再干。

鄯善等西域小国只好投奔匈奴。而匈奴正好摊上事儿了，遭遇旱灾、蝗灾和人畜疾病疫情，死耗大半，还遭到乌桓的袭击，倒霉事儿应接不暇，士气极度低落，有些人开始怀念起当年呼韩邪单于归附大汉朝时的和平年代。建武二十四年（48），匈奴再次分裂为南匈奴和北匈奴。南匈奴单于派使者到洛阳归服称臣。

刘秀要不要接受呢？刘秀召集文武百官商议，有赞成的，也有反对的。臧宫曾是灭公孙述的主要将领，战功卓著，打过很多胜仗。他反对：匈奴正遇天灾人祸，所以才认怂投降，咱别接受，您干脆给我五千骑兵，把他们全灭了！

刘秀哈哈大笑：

常胜之家，难与虑敌。——《后汉书·臧宫传》

你前面胜仗打得太多了，就狂了，分析敌情就不客观了，太轻敌。

这个事情，朕再考虑考虑吧。

最终，刘秀没有明确答复南单于，未置可否。

南单于挺有诚意，转过年来，再次派使者来洛阳朝见，而且汉朝知道他跟北匈奴打的仗是实实在在的，不可能是诈降。于是，刘秀打消顾虑，于建武二十六年（50），正式派出使者到五原，接受南单于称臣。

当天，南单于亲率手下王公大臣欢迎东汉使者。

使者曰：单于当伏拜受诏。——《后汉书·南匈奴列传》

使者说：单于，您欢迎我，可以站着。但是，我现在要宣读圣旨了，您得跪下接旨，得行君臣之礼。

单于顾望有顷，乃伏称臣。——《后汉书·南匈奴列传》

南单于东瞅瞅，西看看。看什么？看手下人都是怎样的表情，什么样的态度。肯定是什么表情都有。南单于犹豫了半天，最后，跪下行礼，接旨。起身，南单于小声跟翻译说：你告诉这位使者，我现在被大家拥为单于，根基未稳。

愿使者众中无相屈折也。——《后汉书·南匈奴列传》

千万当着这些人让我难堪，要给我留点面子。

旁边有的匈奴大臣闻听落泪。站在匈奴的立场，做这样的决策确实不容易。

随后，这支南匈奴被安置在朔方、五原、云中、定襄、雁门、西河等郡，也就是朔方州和并州的北部，这个区域在王莽之后一直被匈奴所扶持的军阀卢芳控制，卢芳后来病死在匈奴。

北匈奴眼瞅着南匈奴归附汉朝，想起八九十年前陈汤灭北匈奴的故事，担心历史的悲剧再次上演，赶紧也派使者过来，请求和亲。

刘秀听取太子刘庄的意见，果断拒绝。刘庄认为，如果跟北匈奴和亲，必然会引起南匈奴的不满，得不偿失。很多武将立马来了精神，他们都想效法陈汤立不世之功，大将臧宫上书：现在北匈奴正是最最衰弱

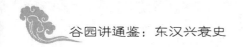

之时，咱不正好灭他吗？

福不再来，时或易失，岂宜固守文德而堕武事乎！——《后汉书·臧宫传》

机不可失，时不再来。咱这么大国家，不能只讲文治，而轻视用武，该打的仗就得打啊！臣以为，这个仗可以这么这么打，绝对有把握。总之，这是让咱们君臣流芳百世的事儿，不打太可惜。

刘秀心里也是一动，他是打天下的皇帝，是豪杰中的豪杰，要是能灭了北匈奴，当然是很刺激很爽的事儿。不过，他也是读过书的皇帝，有学问，他思量一番，拿过一本书，抄了一段，打发太监给臧宫送去。他抄了一段什么书呢？抄的是《黄石公记》，就是张良给拾鞋的那位黄石公写的书，属于道家著作。

刘秀抄了其中这一段：

柔能制刚，弱能制强……舍近谋远者，劳而无功；舍远谋近者，逸而有终……故曰：务广地者荒，务广德者强，有其有者安，贪人有者残。残灭之政，虽成必败。——《后汉书·臧宫传》

这段话可谓对刘秀柔道治天下的总结，是一种典型的黄老道家思想，主要强调守好自己已拥有的，不要再过多贪求，所谓"有其有者安，贪人有者残"。所以，对外扩张的战争能少打就少打，能不打就不打，让人民休养生息，从战乱中尽快恢复过来。这是刘秀柔道的重点。不过，对内的一些战事，一些造反的，一些地区的动乱，还是要坚决镇压平定的。在这方面，有一位战将的光芒盖过刘秀之外几乎所有同时代人物，后面再说。

关于柔道治天下，刘秀还有一项政策令人印象较深。即位初年，刘秀尚不具备成熟的执政经验，手下官僚队伍也不成熟，特别是一些担任州牧、郡守的地方官都不怎么会干。刘秀比较急躁，派某人到某地去干郡守，干仨月，一看干得不行，换人；再干半年，一看也不行，又换人。

交易纷扰，百姓不宁。——《后汉书·朱浮传》

弄得地方上总也稳定不下来。

建武六年（30）发生日食，时任执金吾朱浮乘机上书进谏：

天地之功不可仓卒，艰难之业当累日也。——《后汉书·朱浮传》

地方官胜任与否，不是仨月、半年就能下定论的，您得给他们时间慢慢来，得容他们做长期规划，以稳健的治理取得长久的成效。像您现在这么着急，只能逼他们投机取巧，只做表面功夫、形象工程，追求短期效益。

夫物暴长者必夭折，功卒成者必亟坏。——《后汉书·朱浮传》

东西长得太快，就容易夭折；成功太快，失败也快。总之，您得改改这种治理思路。

刘秀很高兴：好！有道理，以后咱不能这样了。

自是牧守易代颇简。——《后汉书·朱浮传》

从此以后，对地方官的调整调动就比较少了，一个太守在一个地方可以主政很多年。这也是一种黄老道家思想，老子所谓"治大国若烹小鲜"，得尽量少折腾。

除了黄老道家，在刘秀的治理理念中，还有一种思想也很突出，是什么呢？算是一种非主流的儒家思想——谶纬思想。

刘秀从起兵到称帝，都跟谶纬有着某种联系。最早，大学者刘歆改名为刘秀，是因为谶文：

刘秀发兵捕不道，四夷云集龙斗野，四七之际火为主。——《汉书注》

然后，刘秀在邓晨家避难时，蔡少公提到谶文：

刘秀当为天子。——《后汉书·邓晨传》

随后，刘秀起义发兵前，李通兄弟跟他说：

谶云"刘氏复兴，李氏为辅"。——《后汉书·李通传》

再到刘秀称帝前，彊华送来谶书《赤伏符》。当时，刘秀甚至想按照《赤伏符》中写的，让一个叫孙咸的普通军官做大司马，差点儿把人们都惹烦了，不得已才换成吴汉做大司马。可见，刘秀对谶纬深信不疑。

是时帝方信谶，多以决定嫌疑。——《后汉书·桓谭传》

从此以后，刘秀遇到什么事儿拿不定主意，就找谶书研究一番，找依据，做决断。有一次，就一个郊祀方面的问题，他跟大儒郑兴商量：这个问题，你要说经书上没有明确的规定，那朕打算按谶书上说的办。你看如何？

郑兴答：

臣不为谶。——《后汉书·郑兴传》

臣不是研究谶书的，没办法给您什么意见。

郑兴的表情口吻带着对谶书的不屑。

刘秀勃然大怒：什么？你不为谶？那就是你反对谶书喽。你好好说说，谶书哪里不好？

郑兴赶紧磕头谢罪：皇上息怒，皇上息怒。微臣学识短浅，资质愚钝，因此一直没能好好研读谶书。我从来也不反对谶书啊……

解释了半天，刘秀才息怒：好了，好了，你下去吧。

就这样，郑兴作为一代大儒，在刘秀身边工作了挺长时间，也是经常建言献策，学问修养都很好，只因为"不善谶故不能任"，一直没被重用。

当时还有一位大儒叫桓谭，是扬雄的知己，认为扬雄的书必传后世，他也曾在刘秀身边工作，做议郎给事中。对刘秀崇信谶书，桓谭上书进谏：

天道性命，圣人所难言也。——《后汉书·桓谭传》

天命之类的问题，孔子都很难讲清，而传世的谶书、纬书却尽是讲这方面，那怎么可能呢？孔子讲不了他能讲，明显是骗人的。

诸巧慧小才伎数之人，增益图书，矫称谶记，以欺惑贪邪，诖误人

主。——《后汉书·桓谭传》

都是些江湖术士、三流文人结合经书里的内容给攒出来的。然后，他们拿着它们忽悠人，达到一些特殊的目的。作为一种预言看，它确实也有蒙对的时候。

其事虽有时合，譬犹卜数只偶之类。——《后汉书·桓谭传》

蒙对也是偶然的，这跟占卦算命是一回事，算对了都是碰巧。您这么英明的圣主，怎么还信这个呢？总之，希望您能坚持《诗》《书》《礼》《易》《春秋》等五经之正义。

略雷同之俗语，详通人之雅谋。——《后汉书·桓谭传》

不能跟世俗愚民愚妇一样迷信谶纬，人云亦云，应当玩更高级的智慧，学更高雅的文化。

刘秀看完，强忍怒气没有立即发作，随后有一天，他把桓谭叫来：朕跟你商量个事儿，咱要建个灵台，你看建在哪儿合适？我打算按谶书所记来定这个地方，你意下如何？

桓谭一听这个，也很生气，心说：合着，我那上书白费劲写了。

他不言语。

刘秀又问：你什么意见？说话啊。

桓谭噘着嘴：臣不读谶书，没什么意见。

刘秀乐了：那你说说，为啥不读谶书呢？

桓谭也没多想，谶书怎么扯淡、怎么骗人、怎么下三烂……说了一通。

刘秀瞅着桓谭，怒火腾一下子起来了，把桌案一拍：住口！大胆！

桓谭非圣无法，将下斩之！——《后汉书·桓谭传》

谶书明明都是圣人所写，你竟敢如此诽谤诋毁。你接着说啊，今天你要是讲不出个道理来，朕斩了你！

桓谭差点儿没吓尿了，"咣咣咣"磕头，脑袋磕破流了一地血，刘秀才一挥手：下去吧……回来！朕以后不要再见到你！

随后，桓谭被贬到一个地方去做小芝麻官，于上任途中病死。

刘秀不但跟手下学者讨论谶书谶文，还曾跟另一位谶文爱好者辩论，他俩能聊到一块儿去。谁呢？就是公孙述。

公孙述称帝前梦见有人跟他说，"八厶子系，十二为期"，这就是一道谶文。随后，他也痴迷于此，从谶书里找出很多论据来证明刘姓汉朝已经传了十二个皇帝，气数已尽，不能更受命，接下来得换他公孙氏坐天下了。他还把这些东西都写下来寄给刘秀和各路军阀，给自己造势。

刘秀当然不甘示弱，立即回信辩论：你找的那些谶文证据，你都理解错了，其实跟你一毛钱关系都没有。比如谶文说：

代汉者，当涂高。——《后汉书·公孙述传》

你哪儿高？与你何干？

天下神器，不可力争。——《后汉书·公孙述传》

你没这天命，就不要生来跟我争嘛。你也不要跟王莽学，牵强附会弄一些所谓的符瑞，那都是伪造的，老天能糊弄得了吗？他最后身败名裂，下场多惨。你别想这邪法子，也挺大年纪了，多为子孙想想，快点儿投降吧……

挺有意思，刘秀说人家还一套一套的。

史书关于刘秀在这方面的最后记载，是在他去世前一年，即建武三十二年（56），他已经即帝位三十二年。在此两年前，他曾东巡至山东济南，离泰山很近，大臣们乘机进言：您已即帝位三十年，早该来泰山封禅了，这次正好顺便把这事儿办了吧。

刘秀拒绝：

即位三十年，百姓怨气满腹。——《后汉书·祭祀上》

咱有何面目来封禅？孔圣人说得好：

吾谁欺？欺天乎？——《论语·子罕》

曾谓泰山不如林放乎？——《论语·八佾》

天地有灵，泰山有灵，他们是糊弄不了的，咱并没把天下治理多好，不配封禅。

大臣们不敢坚持：吾皇万岁，皇上太谦虚了，真是圣主，不封就不封吧。

两年后，建武三十二年（56）正月，刘秀自己却又提了起来。当时，他新得到一部谶书《河图会昌符》，里面有一句：

赤刘之九，会命岱宗。——《后汉书·祭祀上》

刘秀眼前一亮：看来还真得封禅，谶书这不也写着吗？梁松，你再去查查别的谶书，看看还有其他关于封禅的说法不？

梁松是当时刘秀的心腹亲信，找谶书一查，竟然查出三十多条，都说得封禅。于是，这年二月，刘秀封禅泰山。随后，还把所有支持刘秀及刘姓坐天下的谶文都整理起来，诏告天下。

宣布图谶于天下。——《后汉书·光武帝纪》

很明显，这是一种治理天下的政治手段，宣扬受命于天，君权神授，强调政权合法性，是神道设教。不过，也不能说刘秀信图谶完全是装的，是纯粹的政治手腕，这与刘邦那种天命信仰应当是一致的。

有一个小故事也反映出刘秀在这方面的态度。有一个叫刘昆的县令，也是大儒，治理地方甚得民心。据说，只要是他们县里发生火灾，他从来不用派人去救。

辄向火叩头，多能降雨止风。——《后汉书·刘昆传》

刘昆朝着火灾方向磕一通头，天上立马下雨，把火浇灭。

后来，他升任弘农太守。此前，当地有很多老虎，经常伤人，结果，刘昆做了三年太守，弘农郡教化大行。

虎皆负子度河。——《后汉书·刘昆传》

老虎们都走了，老老虎背着小老虎游过黄河，都跑到河北边的郡去了。

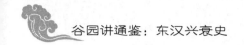

随后，刘昆又升迁，其间，来面见刘秀。刘秀问：朕听说过你的很多传闻，朕挺好奇你究竟实行了什么德政，才发生了这些神奇的事情？

刘昆回答了三个字，把在场的人都给逗乐了。哪三个字呢？

偶然耳。——《后汉书·刘昆传》

那都是碰巧的事儿，让人们一说就神了。

刘秀很高兴：

此乃长者之言也。——《后汉书·刘昆传》

真是个实在人！以后朕的皇子们由你来教吧。

十三、伏波将军马援（上）

刘秀柔道治天下，对帮他打天下的邓禹、耿弇、寇恂、王霸等开国功臣都大加封赏，让他们安享后半生，治理天下则换一拨儿新人。不像刘邦打天下与治天下同是靠萧何、曹参、陈平、周勃、王陵等人，这使得刘秀的功臣们多数都没有下半场的故事。比如邓禹，前面的故事挺热闹，几乎集汉初三杰于一身，天下平定之后，他的故事近乎戛然而止，虽然最后他还做了汉明帝的太傅，还参与政务，但整个《后汉书·邓禹传》里便没他几行字了，只说他教子有方就完了。

有子十三人，各使守一艺。修整闺门，教养子孙，皆可以为后世法。——《后汉书·邓禹传》

稍有点意思的是，在《马武传》里有这样一段记载，有一次刘秀跟一帮功臣唠嗑开玩笑：你们说说，要是不赶上这天下大乱，今天诸位都能混到怎样的官职？

邓禹笑答：我从小读书还可以，估计这辈子能混个郡文学博士。

刘秀说：你太谦虚了，要我看，你起码能弄个郡功曹。

然后，其他功臣依次说，轮到马武——他是豪杰出身，刘秀爱将——时，他把胸脯一拍：就凭咱这猛劲儿、这身功夫，怎么着也能干个抓盗贼的郡都尉。

刘秀哈哈大笑：就你啊，得了吧！

且勿为盗贼，自致亭长，斯可矣。——《后汉书·马武传》

你自己不当盗贼就不错了，干到亭长就顶天儿了。

哄堂大笑。这种氛围，真是挺好的。其实，越是下半场没故事，越是人生的好故事。刘秀的"云台二十八将"等主要的开国功臣们几乎都是这种情况，都得到了刘秀的温柔善待。

接着，刘秀扭过脸来，冲着那帮新提拔起来帮他治理天下的官吏，可是半点儿温柔也没有，而是要多严厉有多严厉。《后汉书》所谓：

高秩厚礼，允答元功；峻文深宪，责成吏职。——《后汉书·马武传》

刘秀对功臣温柔如春风，对官吏肃杀如严冬。大面上，他是柔道治国；具体工作中，他是铁腕治吏。《后汉书·第五伦传》中说：

光武承王莽之余，颇以严猛为政。——《后汉书·第五伦传》

总之，不能被"柔道治国"的说法迷惑，光武大帝刘秀是外柔内刚、刚柔相兼的。这也体现了阴阳之道，大政治家必须两手都得有。

让人印象深刻的是，他竟然连续弄死了三任大司徒（即宰相）。

头一个是大司徒韩歆，是一个比较刚直、说话不讲究方式的人。有一次，他跟刘秀争论政策问题，话说得重了：您这样瞎搞，会引发大饥荒的！

刘秀大怒，把韩歆一撸到底：回你的老家去吧，我不要再看到你！

随后，刘秀还是气不消，因为此前韩歆还讲过一句话：

亡国之君皆有才，桀纣亦有才。——《后汉书·侯霸传》

意思是，光有才能不行，夏桀、商纣王都有才能，照样亡国。

刘秀认为韩歆这是在指桑骂槐地讽刺他，于是耿耿于怀。肯定还有别的事，但史书没有细讲。反正就是刘秀不依不饶，最后逼得韩歆与其子一起自杀。当时很多人都为韩歆抱屈。司马光也感叹，这是刘秀的一个污点，不能容臣直谏。

夫切直之言，非人臣之利，乃国家之福。——《资治通鉴·汉纪三十五》

大臣直言进谏，对他自身能有什么好处，还不都是为了造福天下国家吗？刘秀这样的圣主明君竟然搞不懂这个道理。

随后，继任大司徒欧阳歙因为此前做太守时的一个罪过，也被投入大牢。当时有上千名太学生为其求情，因为欧阳歙是大儒，祖上八代都是研究《尚书》的大儒，在儒林极有声望，有的太学生甚至请求代其受死，但全都不管用，他最终死在狱中。

韩歆是春天死的，欧阳歙是冬天死的，都是建武十五年（39）。下一位大司徒戴涉干了四年，也因为某罪过被处死。

这样一来，东汉开国时期，前面打天下的功臣和后面治天下的文官几乎都没有完整的人生故事流传后世。唯独一个人，《后汉书》不惜笔墨，大书特书，从生到死一大串故事，整个人物形象光彩夺目，光耀千古，他就是马援，字文渊。

前面讲，马援曾作为隗嚣的使者出使公孙述和刘秀。他是怎么到隗嚣手下的呢？得从他的祖宗说起。

马援的祖宗姓赵——奇怪不？就是赵括的父亲战国名将赵奢。

号曰马服君，子孙因为氏。——《后汉书·马援传》

马援是赵姓马氏，祖上本是赵国邯郸人，汉武帝时做到高官，搬到长安。曾祖父马通因其兄马何罗（史称"莽何罗"，当是"污名化"）刺杀汉武帝未遂而遭诛杀。马通的儿子、孙子、父亲也受牵累不能为官。至马援一代，朝代鼎革，他的三个哥哥都做到了新莽朝二千石高官。马援是老小，十二岁时父亲去世，主要靠大哥马况抚养。本来，他也可以跟哥哥们一样，走读书的路子，不过，他对读书兴趣不大，书读得并不好。一年，大哥马况要调到地方去做太守，马援找大哥商量：我不是读书的料，不想读书了，我想去做自己喜欢的事，想去创业，到边郡搞畜牧养殖，先做成一个富豪。

大哥很高兴：好，老兄弟有志气！

汝大才，当晚成。良工不示人以朴。且从所好。——《后汉书·马援传》

你是那种大器晚成的人。不想念书，没问题。凡是被称为良工巧匠的人，他们展示给人看的东西肯定不是他不擅长做、做不好的东西，肯定都是他们最擅长做的、最完美的东西，这样，才能获得赞赏和成功。你也不必勉强自己做不擅长的事，喜欢干什么就干什么吧，不读书就不读书，能干好一样事，这辈子就了不得。

马援挺高兴：好嘞。

他正要收拾东西走，大哥却突然病逝，二哥、三哥当时都在外地为官，马援只好留下当家中的顶梁柱，照顾寡嫂、侄子等一大家子，又到官府谋了差事，一点点做到郡督邮。

一晃若干年过去了。有一次，马援负责押送一个囚犯，被囚犯的冤情感动，一冲动，竟然将其释放。他也因此负罪逃亡，逃至凉州北地郡。不久，大赦，他干脆就地创业，把多年前的想法付诸实施，搞畜牧养殖业。可是，创业谈何容易，必然经历诸多艰难。有一次，马援给他的创业团队"画大饼"，激励斗志，讲了一句千古流传的励志名言：

丈夫为志，穷当益坚，老当益壮。——《后汉书·马援传》

大丈夫的志向，越是身处底层、困境，越要坚定；即便光阴流逝，老境侵寻，也不会放弃心中的梦想。弟兄们，我们的事业一定能成功！

至有牛马羊数千头，谷数万斛。——《后汉书·马援传》

真就干起来了，富甲一方。

然后，干吗？马援又跟他的创业团队慷慨陈词：

凡殖货财产，贵其能施赈也，否则守钱虏耳。——《后汉书·马援传》

咱们赚钱为什么？为的就是拿它帮助人！得散出去，要是只进不出就成守财奴了。今天咱们分红！

就跟商圣范蠡似的，马援把万贯家财都分掉后，继续干。

再后来，商而优则仕，新莽末年，马援得到王莽一个从兄弟的举荐，做了新莽朝的新成大尹，即汉中太守。不久，各地豪杰都起来响应更始帝攻杀太守。马援好汉不吃眼前亏，弃官而逃，随即被凉州军阀隗嚣请到麾下，深得器重，出使公孙述和刘秀。

马援出使刘秀时曾说：

当今之世，非独君择臣也，臣亦择君矣。——《后汉书·马援传》

这其实是他的心里话，他也是在寻觅一个在乱世中可以追随的明君，要抓住一只能够长线持有的"希望股"，不能再像上次当新莽朝的太守那样了，那多悬。选择比努力重要，站对了队太重要了。结果，他跟刘秀一见面就被深深折服，决定抱定刘秀。

可是，怎么抱定刘秀呢？怎么跟隗嚣说呢？他正琢磨着，隗嚣竟然主动找他商量：咱要向刘秀入质称臣，我大儿子隗恂得去洛阳，您跟过去，费心保着他点儿吧。

马援一摆手：我去合适吗？我怕我这能力保不好大公子。

隗嚣：没人比您更合适了，您千万多费心。

马援：好吧，我尽力。

于是，马援带着家属，随隗恂到了洛阳，从此跟隗嚣分道扬镳，反目成仇。

随后，隗嚣与刘秀决裂对抗。马援立即上书刘秀：

居前不能令人轻，居后不能令人轩，与人怨不能为人患，臣所耻也。——《后汉书·马援传》

我投靠您的时间不短了，一点儿拿得出手的事也没干，无足轻重的感觉，我深以为耻。隗嚣与我反目成仇，我要是不能让他也难受一下，我也深以为耻。请您给我一支兵马吧，我想带兵去打他！

刘秀一笑：没问题，早就看好你是个将帅之才。

于是，马援的将帅生涯开始，率五千突骑，跟着刘秀打隗嚣。

有一次战役，刘秀亲率大军，要穿过一段地形险要的山谷，将领们都担心中隗嚣的埋伏，马援则胸有成竹：没问题，可以过去。这段地形我非常了解，请弄几袋子米来，我给大家模拟一下看看。

于帝前聚米为山谷，指画形势。——《后汉书·马援传》

他用米堆成沙盘，模拟前面这段山地形势，给刘秀讲解。从哪儿进去，从哪儿出来；敌人可能在哪个位置等，全都一清二楚。这应当是战争史上最早记载的沙盘推演。

刘秀大悦：

虏在吾目中矣。——《后汉书·马援传》

妥了，我看明白了，进军！

这一仗大胜。

建武十一年（35），隗嚣被彻底平定。不过，原由隗嚣控制的河东、陇西区域仍不安生，附近的羌人武装很活跃，他们趁着战乱几乎占领了整个金城郡，陇西郡也岌岌可危。马援临危授命，做陇西太守，一上任就组织两场战役，都大胜，再加上政治手段，把羌人基本搞定。几年后，羌人又闹了一次，又被马援镇压住，这次彻底把羌人打怕了。

豪帅数十万户亡出塞，诸种万余人悉降。——《后汉书·马援传》

投降的投降，逃跑的都逃得远远的了。

老百姓们松了一口气，以为这仗总算打完了。可是，没过多久，据说羌人又打过来了，一传十，十传百，据说已经打到陇西郡治所狄道县了。老百姓们都吓惊了，纷纷逃到城中，狄道县县长慌慌张张跑来太守府求见。门卫赶紧通报：太守大人，狄道县县长来了，说要见您，请您闭城发兵。

马援正跟一帮朋友喝酒，连寻思也没寻思，挥手大笑：不可能！哈，各位继续喝！

虏何敢复犯我？！——《后汉书·马援传》

上次把他们打成那样，他们还敢来？疯了！不可能，肯定是民间谣传。你去告诉狄道县县长，该干吗干吗去。

良怖急者，可床下伏。——《后汉书·马援传》

要是实在害怕，就让他钻到床底下躲一躲吧。来，继续喝酒！

随后，果然是虚惊一场，羌人根本没来。

人们都服了。还是马援打仗厉害。作为太守，他在政务管理方面也挺潇洒。《后汉书》说他：

任吏以职，但总大体而已。——《后汉书·马援传》

各项工作都给手下官吏分配下去，充分授权、责任到人，他自己只管最重要的或例外的事务。别人管不了的他才管。这样，他空闲的时间就挺多。

宾客故人，日满其门。——《后汉书·马援传》

每天跟一大帮朋友玩，完全是豪杰做派。

但他可不是粗人，就在做陇西太守期间，他提出了一个关系东汉经济发展的重要建议，那就是恢复五铢钱。要把王莽的一系列币制改革全部废止，拨乱反正。马援这篇上书呈到朝廷后，有关部门开会研究了一通，认为不妥，没有批准。

随后，马援做了六年陇西太守，后被调回洛阳做虎贲中郎将，相当于皇家卫队队长，统领内宫主力禁军。这么重要的职位，刘秀竟然用马援这个半道上加入的人，却不用从最开始就跟他打天下的功臣。这一点也挺有意思。另一位半道加入的窦融则做过代理卫尉；窦融的弟弟窦友做城门校尉；这些都是关系刘秀生死安危的重要职位，却不用旧功臣。这里面应有深意，可惜史书未细述。

马援回到洛阳，虎贲中郎将的本职工作还没怎么着，先跑到朝廷档案部门要回了他那篇恢复五铢钱的上书和当时的会议纪要，看看哪些地方被质疑。随即整理了一份情况说明，重新把这篇上书呈了上去。

帝从之，天下赖其便。——《后汉书·马援传》

刘秀批准，东汉恢复了五铢钱，促进了经济的平稳健康发展。

这时的马援深得刘秀欣赏，常被召见，无所不谈。马援这时已经五十多岁，仍然很精神。

为人明须发，眉目如画。——《后汉书·马援传》

他是个老帅哥，而且见多识广，早年间长安的各种逸闻掌故他无所不知，讲起来一套一套的，妙趣横生。刘秀和旁边皇子、太监等人听着都如坐春风。

莫不属耳忘倦。——《后汉书·马援传》

都听入迷了。

当然，马援少不了讲带兵打仗的事。而刘秀是天才的军事统帅，这方面，君臣聊得尤其投机。刘秀常称赞马援：

论兵，与我意合。——《后汉书·马援传》

咱俩怎么总是想到一块儿去呢？再有机会，朕一定让你再好好施展一番！

很快，机会来了。就在马援回到洛阳的第二年，建武十七年（41），妖贼李广起兵造反。何谓"妖贼"？因为他装神弄鬼，类似邪教。起先是李广的师父维汜鼓捣。

妖言称神，有弟子数百人。——《后汉书·马援传》

维汜开了装神这个头：我就是神，神就是我，你们得崇拜我、信仰我，我让你们怎么着，你们就得怎么着，我就是来拯救你们和所有天下苍生的。

他这么一弄，一发不可收拾，后面两千年来，无数野心家如法炮制，都非常厉害。

维汜自称为神，发展了数百个信徒，还没来得及拯救天下，就被东汉官府镇压消灭。不过，这个李广宣称：我师父维汜既然是神，当然不会死，他只是登仙而去。现在，我代替他带领神的子民们，继续干！

李广很快又起来了，攻克皖城，并自称"南岳大师"。

如今遍地"大师"，此李广实为"大师祖宗"，声势甚大，州郡难制，于是，刘秀派出马援带兵将其灭掉。

接下来，一对传奇的姐妹花在南中国登上历史舞台。

交阯女子徵侧及女弟徵贰反，攻没其郡，九真、日南、合浦蛮夷皆应之，寇略岭外六十余城，侧自立为王。——《后汉书·马援传》

这对姐妹花叫徵侧、徵贰，领导当地少数民族攻占交阯、九真、日南、合浦等岭南郡县六十多城，徵侧自立为王。她们为什么造反呢？《后汉书注》记：

征侧者，麓泠县雒（骆）将之女也，嫁为朱鸢人诗索妻，甚雄勇。交阯太守苏定以法绳之，侧怨怒，故反。——《后汉书注》

大致是说，徵侧是当地土著骆越人，娘家和夫家都比较有实力，"甚雄勇"，可能是与官府有对抗，交阯太守没有处理好，这位土著女豪杰和妹妹徵贰便揭竿而起，迅速做大。

刘秀大怒：马援，朕封你为伏波将军，去灭了那对妖妇！

于是，马援率领水陆大军南下，来到古中国的最南端。

楼船大小二千余艘，战士二万余人。——《后汉书·马援传》

缘海而进，随山刊道。——《后汉书·马援传》

沿着南中国的海岸线，水陆并进，逢山开道，遇水搭桥，且战且进。打了整一年，很不容易，又是海，又是山地雨林，都是很难适应的战区环境。最终在建武十八年（42），将这对姐妹花彻底击败。

斩徵侧、徵贰，传首洛阳。——《后汉书·马援传》

刘秀大悦：传旨，封马援为新息侯，食邑三千户。

当时，马援还在交阯清剿二徵姐妹的残余势力，接到圣旨，当然非常高兴，能以战功封侯，是所有武将的梦想，也可以说是所有好男儿的梦想，他立即传令手下：宰牛，备酒，喝！我感谢全军将士，是你们付出热血与汗水帮我挣来这个侯爵，我既高兴又惭愧，谢谢大家！唉！咱们这场仗打得真不容易啊。想当年，我从弟马少游总说我志向太大，想法太多，替我累得慌。

常哀吾慷慨多大志。——《后汉书·马援传》

他说：

士生一世，但取衣食裁足，乘下泽车，御款段马，为郡掾史，守坟墓，乡里称善人，斯可矣。致求盈余，但自苦耳。——《后汉书·马援传》

大白话讲就是说，人活这辈子，有个班儿上着，有份稳定的收入，有房住，有车乘，老婆孩子热炕头，守家在地，出来进去落个好人缘，就足矣了。要是还不知足，还想别的，那真是自讨苦吃。当时，听我少游弟这么说，还不以为然。可就在此前打那几场恶仗的时候，身处在这险恶之地。

下潦上雾，毒气重蒸，仰视飞鸢跕跕堕水中，卧念少游平生时语，何可得也！——《后汉书·马援传》

这地方的气候环境，咱北方人哪里受得了啊，潮乎乎湿漉漉，瘴气毒气熏蒸，那么多将士因瘴疫而死，飞鸟甚至会直接掉水里死掉。我也沮丧、也害怕啊，真后悔没听我少游弟的话，在家做个知足的庸人，了此一生。唉，不说了，弟兄们，咱们终于打胜了，喝酒吧！

随后，马援将二徵残余彻底清剿干净。《后汉书》记：

援所过辄为郡县治城郭，穿渠灌溉，以利其民。——《后汉书·马援传》

马援为当地修建了很多农业基础设施，做了很多好事。后来，他请示朝廷，对当地实行的政策法规也做了调整，缓和了当地土著骆越人与东汉统治者之间的矛盾。

自后骆越奉行马将军故事。——《后汉书·马援传》

对以后这个地区的治理产生了比较深远的影响。

建武二十年（44）秋天，马援班师回朝。他给刘秀带回一件礼物：马式，即良马的标准范式、模型，纯铜的。此前他在交阯缴获了几个大铜鼓，都化成铜水，铸了这件马式。

高三尺五寸，围四尺五寸。——《后汉书·马援传》

并附说明：

行天莫如龙，行地莫如马。马者，甲兵之本，国之大用。——《后汉书·马援传》

启禀皇上，马是非常重要的战略装备，所以，自古以来都重视相马，也就是怎样挑选最好的马。最早有伯乐精通相马术，近世以来最精此道者莫过于西河子舆。西河子舆将其相马术传给仪长孺，仪长孺传给丁君都，丁君都传给杨子阿，杨子阿传给了臣。那么，这套相马术的精髓为何？空说不易明白，故制此马式。其实，早年有个叫东门京的人就做过一个铜马式，进献给武帝爷，武帝爷将其置于皇宫鲁班门外，由此鲁班门改称金马门。可惜，那个马式不知所终。微臣所制马式：

谨依仪氏䩜、中帛氏口齿、谢氏唇鬐、丁氏身中，备此数家骨相以为法。——《后汉书·马援传》

综合了最好的马的脊背、口齿、唇形、下颌、鬃毛、腰腹等各个部位的特点。以后再找良马，对照此马式即可一目了然。

刘秀挺高兴：太好了！这样吧，放到宣德殿下，让大家都参照学习学习。此次南征，可真是辛苦你了，回家好好休息休息吧！

马援拜谢，回家。亲友们都闻讯赶来：恭喜侯爷凯旋，如今功成名就，您当年的大志向终于实现了，以后年纪也大了，可别再那么拼了，好好养老享受天伦之乐吧！

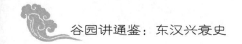

马援摆摆手：现在北边的匈奴、乌桓仍然经常过来侵扰，我怎么能在家养老呢？我还要向皇上请战。

男儿要当死于边野，以马革裹尸还葬耳，何能卧床上在儿女子手中邪？ ——《后汉书·马援传》

男人最好的归宿就是为了保卫国家战死沙场、马革裹尸，怎么能躺在床上，让老婆孩子们陪着、瞅着咽气呢？那样死，太没意思。

在场有个朋友叫孟冀，大赞：

谅为烈士，当如此矣！ ——《后汉书·马援传》

后有曹操诗句：烈士暮年，壮心不已。

十四、伏波将军马援（下）

　　建武二十年（44），五十八岁的伏波将军马援刚刚在南中国打了两年艰苦卓绝的仗，平定二徵之乱回到洛阳，匈奴、乌桓侵扰关中。于是，他立即向刘秀请战，只在家待了两个多月便再次踏上征程。这一去又是多半年，可惜没跟匈奴、乌桓交上手，对方一看汉军精锐上来了，立即远逃。马援无功而返，在家闲了两三年，忽然听到一个令人震惊的坏消息，朝廷派去平定武陵蛮叛乱的一支上万人军队全军覆没。

　　武陵蛮指的是在荆州武陵郡的土著居民，他们有着独立的较原始的文化，与中原文化不同，似乎未文明开化，故被华夏视为蛮夷。那么，这些蛮夷从何而来呢？不可能是平地长出来的。对此，《后汉书·南蛮传》有一种奇葩说法。

　　传说，三皇五帝时期，帝喾常跟犬戎交战，打得挺费劲。犬戎有一员大将吴将军非常厉害，不好对付。帝喾发出了悬赏令，谁要能把这个吴将军人头砍回，就封赏他黄金百镒、食邑万户，还要把自己最漂亮的小女儿嫁给他。

手下文武大臣都很兴奋，垂涎于悬赏，却无人敢去，他们都知道那个吴将军太厉害了，去了就是送死。所以，悬赏了好几天也没动静，帝喾召集手下，一通训斥：朕开出这么好的条件，你们都不敢去，太孬了！

这时，忽然跑进一只狗来，嘴里叼着一个人头。人们仔细一看，正是吴将军的人头。而这只狗也不是一般的狗，它叫槃瓠。传说，此前，帝喾的一个老宫女感觉耳朵疼，听不见声音，找人一检查，发现耳洞里面有东西堵着，拿针挑出来，是个像蚕茧的东西。老宫女随手把它放在一只瓠里——瓠就是瓠瓜刨开类似瓢的容器，又在上面盖上了槃（盘）子。然后，神奇的事情发生了，那个"蚕茧"发光、裂开，从里面跳出一只小狗，身上五色花纹。因为，它是从盖着槃子的瓠里出来的，便为其起名为"槃瓠"，交给帝喾畜养。

帝喾看槃瓠把吴将军人头叼了回来，且喜且尴尬：太好了！终于除掉了这个心头大患。可是，怎么给这只狗封赏呢？总不能把小女儿嫁给一只狗吧。等等再说吧。

随后，帝喾的小女儿听说这个情况，便找帝喾说：您贵为天子，是英明圣主，金口玉言，不能言而无信、失信于民，既然您的悬赏令是那么说的，就应当那么办。您别为难，我乐意嫁给槃瓠。

帝不得已，乃以女配槃瓠。——《后汉书·南蛮传》

他真就把小女儿嫁给了那只神狗。

如此惊世骇俗的婚姻，怎么可能存在于世俗之中？槃瓠背上新娘逃进深山，十多年后，生了六男六女。繁衍生息，后来就成了武陵蛮。

这是个污辱性很强的传说，《后汉书》竟然直接采用了，是不是很不严肃呢？倒也不完全是，所有民族的历史都是从神话传说开始的，从中似乎可以推想一些真实的情况，比如武陵蛮崇拜的图腾可能是狗，因为他们以捕猎为食，得靠狗的帮助。另外，他们跟中原人应当有共同血统。也有学者认为，"槃瓠"即是"盘古"，谐音，盘古开天地之举也类似把上面的槃子跟下面的瓠给分开。

接下来，《后汉书·南蛮传》开讲正史，称武陵蛮：

外痴内黠，安土重旧。——《后汉书·南蛮传》

表面看，他们很不开化，穿的衣服五颜六色，稀奇古怪，说话咿里哇啦，"衣裳班兰，语言侏离"，很原始的感觉。实际上，他们的智力水平很高，很聪明，而且有很紧密的社会组织，领土意识很强。从夏商周以来，都跟中原政权有对抗，打过无数仗，一直到战国中后期，秦昭王派出战神白起出马，才终于把武陵蛮征服，将其活动区域设为黔中郡，并入版图，汉初改为武陵郡。西汉二百年间，武陵蛮虽然时不时闹点儿事，但都是小打小闹。

光武中兴，武陵蛮夷特盛。——《后汉书·南蛮传》

建武二十三年（47），武陵蛮在首领相单程的带领下，起来攻打郡县，声势甚盛。

刘秀先是派出大将刘尚率一万多大军前去镇压。

刘尚战功卓著，曾作为大司马吴汉的副手两次平定蜀地，很厉害。不过，正如刘秀所谓，常胜之家，难以料敌，他轻敌了，竟然全军覆灭，自己也战死了。

噩耗传到洛阳，举国震惊。刘秀又派出一支大军，开赴武陵郡，还是打不过。马援坐不住了，进宫请战：皇上，请派我去打武陵蛮吧。

刘秀苦笑：老将军，您有这心，朕挺高兴。可是，您今年有六十多了吧？

马援把胸脯一挺：我不老，才六十二岁，身体倍儿棒！

尚能被甲上马。——《后汉书·马援传》

整套的盔甲穿身上好几十斤重，我没问题，照样上马驰骋。

刘秀来了兴致：好！那您穿上试试吧！

马援：好嘞！

下面人搬上盔甲，牵来马。马援穿戴整齐，"噌"地一下翻身上马，因为在皇宫里面，他不敢策马驰骋，便摆了几个姿势。

据鞍顾眄，以示可用。——《后汉书·马援传》

看上去神采动人，充满活力。

刘秀挑大指称赞：好！

矍铄哉，是翁也！——《后汉书·马援传》

这老头儿真是酷！准了！朕派你率耿舒等几位将军出征武陵蛮。

老将军马援再次踏上征程。好多朋友送行，其中老友杜愔非常知心，依依不舍，担心马援出意外。

马援安慰杜愔：不要为我担心，我这么大年纪了，生怕哪天死在儿女手里。

常恐不得死国事。——《后汉书·马援传》

这次，真要是战死在武陵，正好得偿所愿，甘心瞑目。只是有点儿别扭，耿舒等这几个将领都是权贵之家的，他们恐怕都不好调度，不听指挥。唉，爱怎么着就怎么着吧！

次年春天，马援率军进入武陵郡，一举击败正在攻打郡治临沅的蛮军，斩获两千多人。

蛮军战术灵活，打不过就跑，向西撤退到他们的地盘，大致是沅陵周边的深山老林里。史书讲得并不清楚，曾国藩批评过，史书对很多战事的记载都语焉不详，甚至不靠谱。

接下来，马援要继续向西进剿，有两条路线可走。一条是水路，沿沅水逆流而上，攻下壶头山，再组织清剿。这条道比较近，但沅水两侧山势险要，壶头山易守难攻。另一条是陆路，绕道充县，道比较远，行军时间长，粮草消耗大，补给可能有问题，但没什么作战风险。出征之前，刘秀跟马援等将领研究作战方案时，这两条路线到底走哪条，都没能拿定主意。到了战区之后，马援和耿舒仍然统一不起意见来，马援决定走壶头山这条线，而耿舒认为走充县更好。他们都给刘秀打报告，刘秀批准了马援的方案。

结果，真就在壶头山遭遇了蛮军的顽强阻击，汉军船只上不去，双方相持不下。当时已入夏，天气非常热，很多汉军将士得了热病，有中暑的，还有各种疾疫，病死不少人。马援也病了，病得很重，咬牙坚持：我不能倒，我要是倒了，全军士气可就完了。

只要是有一点儿战情，他都坚持拖着病体，站到一线。

升险鼓噪，援辄曳足以观之，左右哀其壮意，莫不为之流涕。——《后汉书·马援传》

当时，他已经病弱不堪，非常消瘦，满头白发，颤颤巍巍，旁边将士们看着全都落泪。

不过，人们心里也着急。耿舒给耿弇写信：哥哥，您说，要是听我的走充县多好，非得听马援的，现在卡在壶头山，大军士气低落！马援他老了，论打仗，他哪儿比得了咱耿家人。上次在临沅，蛮军被击败，如果连夜追击，肯定能把他们彻底消灭。可是，咱这位伏波将军就好比西域来中原的商人，每到一个地方都得停留几天，这样把战机都给错失了。

伏波类西域贾胡，到一处辄止，以是失利。——《后汉书·马援传》

现在那么多将士都得了疾疫，您说，该怎么办啊？

耿弇在洛阳接到信，转呈刘秀。刘秀立即派虎贲中郎将梁松到武陵前线调查情况，要问责马援。

当梁松到达时，一代英雄伏波将军马援已经病逝。

武陵战事也已接近尾声。正所谓，江山代有才人出！当时，马援军中还有一个监军，是刘秀亲信宋均（《资治通鉴》写为"宗均"，实为"宋均"，事迹皆出于《后汉书·宋均传》）。宋均代表皇帝监军，也相当于统帅，马援一死，他立即召集将领们开会：诸位，马将军病死之事，要封锁消息，不能传出去。现在，将士疾疫大半，进不得进，退不得退，一退，敌军追击，就可能重蹈刘尚的覆辙。怎么办呢？我认为，要改变战略计划，改进剿为招抚，与武陵蛮和谈。诸位，意下如何？

将领们：这得请示一下皇上吧？

宋均：来不及了，必须当机立断，咱们集体决策一下吧。

将领们都不敢表态。宋均把眼一瞪：

夫忠臣出竟，有可以安国家，专之可也。——《后汉书·宋均传》

我们在外带兵，只要是出于对国家的忠诚，私自专断，皇上也会体谅的。听我的吧，就这么办！

这时，武陵蛮也已经撑到尽头了，一听说汉军有意招抚，立即归顺投降。

随后，刘秀表彰了宋均，对已经病逝的马援却严厉处罚，收回了马援的侯爵印绶。这是为什么呢？因为小人陷害。这个小人就是刘秀派到武陵调查马援的梁松。梁松的父亲梁统与窦融一样，曾是河西五郡中的武威郡的太守，被封义成侯。梁松的岳父是刘秀，他娶了刘秀的长公主舞阳公主。所以，他是标准的新贵。

马援最瞧不上这种人，可能打心眼儿里有点儿酸溜溜吧。你有才华、你有大志、你努力、你拼搏，可到最后也不如人家没什么才华、没多大志向、没怎么努力、没怎么拼搏的人混得好，没人家有钱，没人家有权。你要说一点儿不嫉妒，没人相信。

马援有这样的心理，见面说话时的语气、神态上，难免会有所流露。比如，此前马援出征打匈奴，百官送行，其中便有梁松和窦融的侄子窦固，窦固也是刘秀的女婿，他俩给马援施礼：老将军多保重，以后还请您多多指教。

马援没客气：好啊，那我就提醒你们两句吧。

凡人为贵，当使可贱。如卿等欲不可复贱，居高坚自持，勉思鄙言。——《后汉书·马援传》

意思就是，你们作为新起的权贵，一定感觉很爽，可也要预备好倒霉，人生无常，不知道哪天你会被打倒在地，打到泥土里。怎样避免呢？自己好好想想吧。

若干年后，梁松真就死得很惨。不过，那时他根本理解不了马援的善意，很窝火。

还有一次，马援生病，梁松到家里来看望他，在床前施礼：马老将军，我来看看您。

马援竟然没有还礼：哦，好，坐吧。

弄得梁松挺尴尬，待了一会儿就走了。家人埋怨马援：人家现在是皇上的宝贝姑爷，三公九卿都得敬着，您怎么也不给人家还个礼呢？

马援一梗脖子：我跟他爹是老朋友，他再怎么显贵，这个辈分不能乱吧，我还什么礼？

可梁松不想这个，心里就恨上了。

还有一件事，本来跟梁松八竿子打不着，竟然也成了梁松恨马援的一个由头。马援的两个侄子马严和马敦喜欢褒贬时事，老想着做"意见领袖"，还好结交豪侠，想着黑白两道通吃。

并喜讥议，而通轻侠客。——《后汉书·马援传》

马援在交阯打仗，对他们很不放心，写家书告诫：

吾欲汝曹闻人过失，如闻父母之名，耳可得闻，口不可得言也。——《后汉书·马援传》

对于谁怎么不好，有什么事，应当像对待父母亲的名字，只能听，不能说。你们明白吗？

好论议人长短，妄是非正法，此吾所大恶也，宁死不愿闻子孙有此行也。——《后汉书·马援传》

没事千万不要议论别人短长，好的坏的都不要说；更不要批评国家的政策，不要妄谈社会如何。要知道，比你们高明的人有的是，制定政策的人也比你们高明得多，用不着你们说三道四。这会要命的！我宁死也不愿自家子弟有这种坏毛病。我的两个朋友龙伯高和杜季良，你们都知道吧。

龙伯高敦厚周慎，口无择言，谦约节俭，廉公有威。吾爱之重之，愿汝曹效之。——《后汉书·马援传》

龙伯高为人朴实厚重，做事周密谨慎，从来不讲一句走板儿的话，谦虚，节俭，廉洁奉公，颇有威望。我欣赏他，敬重他，希望你们向他多学习。

杜季良豪侠好义，忧人之忧，乐人之乐，清浊无所失，父丧致客数郡毕至。吾爱之重之，不愿汝曹效之。——《后汉书·马援传》

杜季良则豪侠仗义，好结交，黑白两道的朋友遍天下，为朋友能两肋插刀，帮助朋友向来竭尽全力。他父亲去世时，各地来吊唁的人无数。我欣赏他，敬重他，但是，不希望你们效仿他。为什么要学习效仿龙伯高，而不要效仿杜季良呢？

效伯高不得，犹为谨敕之士，所谓刻鹄不成尚类鹜者也。——《后汉书·马援传》

学习效仿龙伯高，即便学不像，也不算坏，照样能做个本分人。所谓"刻鹄不成尚类鹜"，就像雕刻一只天鹅，不像天鹅，还能像个野鸭子，差不太多。

效季良不得，陷为天下轻薄子，所谓画虎不成反类狗者也。——《后汉书·马援传》

学杜季良要是学不像，那就糟了，就可能成个混混、下三烂。所谓"画虎不成反类狗"，虎和狗可就差远了。

这篇家书跟梁松本来完全挨不上，可稀里糊涂地就扯上了关系。这位杜季良有个仇家一直在暗中搜集杜季良作奸犯科的罪证，得到了马援的这封家书：好！连马援也说他不好吧，这算是人证！

于是，这封家书连同杜季良的其他罪证，被一起告到了刘秀跟前。在这个告状信里，还提到了杜季良跟梁松经常在一起鼓捣事儿。这样，就联系上了梁松。刘秀怒斥梁松：你交的这是什么朋友，你看马援是怎么说他的？！

梁松叩头流血，刘秀才勉强没治他的罪。于是，他更恨上了马援。这回，让他去调查马援，当然往死里写！再者，马援当时已经死了，死人嘴里无招对，也不能辩解，梁松便尽情发挥，各种罪名只要能罗织上的都扣到了马援头上。

刘秀大怒，收回马援侯爵。

墙倒众人推，又有几个权贵落井下石，上书刘秀：马援确实不行，此前他打完交阯回来时，带回一大车宝贝，他都私吞了。

刘秀更怒了：追查！

吓得马家人连马援的丧事都不敢操办了，亲友们也没人敢来吊唁。

这可怎么办呢？到底怎么了？马家人也不明就里。最后，马援的老伴领着儿子们、侄子们，都自缚绳索，捆成一串。

草索相连，诣阙请罪。——《后汉书·马援传》

到皇宫门口跪着：皇上，我们家犯了大罪，您发落吧。

刘秀召见。马家人这才知道，是梁松等人给他扣的各种罪名。其实，从交阯回来时，马援确实带回一车东西来，可不是什么宝贝，而是当地土产的薏苡实，是再平常不过的一种粮食作物，只是有一些药用价值，马援感觉常吃它，"能轻身省欲，以胜瘴气"，就带了一车回来。当时，用布盖着，好多权贵以为是什么宝贝，可又不敢要，因为马援那会儿正是刘秀的大红人。他自己也没解释。这算是个"李下不正冠，瓜田不纳履"的问题，马援忽视了。

马家人随后六次上书，解释所有罪名，极尽哀求，刘秀才没有再做追究，家人才正式给马援办了葬礼。如此让人屈心的结局，肯定是马援生前想不到的吧。如果他知道，肯定会更想念当年从弟马少游的那套劝说吧。大约八百年后，唐朝大诗人刘禹锡写过一首凭吊诗《经伏波神祠》：

蒙蒙篁竹下，有路上壶头。汉垒麚麑斗，蛮溪雾雨愁。怀人敬遗像，阅世指东流。自负霸王略，安知恩泽侯。乡园辞石柱，筋力尽炎洲。一以功名累，翻思马少游。

《后汉书·马援传》的最后还讲了两段故事。一个是说，马援十三四岁时，有一天家里来了一个小客人，来拜访马援的大哥马况。马况给马援介绍：这个小兄弟叫朱勃，比你还小两岁呢，但诗书读得很好。我们聊着，你也一块儿听听吧。

马援开始还有点儿不服气，但听人家一说话，那举止神态，那引经据典，那道理、见识，直是了不得。弄得小马援耷拉脑袋自惭形秽，自尊心严重受挫。大哥看在眼中，待客人走后，便安慰马援：

朱勃小器速成，智尽此耳。——《后汉书·马援传》

朱勃是小器速成，蚂蚱生出来就会蹦，人生出来得多长时间才会走啊？对吧。你别看他厉害，他只有这么大的才具，也就到顶了。你是大器晚成，不要着急。

一晃数十年过去了，马援为将封侯，而朱勃只做了一个县令。中间，两人时有交往，马援仍带着当年意气，对朱勃的态度并不好。而朱勃则一直念着当年的情谊，对马家人很好。马援死后，刘秀严厉追责，马家人窘迫无助之时，唯有朱勃不惧触逆鳞之祸，诣阙上书，褒扬马援二十余年效忠国家，希望刘秀能善待忠臣死者，随即辞官回家。

还有一个故事说，马援准确预言了刘秀将会出台政策，严厉打击诸侯王养士、交通宾客的行为，而某人和某人都会因此而败。他都说准了，料事如神。只可惜，轮到自己身上并不算明智，看人也不准，也不能明哲保身。《后汉书·马援传》最后讲：

诚能回观物之智而为反身之察，若施之于人则能恕，自鉴其情亦明矣。——《后汉书·马援传》

意思是，人看自己如果能像看别人一样清楚就好了，就能包容体谅别人，控制自己的情感、情绪了。

十五、东汉婚姻故事

马援是《后汉书》不惜笔墨大讲特讲的一个人物，《马援传》独占一卷篇幅，还有一个同时期的人物在后世名气不大，却占了近两卷篇幅，他叫冯衍。

冯衍的曾祖父是西汉后期名将冯奉世，祖父冯野王亦有贤名。

衍幼有奇才。——《后汉书·冯衍传》

他从小书读得极好，新莽末任职于王莽大将廉丹手下。廉丹率军镇压绿林、赤眉，战事不利，难以坚持，王莽则在后面紧逼：你死也得坚持，只准前进，不准后退！

廉丹惶恐不知所措。冯衍进谏，以不让苏秦、张仪的纵横雄辩劝说廉丹卸下道德包袱，背叛王莽。他说：

顺而成者，道之所大也；逆而功者，权之所贵也。是故期于有成，不问所由；论于大体，不守小节。——《后汉书·冯衍传》

遵守道德，把事办了，固然好；不遵守道德，把事办了，那也不坏。重要的是，把事得办了，而不是看你怎么办的。要办大事，就不能守小节。什么是大事？生存是大事。

以死易生，以存易亡，君子之道也。——《后汉书·冯衍传》

不论怎么着，也得活下去，这才是君子之道。

圣人转祸而为福，智士因败而为功。——《后汉书·冯衍传》

现在您的处境很难，进退不得，怎么办？必须转变观念，不能再死心眼儿效忠王莽。观念一变，道儿就有了，就能转祸为福，因败为功。这正是《周易》所谓的：

穷则变，变则通，通则久，是以自天祐之，吉，无不利。——《后汉书·冯衍传》

总之，背叛王莽根本不叫事儿，您不要在乎别人怎么看，商鞅不是说过吗：

有高人之行，负非于世；有独见之虑，见赘于人。——《后汉书·冯衍传》

那些世俗的人懂什么，不过都是乌合之众。大人物做事，他们哪里看得懂，只会指指点点瞎评论。您果断走自己的路，让他们说去吧！快下决心吧！

廉丹没言语。不久后，在与赤眉军的战役中新莽大军溃败，太师王匡赶紧逃跑，廉丹则把印绶符节交给手下带走，说：

小儿可走，吾不可！——《汉书·王莽传》

你们可以逃，我不能逃。

随即，力战而死。手下二十多个将领原本各领兵马且战且退，听说他战死，大呼：

廉公已死，吾谁为生！——《汉书·王莽传》

廉将军死了，我们活着还有什么意思？！

众人纷纷冲入赤眉军中战死。这是新莽大军最让人感叹的一幕。

冯衍则转投更始帝大将鲍永手下。

鲍永的父亲是西汉末名臣鲍宣，鲍宣和妻子桓少君鹿车共挽的佳话流传千古，是夫唱妇随美好婚姻的典范，可惜桓少君其寿不永。《后汉书》记鲍永：

事后母至孝，妻尝于母前叱狗，而永即去之。——《后汉书·鲍永传》

鲍永对后母非常孝敬，有一次，他妻子当着后母的面斥骂一只狗，他就把妻子休了。

鲍永在更始帝刘玄手下官至尚书仆射、行大将军事，负责安辑河东、并州、朔方区域，就像刘秀安辑河北一样，也是经历了一番艰难工作，基本控制了并州的太原、上党两郡。他亲自带兵驻守太原郡，派将军田邑驻守上党郡，两郡合力对抗东边刘秀大军的进攻。

田邑上党郡的战斗一开始打得很激烈，打着打着忽然不打了。田邑背叛了更始帝，向刘秀投降了。

于是，此前极力劝廉丹背叛王莽，讲了一大套背叛有理的冯衍这次又帮鲍永写信大骂田邑的背叛：田邑，你无耻！

委质为臣，无有二心。——《后汉书·冯衍传》

一女不事二夫，一臣不事二君。你竟然背叛更始皇帝，太没节操了！

大丈夫动则思礼，行则思义，未有背此而身名能全者也。——《后汉书·冯衍传》

丈夫做任何事都得考虑是否违背礼义。自古以来，大凡违背礼义之人从无功成名就者，最后都得身败名裂。

他又这么讲了一大通，反正都是理。

然后，他和鲍永继续顽强坚守，坚决不背叛更始帝。刘秀大军又是攻打，又是招降，都不管用，生生拿不下太原郡。直到听说更始帝已经死了，冯、鲍二人才决定投降。在投降之前，他们先为更始帝发丧，祭吊一番，尽了人臣之礼。然后，又把兵马军队解散。只带着百十来个随从，去河内向刘秀投降。一见面，刘秀就烦了：你们的军队呢？

意思是，我又不缺你们这几个人，我是要整编你们的军事力量为我所用。

鲍永答：启禀陛下，此前我们作为更始皇帝的大臣，不能为君解难已很惭愧，不想再拿他的军队来为自己谋富贵，所以都给解散了。

刘秀点点头：

卿言大。——《后汉书·鲍永传》

行，说得不错。好了，你们先歇息去吧。

也没说给封赏，冯、鲍二人灰头土脸，低头退下。鲍永安慰冯衍：别着急。当年汉高祖得了天下，重赏差点儿打死他的季布，而杀掉曾放过他的丁固。我相信，今上也应当有这个意识，今天可能他还没反应过来吧。

冯衍咧嘴一笑：您不用安慰我。《战国策》里就讲过一个隔壁老王的故事。老王的隔壁邻居有两个老婆都很漂亮，他都看上了，想去偷腥。他先从邻居大老婆下手，找了个机会言语挑逗她，对方大怒，把他臭骂一通。老王一看大老婆没戏，改天又找了个机会，挑逗邻居的小老婆，对方投桃报李，成其好事。几年后，邻居去世，老王可以明媒正娶邻居的老婆，却娶了骂他的大老婆，没娶从他的小老婆。有人不理解，老王解释：

在人欲其报我，在我欲其骂人也。——《后汉书·冯衍传》

她作为别人的老婆，我当然愿意她偷人，我才好得手。现在，我是娶老婆，当然得要这个不偷人的。今上不可能不懂此道理，他会看重咱们这种"忠臣"的。

后来，鲍永果得重用，官至司隶校尉。冯衍则未得重用，郁郁不得志，曾作《显志赋》，讲：

久栖迟于小官，不得舒其所怀。抑心折节，意悕情悲。——《显志赋》

一直身处底层，没有施展才华的机会，窝窝囊囊地终老于家，只留下一部书稿，为他传名后世，他能在《后汉书》独占两卷，主要也都是摘录他书稿的内容。其中最有意思的，当数此寓言性质的隔壁老王的婚姻故事。

这时期还有一个真实的婚姻故事，更加著名。刘秀大姐湖阳公主刘黄夫死寡居，刘秀心疼：姐姐，这满朝文武，你看谁好，我给你说合保媒。明天等他们上朝，你在屏风后面挨个瞅瞅。

转过天来，湖阳公主真就把满朝文武偷偷瞅了一遍。刘秀看她脸上红扑扑的，眼里放着光，知道有看中的，便问：看上哪个啦？

湖阳公主答：就是前面靠左的那个，好像姓宋吧。

刘秀大笑：宋弘啊，看来姐姐早就留意啦。

湖阳公主也笑：哈哈，是啊。

宋公威容德器，群臣莫及。——《后汉书·宋弘传》

俺只爱宋公一人！

刘秀不笑了：这个……姐姐啊，能不能换个人？

湖阳公主瞪大眼睛：为啥？

刘秀说：因为宋弘这人太耿直。他的情况我给你说说，他爹在汉成帝时位就位列九卿，他本人在汉哀帝、王莽时也是高官。赤眉军进长安时，要征他做官，他不乐意，竟然投水自尽，幸亏被人救起。我也是看重他的名望才请他出来做官的，就跟请卓茂似的。不过，卓茂可远不如他有能力和见识。他给我引荐了三十多个非常贤良的人才，现在都是高官。其中有个叫桓谭的，琴弹得特别好，经常给我弹琴。有一天，我大宴群臣，就发现桓谭的琴竟然弹得不成调了，手直哆嗦。我正要发火，旁边宋弘说话了：皇上，您别着急。桓谭是因为看我在这儿，他吓得。因为头两天，我刚骂他：桓谭，我向皇上推荐你，是让你帮着皇上修身治国，不是让你来弹琴玩的！真对不起，皇上，都怪我，找了这么个无聊的人搅乱您的正事。

姐姐，你说，叫我怎么说吧，我只能说：谢谢宋大司空。桓谭，你别弹了。

对了，现在宋弘是我的大司空，位列三公，还有侯爵封地。可是，他家里竟然没钱！

家无资产，以清行致称。——《后汉书·宋弘传》

只要有钱，他都拿出去接济族人亲友了，人品好得不要不要的。

姐姐，不怕你笑话，还有一次，我叫宋弘一起吃饭，旁边的屏风是新换的，上面画着几个美女，画得那叫妩媚，我不禁瞟了两眼。结果，他给我来了一句：皇上，圣人真是没有说错的话。

我问：哪句话没说错啊？

他一指屏风：

未见好德如好色者。——《后汉书·宋弘传》

搞得我哭笑不得，只好吩咐人把那屏风撤下去了。

姐姐，你说这么个人，他要是没老婆，兴许还好说，可是，他有老婆啊——哎，你别哭啊，你别哭，我试试，我想办法，我试试。赶明儿，我把他叫来，你还在屏风后面听着。怎么样？

转过天来，刘秀召见宋弘，喝酒，闲聊。酒过三巡，刘秀带着三分醉意讲：

谚言，贵易交，富易妻，人情乎？——《后汉书·宋弘传》

谚语里讲，一个人要是变得富贵起来了，他的朋友和妻子一般也就换人了。你说，这算不算人之常情？人性就是这样，对吧？

宋弘当即严肃起来：

贫贱之知不可忘，糟糠之妻不下堂。——《后汉书·宋弘传》

刘秀闻听此言心头一震，暗挑大指：好，喝酒！干了！

宋弘走后，湖阳公主从屏风后面出来，刘秀一摊手：姐姐，真不好意思，这事儿得让你失望了，我搞不定他。

湖阳公主哭着走了。

十七年后的一天，湖阳公主又哭着来找刘秀：皇上啊，有这么个事儿，你得给我做主，给我办！

结果，刘秀又没搞定，又让她失望了。

怎么回事呢？是这样的。湖阳公主的心腹家奴杀人，被洛阳官府追查。湖阳公主包庇这个家奴：你就藏在咱府里哪儿也别去，洛阳官府无权进我府里抓人。

过了一段时间，湖阳公主以为风头过去，乘车出行，让这个家奴也在车里跟着。外面看不见车里，她以为没事，半道上，却被洛阳令董宣挡下，责令家奴下车受死。

湖阳公主大怒：打狗还要看主人呢，大胆洛阳令，这还是不是我们老刘家的天下？你闪开！

洛阳令董宣是当时著名的酷吏，比汉武帝时的酷吏毫不逊色，此前曾因执法严酷，滥杀一家族三十多人，而被定为死罪，临行刑时，刽子手正要砍，被刘秀派人叫停，随即重用为洛阳令。董宣早有准备：公主，请不要妨碍执法，您包庇杀人犯，罪过也不小呢！来人，把那个杀人犯拉下来！

于是，家奴被就地正法。湖阳公主气疯了，来找刘秀哭诉，哭得死去活来。血浓于水，刘秀心疼姐姐，大怒，派人把董宣叫来，当场就要将他棍棒打死。

欲棰杀之。——《后汉书·董宣传》

旁边的太监们上来就要打。董宣跪在地上，大喊一声：

陛下圣德中兴，而纵奴杀良人，将何以理天下乎？！——《后汉书·董宣传》

您这么不说理，不讲法治，放纵家奴杀人，还怎么治理天下？您甭杀我，我自己死！

说着，他朝前面门槛子撞过去，当即头破血流。

太监们急忙上去拉住了他。

刘秀黑着脸：你说得有点儿道理，朕不杀你了。你过去，给公主磕头赔罪！

董宣把脖子一梗，没动，那意思是宁死不屈。

刘秀瞅一眼太监，太监们心领神会，架起董宣来到湖阳公主跟前，摁脑袋就要给公主磕头。

结果，董宣的脖子要多硬有多硬，脑袋愣是摁不下，死活不磕。

湖阳公主气得直呼刘秀之名：刘文叔！

文叔为白衣时，藏亡匿死，吏不敢至门；今为天子，威不能行一令乎。——《后汉书·酷吏列传》

由这段话可见，刘秀早年并不单纯是一个老实种地的小地主，也是"藏亡匿死"的，跟豪杰们有交往。《后汉书·樊晔传》里还记载说：

光武微时，尝以事拘于新野。——《后汉书·樊晔传》

他也是犯过事儿、进过号子的，也算"豪杰"，只是藏得比较深，不像大哥刘缤那么张扬而已。

湖阳公主指着刘秀的鼻子：刘文叔啊，当年你还是个平民时，你家里要是窝藏个逃犯什么的，官府的人都不敢进你家搜。现在你当了皇帝老子，怎么变厌了呢？连个小县令你也管不了！

把刘秀逗乐了：姐姐，消消气，消消气。

天子不与白衣同。——《后汉书·董宣传》

不是变厌了，而是变得责任更重了。这就像个调皮捣蛋的学生被选成了班长，他还能捣蛋吗？不能了，得讲规矩了。好了，来人，把这个硬脖子"强项令"董宣带出去，该干吗干吗去吧。

于是，董宣名声大振，京师洛阳再无人敢夵翅儿，背地里都称其为"卧虎"。

从这个故事也可见，刘秀的为政治国是爱用酷吏的，《后汉书·酷吏列传》讲：

自中兴以后，科网稍密，吏人之严害者，方于前世。——《后汉书·酷吏列传》

这与他的柔道治国并不矛盾，汉文帝黄老治国也是重法的，黄老之道强调道生法，是柔中带刚、刚柔并济的。

好了，回到婚姻故事。刘秀有两个妻子，头一个是结发妻子阴丽华。早先，刘秀在二姐夫邓晨家与一帮小弟兄聊天，聊到新野当地有个小姑娘阴丽华，虽只有十四五岁，却已出落成绝代佳人，要多漂亮有多漂亮，而且知书达礼。刘秀想入非非，至于二人，见没见面，史书没说，只说，随后，刘秀去长安求学，对阴丽华仍念念不忘，有一天走在街上，忽见前面车马喧腾，过来一个官员的车队，非常气派，他羡慕不已，一打听才知道是掌管整个京师治安的执金吾，于是暗下决心：

仕宦当作执金吾，娶妻当得阴丽华。——《后汉书·光烈阴皇后纪》

一晃又是五六年过去了，其间，刘秀和阴丽华有怎样的故事，史书也没写，只说：

更始元年六月，遂纳后于宛当成里。——《后汉书·光烈阴皇后纪》

更始元年（23）六月，是刘秀人生中最传奇、最跌宕起伏的时刻。当时，他以昆阳之战成名，之后大哥刘縯则在宛城被更始帝杀掉，他忍痛忍辱熬过了那段最危难的日子，其间，迎娶了阴丽华。

具体的迎娶时间，可能是在昆阳之战后、刘縯被杀前，那样的话，这就是一个英雄抱得美人归的故事。也可能是在刘縯被杀后，那样的话，这就是一个患难与共的爱情故事，就是阴丽华帮助随时可能也被杀的刘秀演了一出戏，以婚礼来表现他对大哥刘縯之死的无所谓，骗取更始帝的信任。无论如何，这对患难夫妻的悲喜，都是让人刻骨铭心的。

婚后不到两个月，更始帝派刘秀去洛阳整修宫府。刘秀把新婚妻子安顿到新野老家，关照姐夫邓晨照顾她，自己上路了。佛家讲人生七苦之一为"爱别离"，与相爱之人别离，不知哪天能再见，这最痛苦。南朝江淹讲：

黯然销魂者，唯别而已矣。——《别赋》

离别是一种不断的、扎心刺骨的痛。杜诗讲：

暮婚晨告别，无乃太匆忙。

誓欲随君去，形势反苍黄。

仰视百鸟飞，大小必双翔。

人事多错迕，与君永相望。

——《新婚别》节录

乱世中，一对新婚的爱人就这样离别了。什么叫乱世？满世的人都身不由己就是乱世。就在与阴丽华分别不到半年后，刘秀就身不由己地又娶了另一个女人郭圣通。当时，刘秀正在河北跟王郎打，在他俩之外还有一支举足轻重的军事力量是真定王刘杨，刘杨手下有十几万人。为了争取刘杨的支持，刘秀就娶了刘杨的外甥女郭圣通，之后他能够战胜王郎，这桩政治联姻起了很关键的作用。转过年来，郭圣通就给刘秀生了长子刘强。郭圣通本人也挺贤惠。

虽王家女，而好礼节俭，有母仪之德。——《后汉书·光武郭皇后纪》

虽然出身高贵，但生活很节俭，待人恭敬有礼，是个很好的妻子。不过是，她可能远不如阴丽华漂亮。再者，感情基础也不一样，阴丽华跟刘秀是从爱情走入婚姻殿堂，而她跟刘秀是从政治交易走入婚姻殿堂。所以，刘秀在击败王郎、扫清河北，在鄗县即位之后，并没有立即把她封为皇后，而只是封为贵人。刘秀心里还是想让阴丽华做正宫——按先来后到之理，阴丽华也该是大老婆。

随后，刘秀定都洛阳，把阴丽华接了过来，一番悲喜后，刘秀对阴丽华说：我不会辜负你，正宫皇后之位给你留着呢。

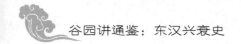

阴丽华则坚决不肯：一者你能称帝即位，是她给了您巨大的支持，而我什么也没做；再者她已经给您生了皇长子，我这肚子还瘪着呢，母凭子贵，让她做皇后才能服众。只要我们真心相爱，名分并不重要。

刘秀点头同意。建武二年（26）年六月，他正式册立郭圣通为皇后，刘强为太子。

十六、刘秀父子的戒心

刘秀当上皇帝后，阴丽华把皇后之位让给了郭圣通。不过，十六年后，建武十七年（41），刘秀还是把皇后之位又给了阴丽华，把郭圣通降格为贵人。这是怎么回事呢？史书记载了当时刘秀为此而发布的一篇诏书，类似一个离婚声明，其中批评郭圣通：

怀执怨怼，数违教令，不能抚循它子，训长异室。宫闱之内，若见鹰鹯。既无关雎之德，而有吕霍之风。——《后汉书·光烈阴皇后纪》

大致是说郭圣通有两个问题。一是对丈夫不温柔，没有"关关雎鸠，在河之洲"那种恩爱的感觉，不拿丈夫当皇帝，不听话，时不时地撂脸子——当年要不是我们郭家怎么着怎么着……这个倒也正常，圣人曰"近之则不逊"，俗谚曰"枕边无伟人"。另一个问题更正常，是说郭圣通只疼自己的孩子，对别的嫔妃生的孩子都不疼爱，甚至还带着几分怨恨，说白了就是太爱吃醋，这太正常啦。不过，她不是一般女人，她是比刘秀年轻十来岁，很可能将来要做太后的女人，刘秀很容易想到杀害皇子的吕太后和霍皇后，要成她们那样，怎么办？因此，皇后必须换人，换成阴丽华。

阴丽华在这两方面都是令刘秀满意的。首先，对丈夫温柔。其次，特别仁慈、有爱心。

性仁孝，多矜慈。——《后汉书·光烈阴皇后纪》

不吃醋，对别的嫔妃和她们生的皇子都挺好，包括对郭圣通。后来，阴丽华的儿子刘阳即位，对郭家人一直都很好。

礼待阴、郭，每事必均。——《后汉书·光武郭皇后纪》

对阴家和郭家这两大外戚是一样的优宠。

这可能也跟郭圣通的儿子刘强的表现有关。郭圣通的皇后之位被废，刘强作为太子有点儿尴尬。所谓，母凭子贵，子凭母贵，其母好者其子抱。很明显，他的太子之位也有点儿悬，他能感受到父皇对刘阳的喜爱。怎么办？与其等着被废掉，还不如主动辞掉。于是，刘强侧面跟刘秀表达这个意思：我的太子之位也让出吧。

刘秀没表态。孩子都是一样的孩子，而且刘强是长子，又没什么过错，没理由废。

刘强继续提着心。

就这么又过了两年。建武十九年（43），刘秀遇到一个小麻烦，那就是那个自称为神的维汜的弟子李广造反被马援灭掉后，维汜的另外两个弟子单臣和傅镇事隔两年又起来了，攻占了原武县城，刘秀派大将臧宫带兵去平定，竟然久攻不下，死了不少士卒。怎么办呢？

刘秀召集文武百官商量怎么弄，皇子们也一起参与讨论。大家一致认为：

宜重其购赏。——《后汉书·臧宫传》

重赏之下必有勇夫，应当下道圣旨，只要是把城攻下来，将士们统统高升、大大赏赐，以此激励士气，早日破城。

只有刘阳一拨拉脑袋：父皇，我不这么看。儿臣认为，原武县城中的人们不可能都跟这两个妖贼一心，只是因为咱攻得太紧太急，他们无路可逃，没别的活路，只能硬顶着。儿臣以为：

宜小挺缓，令得逃亡。逃亡，则一亭长足以禽矣。——《后汉书·臧宫传》

咱应当松松劲儿，卖给他们点儿破绽，让他们有路可逃。他们只要逃出了城，那样，一个亭长就能办他们。

刘秀大悦：好，传旨臧宫，就这么办！

臧宫照办，很快便斩杀了单臣和傅镇，平定了叛乱。

由这事也可见，邪教够厉害，野火烧不尽，春风吹又生，要坚决打击。太子刘强则见识了小自己三岁的弟弟刘阳的厉害，于是，再次向刘秀提出辞去太子之位，以奉养母亲。

这次，刘秀批准了，把刘强降为东海王，兼食鲁郡。封地给得很大，合二十九个县。十五岁的刘阳成为太子，改名刘庄。

随后，东海王刘强从未有什么不好的表现，刘秀心有愧疚，怎么办呢？他的一个补偿性表现是对刘强的舅舅，即郭圣通的弟弟郭况特别特别好，经常带着很多文武大臣到郭况府上举行宴会，赏赐的钱财没边儿。

京师号况家为"金穴"。——《后汉书·光武郭皇后纪》

郭况家简直都成了金窝。

在立刘庄为太子的十四年后，六十二岁的刘秀驾崩。终其一生，他一直保持着一个优秀农民的勤劳状态。早年做小地主，日出而作日落而息，勤于农事。

性勤于稼穑。——《后汉书·光武帝纪》

随后，当皇帝也是日出而作、日落而息，整天埋头处理朝政。

每旦视朝，日仄乃罢。——《后汉书·光武帝纪》

还经常跟大臣们讨论学问，每天都忙活到大半夜。

刘庄有一次劝他：

陛下有禹汤之明，而失黄老养性之福。愿颐爱精神，优游自宁。——

《后汉书·光武帝纪》

您这么勤劳，跟大禹、商汤等古代圣王一样，确实可敬。但是，您是不是也学学黄帝、老子，也得过得逍遥一点儿，保养好身体，这个也很重要啊。得多休息，不能太疲劳。

刘秀哈哈一笑：

我自乐此，不为疲也。——《后汉书·光武帝纪》

我就喜欢干这些活儿，人干喜欢干的活儿就不觉得疲劳，我一点儿都不累……

建武中元二年（57）二月，刘庄即位，即东汉的第二任皇帝汉明帝，到永平十八年（75）八月，刘庄在位十八年半，四十八岁驾崩。从谥号"明帝"可知，他肯定是一代明君。

谥法曰：照临四方曰明。——《后汉书注》

汉明帝崩后，其子刘炟即位，继续做了十三年的皇帝，一直当到章和二年（88），也是一代明君，谥号为汉章帝。

汉明帝、汉章帝两代明君在位一共三十年，东汉帝国一派盛世景象。

天下安平，人无徭役，岁比登稔，百姓殷富。——《后汉书·显宗孝明帝纪》

史称"明章之治"，很像西汉初的"文景之治"。以后的大一统朝代似乎都是如此，开国皇帝把天下打下来，把皇权稳定好，基础打好，后面的两三任皇帝把帝国发展得繁荣富强，最后出一任比较作的皇帝，一步步走向衰落。

那么，"明章之治"有哪些政治经验可供后世学习呢？

其实，也没有什么特别的，无非还是休养生息。这两位皇帝都不好大喜功，不轻言战争；都重视农业生产，他俩都曾亲自耕田，表率天下。还有，他们都非常重视吏治，继承了光武帝铁腕治吏的传统，尤其是汉明帝。

明帝善刑理，法令分明。——《后汉书·显宗孝明帝纪》

汉明帝对大臣违法必究，出手非常狠，光在三公之位的重臣就免职了好几个，还有处死的；司隶校尉也处死了两个。

汉章帝相对柔和一些，却也讲过很多吏治名言，如：

上无明天子，下无贤方伯。——《后汉书·肃宗孝章帝纪》

政无大小，以得人为本。——《后汉书·肃宗孝章帝纪》

强调朝廷必须选拔任用贤良之人，而且要管理好，不能让他们腐败堕落，这样的政治才有希望。

这个道理挺简单，可为什么历朝历代总也做不好呢？

因为人治，因为人情。古代中国是个人治社会，也是人情社会，总有各种各样的权贵出于各种各样的人情插手官员任用，用了不贤良的人，放任腐败。这还是小问题。

大问题是威胁皇权。有一种权贵叫外戚，最厉害，王莽就是外戚的杰出代表，直接篡位，终结了刘姓皇权。因此，刘秀当了皇帝后，对外戚的心理阴影要多大有多大。他起初不想立郭圣通为皇后，很可能也有这个原因，因为郭圣通的舅舅真定王刘杨太厉害。之后，郭圣通能被立为皇后，则是因为那时刘杨已经被弄死。那段故事也挺刺激的，在刘秀即位的第二年，他听说一条谶文：

赤九之后，瘿杨为主。——《资治通鉴·汉纪三十二》

"赤九"明显指刘秀——刘姓汉朝是火德，五行配五色，火配赤，刘秀生时满屋红光，即位有赤伏符，且为刘邦九世孙。"赤九之后，瘿杨为主"，就是说，取代刘秀的新主，会是"瘿杨"。瘿杨是啥呢？字面意思是长着大疙瘩的杨树。引申一点，就可以理解为，脖子上长着大疙瘩的刘杨。刘杨"病瘿"，脖子上长着大疙瘩。

这还了得！于是，刘秀派了两员将领去真定，征召刘杨来洛阳。按《后汉书》所记，这句谶文本是刘杨伪造，因此，他心里有鬼，大闭城门，没让这两个将领进城。刘秀又派大臣耿纯持节到真定。耿纯到后，住进当地传舍，派人去请刘杨：我是皇帝的使者，按礼节，请他先过来见我。

刘杨见耿纯没带多少人，而且在自己的地盘上，感觉没什么问题，便带了两个兄弟和一帮侍卫来传舍。耿纯在院里迎接他：王爷好，咱屋里说话，这两位是您的兄弟吧，也请一块儿进屋。

刘杨看耿纯满面春风轻松自然便没多想，带着两个兄弟进了屋。耿纯随手把屋门一关，把刘杨的侍卫们都关在了门外院子里。说时迟那时快，早已埋伏在屋里的几个武士上来就把刘杨哥仨砍死了。

真定震怖，无敢动者。——《后汉书·耿纯传》

眼睁睁地看着刘杨兄弟被杀，他的手下竟然没有人敢动。这说明什么？说明刘杨根本没有反叛刘秀的意思！随后，史书说：

帝怜杨谋未发而诛，复封其子为真定王。——《资治通鉴·汉纪三十二》

如果刘杨真要反叛，刘秀怎么可能还封他的儿子做真定王。根本就是一个莫须有的罪名！就把帮助他灭了王郎的大盟友给灭了。刘秀就这么狠。

事后，没过几个月，刘秀便把郭圣通立为皇后。很明显，因为她的外戚威胁解除了。

随后，阴丽华的阴氏外戚也是极力地保持低调，害怕触动刘秀敏感的神经。刘秀的姥姥家樊氏家族也是极其低调。刘秀的舅舅樊宏本身修养极高，虽贵为帝舅，却恪守君臣之礼，每次开朝会他都早早地过去跪着。

俯伏待事，时至乃起。——《后汉书·樊宏传》

跪着趴着，等着，等刘秀到场了，才起身。平日里跟刘秀之间讲过什么话，向来半句不向外透露。家人子弟也都老老实实，樊宏经常教育他们：

富贵盈溢，未有能终者。吾非不喜荣势也，天道恶满而好谦，前世贵戚皆明戒也。——《后汉书·樊宏传》

人太富贵、太圆满，是很难保持到底得以善终的。谁不想有钱、有权、有势？谁不想高人一头，随心所欲？我也想。可是，"天道恶满而好谦"，上天厌恶盈满的人，垂青谦虚的人。前朝权贵外戚们各种作死的教训，咱樊家必须引以为戒！

以上是刘秀执政时的外戚。到了汉明帝刘庄当政时，他对外戚仍然很敏感，甚至专门给外戚们办了培训班。

为四姓小侯开立学校，置五经师。——《后汉书·显宗孝明帝纪》

"四姓小侯"就是樊家、郭家、阴家，还有汉明帝的皇后马家的子弟们，给这四家外戚子弟专门开立儒家课程，教他们修身做人忠君为国。他们几乎都没担任过有实权的官职。其他的皇亲也是如此。有一次，汉明帝的妹妹馆陶公主找汉明帝：能不能给我儿子安排个小郎官干？

汉明帝一笑：干郎官很辛苦的，还是在家享受吧，我给你钱，这儿有一千万，拿去吧，给我外甥花。

随后，汉明帝跟大臣聊起此事，说：

郎官上应列宿，出宰百里，有非其人，则民受其殃。——《后汉书·显宗孝明帝纪》

郎官可不是谁都能干的，这是天子近臣，是跟上天的星宿相对应的，郎官之后都会到地方上担任县长、县令，主政一方，如果不是贤良之人，那方百姓可就遭殃了。所以，即便是我亲外甥，如果不是这块材料，我也不能用他。

这就是汉明帝，贵戚可以拿钱在一边玩，而不能干扰吏治，更不能觊觎皇权。

皇权，还有一个潜在威胁，就是皇兄、皇弟、皇叔等皇帝宗室的人，也就是老刘家自己的这些诸侯王。这些人如果有野心，也有可能把在位的皇帝拉下马，换自己干。对此，刘秀也很警惕。他大哥二哥都已去世，只有一个叔叔刘良，跟父亲差不多，刘秀父亲死得早。

良抚循甚笃。——《后汉书·赵孝王良传》

叔叔刘良对他们兄弟非常照顾。刘秀称帝后，封刘良为赵王。不过，后来又给降为公。具体什么原因，史书没有细讲，只是提到，有一次司隶校尉鲍永参劾刘良：

永以事劾良，大不敬，由是朝廷肃然，莫不戒慎。——《后汉书·鲍永传》

很明显，鲍永的参劾得到了刘秀的肯定和赞赏，刘良成为刘秀整顿吏治杀鸡吓猴的那只猴了。其他的刘姓宗室权贵在刘秀跟前肯定都是老老实实的。不过，刘秀仍然不放心：现在他们老实，将来我儿子刘庄当皇帝，他们还老实吗？刘庄是顶了大哥刘强的位子，其他的兄弟不会也有想法吧？将来要是骨肉相残，可就毁了……

刘秀正犯着嘀咕，出事了——郭圣通在建武二十八年（52）夏死了。在郭圣通的葬礼上，刘秀明显感觉到，郭圣通的几个儿子跟阴丽华的几个儿子之间有隔阂。同父异母，两个母亲之间还有竞争，当儿子的心里肯定也别扭。刘秀发现这个问题，心里挺不爽。忽然又听说一件事情，刘盆子的哥哥刘恭被更始帝刘玄的儿子刘鲤找人杀了，因为刘鲤认为他爹投降赤眉军然后被害，都怪刘恭。刘鲤怎么这么大胆呢？据说是因为他有后台，他的后台就是郭圣通的儿子沛王刘辅，帮他杀刘恭的刺客正是刘辅的门客。刘秀一皱眉，正琢磨着怎么给这件事儿定性，又收到一封告状信：皇上，请您注意一下，有个叫王肃的人频繁跟京师权贵交往，是好几个小王爷的座上客。而这个王肃的爷爷王仁是王莽的亲叔伯兄弟，恐怕他要搞什么事情！

刘秀立马炸了：严查！把小王们府上的门客全部抓起来！

因诏郡县收捕诸王宾客，更相牵引，死者以千数。——《资治通鉴·汉纪三十六》

一下子，这个诸王宾客案，竟然杀了好几千人。

对此，马援曾有预言。他跟一个叫吕种的人讲你最好别跟小王爷们走得太近。

国家诸子并壮，而旧防未立，若多通宾客，则大狱起矣。——《后汉书·马援传》

这些小王爷多数都已经成年，如果说他们都老实本分，那还好；如果都竞相招揽宾客，结交名士豪强，那就犯了大忌讳，可能要出大案子！

结果，真就发生了大事。吕种在此案中被处死，临死前感叹：

马将军诚神人也。——《后汉书·马援传》

诸王宾客案之后，刘秀便把几个成年的小王爷都打发到各自的封地去了，包括郭圣通生的东海王刘强、沛王刘辅、济南王刘康、淮阳王刘延，还有许美人生的楚王刘英。都别在洛阳待着，别有什么想法了。待在洛阳的还有阴丽华生的东平王刘苍、广陵王刘荆，还有刘衡、刘京都比较小。郭圣通还有一个小儿子刘焉。加在一起，刘秀一共有十一个儿子。也就是说，汉明帝刘庄有十个兄弟。

诸王宾客案发生后的五年，刘秀驾崩，刘庄即位。刘庄马上面临这个问题，有兄弟要搞事情。谁呢？竟然是同母兄弟广陵王刘荆。刘荆当时找人模仿郭况的笔迹，给东海王刘强写信：外甥，你是皇长子，本是太子，应当你即位才对，赶紧发兵过来抢吧！

当为秋霜，毋为槛羊。——《后汉书·广陵思王荆传》

这是弱肉强食的时代，你必须做强者，要成为肃杀万物的秋霜，而不能做任人宰割的被拴起来的小羊。

刘强接信，一看就知道不是舅舅所写，吓得赶紧呈送给了刘庄。

刘庄密查，查出是亲弟弟刘荆搞的。怎么办呢？只是略做警告。

随后，刘荆屡教不改，竟然找相面的：你看看我，是不是跟先帝长得最像，你算算我能当皇帝不？先帝三十岁得天下，我今年也三十岁了，是不是该起兵了？

搞到最后，在刘庄即位的第十年，刘荆自杀。

又过了四年，楚王刘英也因为鼓捣图谶、符瑞，有谋逆之心，而被废黜流放，被逼自杀。

淮阳王刘延也因某罪名，被汉明帝软禁了起来。

使谒者一人监护延国，不得与吏人通。——《后汉书·阜陵质王延传》

接连这么一搞，其他的诸侯王都被吓到了。北海王刘睦是刘秀大哥刘縯的孙子，也是刘秀二哥刘仲的嗣孙，从小就非常好学，深得刘秀和刘庄的喜爱。有一次，刘睦派手下官员去洛阳朝贺，临走时，他问这个官员：到了洛阳，皇上要是问到本王情况，你怎么说？

这个官员一拍胸脯：

大王忠孝慈仁，敬贤乐士。——《后汉书·北海靖王兴传》

您的德行、学问、治国理政、用人，样样都好，这都是事实，我还敢瞎说吗？您放心吧。

刘睦一拨拉脑袋，脑袋摇得跟拨浪鼓似的：打住！打住！

吁！子危我哉！此乃孤幼时进趣之行也。——《后汉书·北海靖王兴传》

你要真这么说，那就把我害死了。这些所谓的好，都只适用于我小时候，小可爱讨皇上喜欢。现在，要还这样可就不可爱了。记住喽，皇上真要是问我，你就告诉他说，自从我继承了这个北海王位以来，每天只知道吃喝玩乐。

志意衰惰，声色是娱，犬马是好。——《后汉书·北海靖王兴传》

我就是个小昏君，德行、学问、治国理政、用人，样样都不好！记住了吗？必须这么说，才是爱我。

另外，最得汉明帝欣赏的诸侯王是他的同母兄弟东平王刘苍。汉明帝即位后，刘苍曾作为骠骑将军，以首辅之位留在洛阳辅佐朝政，三四年下来，便在朝野上下享有很高的声望。而刘苍很明智，急流勇退，主动请辞，离开洛阳，回到了封地东平。后来，有人问刘苍：

处家何等最乐？——《后汉书·东平宪王苍传》

您在封地，平常生活中最快乐的事情是做什么？

刘苍回答了四个字，成为千古名言：

为善最乐。——《后汉书·东平宪王苍传》

原太子东海王刘强在汉明帝即位一年后就死了，生前跟汉明帝的关系一直很好。

十七、佛教来了

汉明帝继位后，管理诸侯王可谓严苛。楚王刘英鼓捣图谶被定性为谋逆，遭严厉追查，最终，王位被废，发配丹阳，含恨自杀。

是时，上怒甚，吏皆惶恐，诸所连及，率一切陷入，无敢以情恕者。——《资治通鉴·汉纪三十七》

汉明帝盛怒不已，办案官吏们顺其心意可劲儿罗织罪名，逮着谁都往死里整。最终，受此案牵累坐牢的、杀头的竟达数千人之多。其中有一个人叫陆续，本是吴郡太守手下官吏，被拘押在洛阳大牢遭严刑拷打：说！你们太守是不是跟楚王刘英一起要谋反？不说就打死你。

陆续被打得皮开肉绽，仍咬牙坚持：我不知道，你打死我，我也不能诬陷太守。

别人被打得鬼哭狼嚎，陆续则一声不吭，一滴泪都不掉。有一天，监狱里开饭，狱卒端着一盘饭菜进来：陆续，今天给你吃点儿好的吧。

陆续接过来，立马哭了。

对食悲泣，不能自胜。——《后汉书·陆续传》

他"哇哇"地哭了。

狱卒赶紧报告管审案官员：您快去看看吧，那个陆续正哭着呢，准是撑不住了，要招供。

审案官过来问：陆续，你因何哭泣？

陆续止住哭声，抬头说：

母来不得相见，故泣耳。——《后汉书·陆续传》

因为我的母亲来了。她老人家千里迢迢从吴郡赶到洛阳看我，却看不见。唉，她老人家得多焦心、多难过啊！所以我哭。

审案官训斥狱卒：怎么回事？怎么能告诉犯人谁来看他呢？

狱卒吓一跳：没有啊，我一个字也没说，那个饭菜我也检查过了，也没有字条什么的。

审案官问陆续：你怎么知道你母亲来了？

陆续回答：因为这盘菜。这肯定是我母亲做的，我母亲做菜跟别人不一样。

截肉未尝不方，断葱以寸为度。——《后汉书·陆续传》

她老人家切的肉向来都是正方块，切葱都是一寸长，一点儿不差。您看这盘菜，肉是不是都是正方块，葱是不是都一寸长？唉！我不能再孝敬她老人家了。

听到这里，审案官也不禁落泪，发了恻隐之心，把这个情况反馈给了汉明帝。汉明帝也被感动，赦免了陆续，还有吴郡太守等人。

随后，又有一个叫寒朗的侍御史冒死向汉明帝进言：楚王刘英案不能这么无限期地搞下去了。办案官吏好多都是顺着您的意思，逮着一个牵出十个，逮着十个牵出一百个。

是以考一连十，考十连百。——《后汉书·寒朗传》

这么下去没完没了，已经冤枉了好多人了，您快点儿"觉悟"吧。

汉明帝这才给楚王刘英案画上句号。

从这件事，可见汉明帝的性格。其实，早在他当太子时，刘英跟他的关系就挺好。

英常独归附太子，太子特亲爱之。——《后汉书·楚王英传》

相对于其他皇兄皇弟，小哥儿俩尤其好。

在汉明帝即位的第八年，曾经颁布过一条法令，大致是说，人们要是犯了什么罪，可以通过向朝廷进献缣帛的方式赎罪。当时，楚王刘英主动拿出了三十匹上好的缣帛，交给国相，说：我做诸侯王这些年，肯定也没少犯错误。

过恶累积，欢喜大恩。——《后汉书·楚王英传》

全靠着皇上恩典关照。我不能装傻，我必须主动忏悔，进献这些缣帛来赎罪。

国相把这个情况上报汉明帝，汉明帝立即下诏回复：

楚王诵黄老之微言，尚浮屠之仁祠，絜斋三月，与神为誓，何嫌何疑，当有悔吝？其还赎，以助伊蒲塞桑门之盛馔。——《后汉书·楚王英传》

意思是，楚王很好！每天读书学习，读黄老的书，而且"尚浮屠之仁祠"。

浮屠就是佛，佛就是浮屠，只是不同的音译而已。按季羡林先生考证，早期的翻译都是用"浮屠"，三国之后才流行说"佛"。这篇诏书证明了至晚到汉明帝时期，影响中国文化至为深远广大的佛教已经传入中国。

楚王刘英是最早的著名佛教信徒，"尚浮屠之仁祠"是说，他是拜佛的，还"絜斋三月，与神为誓"，可见他颇为虔诚。而汉明帝对楚王刘英拜佛是赞许的。他说：楚王这么虔诚拜佛，怎么会有罪过呢？还赎什么罪，把那三十匹缣帛退还给他吧，"以助伊蒲塞桑门之盛馔"，让他拿去做佛事吧。

"伊蒲塞"是印度梵文的音译，意思是在家受戒的男性佛教徒，俗称居士。"桑门"就是沙门。什么是沙门？《后汉书注》引用东晋史学家袁宏写在《汉纪》里的解释：

佛者，汉言觉也，将以觉悟群生也。其教以修善慈心为主，不杀生，专务清静。其精者为沙门。——《汉纪》

佛在汉语里就是觉者的意思，佛就是教给人们觉悟的。其主要的教义是要人们修善心，不杀生，清静无为。修得比较精通、到位的，就是沙门。

沙门，汉言息也，盖息意去欲而归于无为。——《汉纪》

沙门在汉语里就是息的意思——平息的息，息事宁人的息，沙门主要强调平息内心的躁动，去除欲望，保持一种清静无为的状态。

以为人死精神不灭，随复受形，生时善恶皆有报应，故贵行善修道，以炼精神，以至无生，而得为佛也。——《汉纪》

佛教认为，人死而精神不灭，还会去投胎，要投个什么胎得看这人生前的所作所为，不管是行善还是造恶，都会有因果报应。然后，不断地因果，不断地生死轮回。佛教认为，行善修道不断精进最终可以实现不生不灭，从而跳出轮回，成佛。

袁宏的这些解释都被司马光抄进《资治通鉴》，并且又加了一句，评佛教：

善为宏阔胜大之言，以劝诱愚俗。——《资治通鉴·汉纪三十七》

很多佛经确实给人"宏阔胜大"之感，动辄说"三千大千世界""八万四千法门""百亿日月""无边无量数如恒河沙"等，是要穷尽宇宙万有的感觉。所谓"劝诱愚俗"，似乎带有贬义，让人想到《西游记》里一句俗话：道化贤良释化愚，意即儒家之道是教化贤良之士的，而佛教更为底层的愚民愚妇所接受。这未必对。事实上，佛教在传入中国的早期，恰恰先为楚王刘英这样的王公上层所接受。司马光这样评价是因为他以捍卫儒家道统为己任，对佛教大致持批判态度。

那么，佛教是怎样被接受的呢？《后汉书》中的另一段记载给后世研究者提供了线索。东汉晚期，术士襄楷上书汉桓帝，有这样一段话：

闻宫中立黄老、浮屠之祠。此道清虚，贵尚无为，好生恶杀，省欲去奢。今陛下嗜欲不去，杀罚过理，既乖其道，岂获其祚哉？或言老子入夷狄为浮屠。浮屠不三宿桑下，不欲久生恩爱，精之至也。天神遗以好女，浮屠曰："此但革囊盛血。"遂不眄之。其守一如此，乃能成道。今陛下淫女艳妇，极天下之丽，甘肥饮美，单天下之味，奈何欲如黄老乎？——《后汉书·襄楷传》

著名学者汤用彤据此分析，佛教传入早期是比附于黄老道家的，它让中国人感觉它是跟黄老道家差不多的一种思想、道术，跟道家同根同源，都源自老子。"或言老子入夷狄为浮屠"，很可能是佛教僧侣为传教方便主动编出来的故事。说当年老子留下《道德经》五千言西出函谷关，但并没在秦国停留，而是继续一路向西，穿过河西走廊，进入流沙之地，到达西域教化当地夷狄、胡人，所谓"老子化胡"。最终，老子本人被胡人称为浮屠、觉者。加之当时社会盛行谶纬之学，人们对神秘文化比较崇拜，佛教与之较契合。于是，佛教顺利地被中国人接受。

佛教准确的传入时间，难以考证。学者们认为，在秦朝可能就有佛教僧侣到过中国，汉武帝打通西域之后也应当有僧侣到过中国，霍去病从河西走廊缴获的祭天金人很可能就是佛像。不过，这些都没有确凿的文献证据。有文献证据的传入时间始于汉明帝时期，这篇文献是写于东汉末年的《牟子理惑论》。牟子是东汉学者，他在这篇介绍佛教的文章中有这么一段：

问曰：汉地始闻佛道，其所从出耶？

牟子曰：昔孝明皇帝梦见神人，身有日光，飞在殿前，欣然悦之。明日，博问群臣：此为何神？有通人傅毅曰：臣闻天竺有得道者号曰佛，飞行虚空，身有日光，殆将其神也。于是，上寤，遣中郎蔡愔、羽林郎中秦景、博士弟子王遵等十八人，于大月氏，写佛经四十二章。藏在兰台石室第十四间。时于洛阳城西雍门外起佛寺，于其壁画千乘万骑、绕塔三匝。又于南宫清凉台及开阳城门上作佛像。明帝时豫修造寿陵，曰显节，亦于其上作佛图像。时国丰民宁远夷慕义，学者由此而滋。——《牟子理惑论》

大意是，有人问：佛教是怎样传入中国的？

牟子答：是这样的，当年汉明帝梦见一个神人，身上有日光，从天而降，飞到大殿前。汉明帝在梦中莫名喜悦，醒后回味无穷。次日上朝，他就跟群臣讲描述了一番梦中所见，问：各位爱卿，你们说这是何方神圣？

群臣面面相觑：不知道，听您描述的这种穿衣打扮，咱没见过。

其中有个叫傅毅的人，博通古今，答：微臣听说，在天竺国有修炼得道的神人被称为佛（此处不称"浮屠"，因为这是后来流传版本）。

傅毅说：据说，佛能飞且身上有日光，您梦到的很可能就是佛。

于是，汉明帝派出蔡愔、秦景、王遵等十八人，组成了一个取经团，去西天取经，奔天竺。结果，在大月氏就取到了。因为当时大月氏人统治着印度北部的大夏，所以，中原管那里也叫大月氏。于是，取经团翻译了佛经四十二章，回来放在了皇家档案室兰台石室，并在洛阳城西建起了中国第一座佛教寺院白马寺。汉明帝还在自己的陵墓等处刻了很多佛像。由此，佛教渐渐被中国人接受。

那么，从大月氏取回的"佛经四十二章"是什么内容？汉明帝和早期接受佛教的中国人从中学到了什么呢？

一般认为，所谓"佛经四十二章"就是指后世广泛流传的佛教经典《佛说四十二章经》，简称《四十二章经》。今天的洛阳白马寺有两座坟冢，安葬着两位印度高僧摄摩腾和竺法兰。据说，他们与汉明帝的取经团在大夏相遇，一起返回洛阳，翻译出了中国第一部汉译佛经，就是这部《四十二章经》。不过，据季羡林先生研究，这两个人未必真的存在过，因为《牟子理惑论》根本没有提到他们。

《四十二章经》言简意赅，意蕴无穷。比如它讲的：

言语道断。——《四十二章经》

很多东西是不可以说的，一说就错，只可意会，不可言传。

再如：

博闻爱道，道必难会。——《四十二章经》

要想求道，就得专心致志，心无旁骛。什么都学，好像很博学，其实去道愈远。

再如：

闻香香尽。——《四十二章经》

我们一世奋斗，最终功成名就之时，一般也就年华老去了，就像一炷香，当香气弥漫开来时，也就快烧到头了。

再如：

心若调适，道可得矣。——《四十二章经》

求道，不能苦求，得放松身心，自然而然。

它还有一些比喻也很有趣，让人喜闻乐见，比如：

人系于妻子舍宅，甚于牢狱。——《四十二章经》

这比说"婚姻是一座围城，里面的人想出来"，似乎更加痛切。

襄楷提到的"革囊盛血"也是出自《四十二章经》：

天神遗以好女，浮屠曰："此但革囊盛血。"遂不眄之。——《后汉书·襄楷传》

天神送给浮屠一大帮美女。浮屠竟然看也不看，冷冷地说了一句：不就是一副皮囊盛着一团血肉而已，有什么意思！滚一边去！

还说：

财色于人，人之不舍，譬如刀刃有蜜。——《四十二章经》

财色，你只感觉舔着挺甜，却不知随时会被刀刃割伤。

当然，佛教传入中国是一个很长的过程，《四十二章经》远不能全面呈现佛教思想体系。为了便于理解东汉以来中国思想文化的发展，以下依据赵朴初先生《佛教常识答问》，就佛教主要思想略做梳理。

佛教最基本的思想是缘起性空。

什么是"缘起性空"？要从释迦牟尼为什么创立佛教说起。任何一种思想和哲学都是要解决问题的，都有一个最初的基本动机。释迦牟尼之所以创立佛教，要解决的是人生痛苦这个问题。佛教的基本教义是所谓"四圣谛"——苦谛、集谛、灭谛、道谛。

苦谛，是说世间的苦，人生八苦——生苦，老苦，病苦，死苦，爱别离苦，怨恨苦，得不到苦，色、受、想、行、识五蕴苦，人活世间可能遭受各种各样的苦，苦海无边。

集谛又叫因谛，是说苦的原因。人为什么痛苦？是因为种种……

灭谛，是说苦的消灭。

道谛，是说灭苦的方法。

佛教就是要帮助人把这些关于痛苦的问题都搞明白，让人从无明变有明，从受苦到灭苦，脱离苦海彻底解脱出来。

谁都不想痛苦，可从古到今从皇帝到平民谁都有痛苦之事。所以，佛教的需求市场无限大。

那么，佛教到底怎么帮助人解脱痛苦呢？是从根儿上着手。所有人生问题的根在哪儿？在世界观，在于人对这个世界的理解。于是，佛教提出"缘起性空"，这是一套与中国人原本的世界观决然不同的世界观。

中国人原本的世界观是什么？是阴阳五行。

用《周易》的话讲是：

易有太极，是生两仪，两仪生四象，四象生八卦，八卦定吉凶，吉凶生大业。——《周易·系辞上》

两仪就是指阴阳。

一阴一阳之谓道。——《周易·系辞上》

用《道德经》主话讲是：

道生一，一生二，二生三，三生万物，万物负阴而抱阳，冲气以为和。——《道德经》

这两个说法差不多，都认为宇宙世界从一个起点开始，然后有序地，一——二——三，或者一——二——四——八，这样生发铺展开来，万物之间，自身与外部之间都体现着阴阳的关系。

佛教不是这样理解世界的，佛教不认为宇宙世界有一个起点，它认为起点之前必然还有东西，不会凭空出来一个"起点"，所谓"法不孤起"，一切事物和现象的生起都是有条件、有原因、有缘由的，都是有因在前，有果在后。一切事物和现象的消亡也都是有因在前，有果在后。有果，是因为有因；有因，必有果；无因，无果。

用佛教的话讲是：

若此有则彼有，若此生则彼生；若此无则彼无，若此灭则彼灭。——《佛教常识答问》

这就是佛教的缘起论，所谓"诸法由因缘而起"。按这个理论，整个宇宙世界万物是时间向的无限因果和空间向的无限因果交织而成的。

由缘起论，可以进一步得出佛教的几个重要观念：

第一，没有造物主。所谓造物主即是一种起点，缘起论不认为有起点，造物主是谁造的呢？他必然也是"由因缘而起"的。

第二，没有灵魂。人也跟其他事物一样都是因缘而起的，本来没有，是因缘凑在一起产生的，蹦跶一通，然后因缘灭了，也就完了，灰飞烟灭，什么也没有了。没有灵魂留下来！你，以前不存在，以后也不存在；你，本来就不存在。这用佛教说法就是"诸法无我"，任何事物、现象背后都没有那个"我"在的。

第三，无常。没有恒常不变的东西。一切事物和现象，从其外部看，是无限缘起缘灭间的一个呈现；从其内部看，也是无限缘起缘灭不断发生，所谓"刹那刹那生灭"，即便在最小的时间单位里也有缘起缘灭，一切都是变动不居的，没有规律、没有常态，"是赵朴初非赵朴初"，刹那间是刹那间非。这用佛教说法就是"诸行无常"。

是不是很有道理？似乎也是很符合科学唯物的理解。佛教经典讲得更详尽，最终让人确信"诸法无我""诸行无常"，痛苦的内在本体和外部原因都没了，也就无所谓痛苦了。

一切都是缘起缘灭，本来无一物，何处惹尘埃。这是什么？这就叫空。

缘起性空，大致如此。

你若问：道理我大致明白了，可我仍然痛苦，怎么办？

佛会答：没关系，咱接着唠。咱们就拿这个缘起论，好好审视检查一下你的痛苦。我给你总结了十二缘起，也就是十二个痛苦的缘由，分别是：老死缘、生缘、有缘、取缘、爱缘、受缘、触缘、六入缘、名色缘、识缘、行缘、无明缘。咱只要让它们不能缘起，统统灭掉，不就彻底没有痛苦了吗？那将是怎样的状态呢？那就叫作涅槃寂静，即：

智慧福德圆满成就的永恒寂静的最安乐的境界。——《佛教常识答问》

这种境界妙不可言，不可思议，唯圣者知之，是值得每个人去追求的。总之，你只要建立起"诸法无我""诸行无常"的世界观，追求"涅槃寂静"的最高境界，那么，什么痛苦都不叫事儿。

佛教将诸法无我、诸行无常、涅槃寂静合称"三法印"，这是最重要的教义，跟国王的玺印一样。

那么，如何抓住"三法印"？怎样搞定"十二缘起"，达到涅槃寂静呢？这就是修行方法问题了。佛教经过长期发展，总结出三十七条重要的修行原则，所谓"三十七道品"，包括四念住、四正勤、四神足、五根、五力、七觉支、八正道。这三十七条修行原则，可以归纳为三条，就是著名的戒、定、慧。

通过戒定慧，抓住三法印，这大致就是佛教的修行。修行好了，就能从痛苦中解脱，涅槃寂静，一切功德圆满。

很明显，这跟儒家的修行是不一样的。儒家的修行大致是《大学》里讲的三纲领、八条目。

大学之道，在明明德，在亲民，在止于至善。——《大学》

此谓三纲领。格物、致知、诚意、正心、修身、齐家、治国、平天下，此为八条目。儒家的修行或如孔子所谓：修己以敬，修己以安人，修己以安百姓。

儒家讲一个人的修行跟这个人的痛苦不痛苦没有关系，儒家就没拿个人痛苦当回事，他强调的是什么呢？他强调的是利他，是通过个人的努力，为天下百姓的生存造福，促进家国天下的发展。《周易》所谓：

天地之大德曰生。——《周易·系辞下》

通过立德、立功、立言，促进人类整体的生存与发展，这是儒家的追求。在这个过程中，人有痛苦，当然也要排解化解。怎么化解？儒家讲得很简单：

死生有命，富贵在天。——《论语·颜渊》

痛苦是吧？委屈是吧？倒霉是吧？你得认命，得接受它，接受了就不那么痛苦了。儒家还讲阴阳，有阴必有阳，有一弊必有一利，你不要只看不好的方面，还要看它积极的一面，就像孟子讲的：

生于忧患而死于安乐。——《孟子·告子下》

人之有德慧术知者，恒存乎疢疾。——《孟子·尽心上》

痛苦是成就人的！而且，阴阳不断转化，祸会转为福，天将降大任于你必先让你苦，等等，儒家会让人在痛苦中看到一些希望。

总之，儒家追求的不是自己如何，而是利他，也就是仁。仁者爱人。在这种儒家思想一统天下的情况下，佛教传入中国，它如果只是教人解决自己的痛苦问题，就有点水土不服了。怎么办呢？

　　早期的佛教传播者积极探索调整，逐渐解决了这个问题，类似这样解释：只有小乘佛教才只解决自己的痛苦问题，我们大乘佛教是要普度众生，让众生一起解脱痛苦的，也是利他的，跟儒家的仁爱是一样的。再者，我们的《增一阿含经》里也提出了类似儒家大同的社会理想，即"庄严国土，利乐有情"，我们的涅槃寂静就是"能在因缘生灭的世界中，永无休歇地做'庄严国土，利乐有情'的事"，这跟跟儒家修齐治平的追求都是一样一样的。这样，所谓的大乘佛教，跟儒家就没有什么冲突了，成佛跟成圣差不多了。于是，大乘佛教适应了中国文化环境，发展了起来。如今所有中国佛教徒学习尊奉的佛经基本都是大乘佛教的佛经，除了《四十二章经》。

　　不过，这些大乘佛教的佛经，诸如《金刚经》《法华经》《心经》等都不被小乘佛教所承认。

　　小乘佛教则不承认大乘经典是佛所说。——《佛教常识答问》

　　小乘佛教指责大乘佛教：你们那些说法扭曲了释迦牟尼佛的本义，我们才是佛的真传，我们是上座部！

　　大乘佛教反唇相讥：你们才扭曲了释迦牟尼佛的本义，只做个自我解脱的自了汉，格局太小了，只能拉小车，是小乘。我们能拉大车，是大乘。

　　所谓大小乘佛教之分，大致如此。

　　我个人感觉，大乘的逻辑似乎有点矛盾。一个人如果完全秉持"四圣谛"和"缘起性空"，似乎很难落实到追求"庄严国土，利乐有情"的实践中去；相反，做自了汉是最切合这个逻辑的，最顺溜。当然了，要说助人最快乐，利他最快乐，这是灭苦的根本，这个逻辑也不错。大乘佛教发展了两千年，肯定会充分完善其逻辑体系，自圆其说。我只是注意到《坛经》里，六祖惠能的临终偈语：

　　兀兀不修善，腾腾不造恶，寂寂断见闻，荡荡心无着。——《坛经》

在我看来，这是典型的小乘的逻辑，涅槃寂静，彻底解脱就该是这样的。

另外，佛教讲缘起没有起点。似乎总该有一个起点，也许起点即是终点，《庄子》所谓"至小无内，到大无外"。对这样的问题，佛教常以"不可思议"画上了句号。

季羡林先生有一条研究经验：

对世界上的任何宗教，只要认真地用科学方法加以探讨，则会发现它的教义与仪规都有一个历史发展过程，都有其产生根源，都是人制造成的，都是破绽百出、自相矛盾的，有的简直是非常可笑的。——《我和佛教研究》

凭我的功夫，看不出什么破绽，只是一点个人感觉而已。

关于大乘佛教与小乘佛教的差别，赵朴初先生指出：

大乘佛教特别发扬这种菩萨行的人生观，并且特别鼓励"六度"和"四摄"的行为。——《佛教常识答问》

"这种菩萨行的人生观"，就类似儒家的奉行仁义、利他的人生观，所谓慈悲为怀，强调爱与同情。大乘佛教认为，既然一切都是因缘而起，因果相起，相生相灭，那么，人与人之间就是一个整体，"一切众生是我父母""视众生如一子"，所以，应当为众生服务。所谓菩萨，就是自愿为众生服务、自觉觉他、自度度他的人。

度，梵文中的意思就是"到彼岸"。彼岸没有痛苦。怎么到彼岸呢？这又是修行方法问题。大乘佛教强调的"六度"就是六种到彼岸的修行，其实就是把"戒、定、慧"又做了分解和调整，分别是：布施、持戒、忍辱、精进、禅定、智慧。

佛教的这个总结简洁有力，很有实践指导意义，不论你是否认可佛教的理论体系，这套修行的方法、框架都值得经常玩味。

布施。包括财布施、法布施、无畏施，大致就是要拿出财钱、拿出智慧、拿出勇气去帮助人们，去担当。

持戒。佛教有五戒、十戒、具足戒（包括二三百条戒律）等很多戒律，类似儒家的礼仪，说白了就是规矩。没有规矩不成方圆，一个人能守住的规矩越多就越厉害。据说，释迦牟尼临终时，弟子们很彷徨，不知以后没有老师如何修行，释迦牟尼便说：以戒为师。守住这些戒律，就跟我在旁边指导着你们是一样的。

忍辱。孔子讲：

人不知而不愠，不亦君子乎。——《论语·学而》

一个修行者，一个对自己有要求的人，跟世俗中人难免有所不同，难免会不被理解，会遭遇白眼和冷嘲热讽，甚至各种打压。怎么办？没办法，只有忍受。忍受就是长能耐。曾国藩自称，平生长进全在受挫受辱之时。

精进。"即不懈息地努力自度度他，自觉觉他的事业"，不断地提升进步。日本实业家稻盛和夫总结了六项精进：付出不亚于任何人的努力；要谦虚，不要骄傲；要每天反省；活着就要感恩；积善行，思利他；不要有感性的烦恼。

禅定和智慧都是内向的修持。

对怎样度人，怎样接引大众、团结信徒、传播佛教，大乘佛教总结了"四摄"：一是布施，给钱、给思路、给保护；二是爱语，投入感情，关爱；三是利行，给服务，帮他解决问题；四是同事，跟他在一起，让他进入一种同道者的氛围和环境中来。

佛教在创立、发展、传播的过程中总结的很多经验，对我们做人、做事都很有启发。再比如，佛教有个说法叫"具足三宝"，佛宝、法宝、僧宝都有了，佛教就立住了。这三宝可以理解为：伟大的创始人，相当于佛宝；加上他的经典思想文本，相当于法宝；再加上一批铁杆信徒，相当于僧宝；具足三宝，是所有伟大思想传统和伟大事业的基石。

十八、太子的老师

汉明帝的这位老师叫桓荣，他是西汉末年的太学生出身，本是个穷学生。

常客佣以自给。——《后汉书·桓荣传》

边打工边上学。

十五年不窥家园。——《后汉书·桓荣传》

每天除了读书还是读书。董仲舒是三年目不窥园，他是十五年目不窥园，好学。他的老师朱普是在太学教书的博士，九江人，于王莽篡位那年去世。于是，桓荣奔丧九江，为其守孝，同时在当地开始招生授徒，一干就是三四十年。王莽执政后期天下大乱，他和弟子们逃进山谷，忍饥挨饿，却仍讲论不辍。直到六十多岁时，他才被朝廷征辟到大司徒府。

当时，刘庄刚被立为太子，教他《尚书》的老师叫何汤。有一次，刘秀问何汤：你教的《尚书》出自哪一家，师承何人？

何汤答：我老师是桓荣。

正如西谚讲："只要你足够努力，总有一天可以站到国王的跟前。"

几天之后，桓荣得到了刘秀的召见。

刘秀早年在太学也是主攻《尚书》，略通大义，与桓荣一番谈经论道之后，彻底服了，感慨：

得生几晚。——《后汉书·桓荣传》

跟桓先生真是相见恨晚。正好太学缺个博士，你去干吧。

随后，刘秀到太学视察。

会诸博士论难于前。——《后汉书·桓荣传》

刘秀非常好学，平日退朝后，常跟一帮公卿、郎官等探讨儒家经典中的道理，一直聊到大半夜。

讲论经理，夜分乃寐。——《后汉书·光武帝纪》

他也经常到太学来跟博士"专家"们"讲论经理"。这一次，在这帮太学博士中，新来的桓荣表现最突出。

荣被服儒衣，温恭有蕴藉，辩明经义，每以礼让相厌，不以辞长胜人，儒者莫之及。——《后汉书·桓荣传》

别的博士当着皇帝的面，恨不得把自己的学问都展示出来，要辩论过别人，要出风头。而桓荣不争这个，心平气和，温文尔雅，在旁边一站——让我说我就说，不让我说，我就不说——无可无不可，于不经意间便把内化于心的儒家修养展现出来了。这是真学问！

刘秀很高兴：好，大家学问都很好，辩论得都口干舌燥了，朕正好带了些外国进贡的水果，你们也都尝尝。

博士们接过水果，都没见过，很喜欢，赶紧揣在怀里，准备带回家向家人展示、分享。

受者皆怀之，荣独举手捧之以拜。——《后汉书·桓荣传》

唯独桓荣没揣怀里，他把水果捧在手里，高高举过头顶，向刘秀行大礼：谢皇上！

刘秀大笑。

笑指之曰：此真儒生也。——《后汉书·桓荣传》

随后，桓荣被安排做太子老师，教太子刘庄读书。

这段故事很像一个小寓言。森林国王要给女儿招婿，召集臣民说：我给大家出题，谁答得好，我就把女儿嫁给他。谁要答题，先过来吃个辣椒。

小猴子头一个上来。国王给了他一个辣椒。小猴子咬了一口，辣坏了：哎哟，我的妈啊，可辣死我了……

国王说：好，等会儿再给你出题。谁还来？

小狐狸又上来。国王也给了他一个辣椒。小狐狸咬了一口，也被辣坏了，捂着嘴：呜呜呜，我的天啊，怎么这么辣……

国王也让小狐狸在一边等着出题。这时，聪明的小蜘蛛上来了。国王也给了他一个辣椒。小蜘蛛只咬了一小口，就辣得眼泪出来了，他大叫一声：国王万岁！

国王大悦，立即把女儿嫁给了小蜘蛛。

桓荣虽然做了太子的老师，但身份仍只是博士。

直到九年后，刘秀要正式任命太子太傅。他本意让阴丽华的哥哥阴识干，不过，还是要走个程序，召集群臣：你们议一下，看谁适合做太子太傅？

大臣们早已知道刘秀的心思，众口一词：阴识最合适。

只有一个愣头儿青博士张佚义正词严地说：微臣反对，皇上立太子，是为阴家，还是为天下？如果是为阴家，太傅就让阴识当；如果是为天下，就应选天下贤才！

刘秀一愣，随即击掌称善：好！好个张佚，设立太傅就是为了辅正太子，你连朕都能辅正，辅正太子还有什么问题，朕就选你这个天下贤才干太子太傅吧。依朕看，还有一位天下贤才，可以干太子少傅。桓荣，就是你啦。来人，拿印绶来。

刘秀当场册封，桓荣成为太子少傅，且被赏赐了车马衣服金银财宝之类好多好东西。

桓荣把这些赏赐拉回家，把它们跟印绶都摆在院子里，就跟展览似的，派人把学生们都召集来，围满了院子。桓荣把手一挥：孩子们，是不是都觉得平日读古书很苦？今天叫你们来，就是让你们看看！

今日所蒙，稽古之力也，可不勉哉！——《后汉书·桓荣传》

老师我能有今天，靠什么？还不就是靠着读古书。看看这些东西，你们还觉得苦吗？能不努力吗？

两年后，桓荣再次高升，成为太常，位列九卿，身份、地位、财富更了不得了。有一天，他的一个同乡本家桓元卿前来拜访，进了桓荣府门，就像刘姥姥进了大观园：哇，真是大富贵啊，哎呀，想当年……

在座的有个学生，很早就追随桓荣，跟桓元卿也熟，他笑了：想当年怎样？想当年，天下大乱，我老师带着我们虽然忍饥挨饿，仍讲诵不息，您不还笑话我老师说：

但自苦气力，何时复施用乎？——《后汉书·桓荣传》

你们省点力气吧！别讲了。有用吗？你们读这些书，哪辈子能用得上？您还记得不？

桓元卿弄了个大红脸：

我农家子，岂意学之为利乃若是哉！——《后汉书·桓荣传》

我只是种地的大老粗，哪懂这个理儿，哪知道书中自有黄金屋。

这让我想起一位老画家。他年轻时在农村生产队挑河工，中间休息的时间，别人都打牌、说笑，唯独他在一边静静地拿个铅笔画画儿。好多工友都笑话他：你瞎画什么，一个种地的，还能成画家吗？

当时，他也不知道自己能不能成画家，只是喜欢画儿。若干年后，他成为中国画坛的著名人物。

这是一个什么道理呢？六个字：学习改变命运！这可能是儒教的灵魂。

汉明帝刘庄即位后，对老师桓荣非常尊重。

尊以师礼，甚见亲重。——《后汉书·桓荣传》

有一回，汉明帝亲自率领百官和很多太学生，一起到桓荣府上看望，并请教学问。

天子亲自执业，每言辄曰：大师在是。——《后汉书·桓荣传》

汉明帝就像一个普通太学生一样恭敬施礼：老师在上，学生有这么一个问题，请您指教……

后来，汉明帝按儒家礼制，实行大射礼、养老礼。

每大射养老礼毕，帝辄引荣及弟子升堂，执经自为下说。——《后汉书·桓荣传》

每次礼毕，他都请桓荣在师位就座，自己在弟子位请教。

桓荣临终前，汉明帝去看望。

入街下车。——《后汉书·桓荣传》

离桓荣的家还挺远，刚到他家门口的街道，汉明帝就下车改步行。这就跟大臣到皇宫门口得改步行差不多。然后，来到桓荣的屋内。

拥经而前。——《后汉书·桓荣传》

手里捧着一卷经书，走到桓荣跟前。意思是，我能读书明理，是您栽培的。

随后，桓荣去世。

帝亲自变服，临丧送葬。——《后汉书·桓荣传》

汉明帝脱了皇袍，亲自穿孝，亲自送葬。作为皇帝，他对老师的尊重到了这个程度！此前他还尊桓荣为"五更"，封关内侯，食邑五千户，等等。

桓荣的儿子桓郁也是一代大儒，后来做了汉章帝与汉和帝的老师。桓郁的儿子桓焉也是一代大儒，后来做了汉安帝和汉顺帝的老师。桓荣祖孙三人做了东汉五个皇帝的老师！桓焉后来还做到了太尉，位列三公。

桓焉的孙子桓典也以家学闻名，授徒数百人，最后追随东汉末代皇帝汉献帝，做到了光禄勋。桓荣还有好几位后代子孙也都是大人物。真可谓诗书继世长，这也是儒家的追求。

桓荣的学生张酺也靠教授《尚书》起家，"聚徒以百数"，学问很好，得到汉明帝的欣赏，成为太子刘炟的老师。几年后，汉明帝驾崩，刘炟即位，即汉章帝。但汉章帝并没把老师张酺留在朝廷重用，而是派到地方去做东郡太守。这是为何？史书没有细讲，只是说，张酺给太子做老师的几年间，一直比较严厉。

每侍讲间隙，数有匡正之辞，以严见惮。——《后汉书·张酺传》

汉章帝即位时只有十八岁，可能心里对张老师还带着几分敬畏，干脆将其调走。一晃十年过去了，汉章帝已完全成熟，心里对严厉的张老师已没有了畏，只剩下敬，他好几次跟人提起：当年张老师经常批评朕，这也不行那也不对，当时感觉老烦他了，可现在想起来，他那都是诚心为我好。

出于诚心，可谓有史鱼之风矣。——《后汉书·张酺传》

春秋时著名的直臣史鱼对君主不就是这样的嘛。

汉章帝的这种心理，我们可能也都有体会，越是那些严厉的老师，当年恨不得"掐死"的老师，多少年后越是对他感恩。我还跟一个年轻同事讲过，在这个世界上，真正诚心诚意批评你的除了家长和老师，很难再有其他人。

汉章帝提到的史鱼是春秋时卫国大臣。当时卫灵公亲小人、远贤臣，史鱼数次进谏无果，急得一病不起，临死时嘱咐儿子：我没有尽到匡正国君的责任，不配享有在正堂举行的正规葬礼，等我死后你们把我放院里，盖个草席，谁来吊唁，点点头就行了。

卫灵公来吊唁，见此情景大惊：怎么回事？大夫的葬礼怎么能这么弄？怎么能把尸体放在院里？

家人解释，卫灵公听罢羞愧难当，醒悟，当即从了史鱼之谏。后人称史鱼可谓"尸谏"，成了一具尸体，还要进谏。孔子称赞：

直哉史鱼！邦有道，如矢；邦无道，如矢。——《论语·卫灵公》

史鱼这个直臣跟箭一样直。

汉章帝越来越念叨张老师的好。一年，他东巡便专程到了东郡，会见张酺。对这次会面，《后汉书》这样描述：

帝先备弟子之仪，使酺讲《尚书》一篇；然后，修君臣之礼。——《后汉书·张酺传》

汉章帝先向张酺行弟子之礼，请张酺讲了一篇《尚书》，重温师生之情；然后，张酺才向汉章帝行君臣之礼。师在前，君在后！

随后，这次东巡中，汉章帝还专门到了曲阜孔庙。

幸阙里，以太牢祠孔子及七十二弟子。——《后汉书·孔僖传》

进行了隆重的祭孔大礼。

作六代之乐。——《后汉书·孔僖传》

依次演奏了黄帝、尧、舜、禹、汤、周六代的雅乐。当地孔子家族的男人们都得到汉章帝的亲切接见。汉章帝与孔家族长孔僖开玩笑：

今日之会，宁于卿宗有光荣乎？——《后汉书·孔僖传》

今天，朕亲自来搞这个祭孔典礼，你们孔家是不是感觉很光荣？

孔僖一笑：

臣闻明王圣主，莫不尊师贵道。——《后汉书·孔僖传》

英明的帝王没有不尊师重道的。您亲自来祭孔是表达您对先师孔子的尊重，展现您的圣明德行。

此乃崇礼先师，增辉圣德。——《后汉书·孔僖传》

我们的光荣感倒在其次。

汉章帝大笑：

非圣者子孙，焉有斯言乎！——《后汉书·孔僖传》

要不是孔圣人的子孙，恐怕没人敢跟皇上这么说话。

至此，自汉成帝以来的皇帝尊师传统，由明、章两帝更加规范下来，于是，师的地位被提高到与天、地、君、亲一样的高度，所谓"天地君亲师"便成为后世中国人普遍祭拜的对象，成为儒家信仰体系的一个重要形式。

接下来，再讲三个老师，他们跟桓荣、张酺一样都做过太子的老师，只可惜这位太子没能当上皇帝，他就是刘强。刘强的这三位老师分别是郅恽、张湛和王丹。

郅恽是个奇才。

理韩诗、严氏春秋，明天文历数。——《后汉书·郅恽传》

他对《诗经》《春秋》都很有研究，且精通天文历数。王莽当权后期，他夜观天象，料定"汉必再受命"，于是出山欲大有作为。他先去游说一位太守：

上天垂象，智者以昌，愚者以亡。——《后汉书·郅恽传》

从天象看，我辅佐您，必能成就大事！

他侃侃而谈，讲了一大通，太守很高兴：好！郅先生讲得太好了！您先回馆舍休息，稍后咱们再看下一步怎么弄。

转过天来，太守打发人给郅恽送来任命书，给郅恽在郡府安排了一个职位。这要换别人，肯定得高兴死，空口讲了一通，就当了官，多好。而郅恽当即烦了，"唰唰唰"写了一个手札，交来人带回给太守：当年，商王武丁能成事，靠什么？靠的是能识拔傅说，得到傅说相助。周文王能成事，靠得是姜子牙；齐桓公靠的是管仲。这些帝王对这几位大贤，都是尊为老师，尊为丞相，尊为仲父的。

未闻师相仲父，而可为吏位也。——《后汉书·郅恽传》

我郅恽不是来做你手下打杂儿的官吏的！明白不？看来你的见识还有限，有道是：

非窥天者不可与图远。——《后汉书·郅恽传》

你根本对天命没有认识，怎么可能成就大事？你不能图远！

君不授骥以重任，骥亦俯首裹足而去耳。——《后汉书·郅恽传》

我本是匹千里马，你却让我干驴拉磨的活儿，那我只好滚个驴球球喽！

随即，郅恽打铺盖卷走人，西奔长安，直接上书王莽：

神器有命，不可虚获。——《后汉书·郅恽传》

天下神器是有天命主宰的，不是谁想占有就占有，谁想占有多长时间就占有多长时间的。现在，种种天象都表明，天下还得是老刘家的。

陛下顺节盛衰，取之以天，还之以天，可谓知命矣。——《后汉书·郅恽传》

出来混，迟早是要还的。干脆您主动禅位，还给人家。这样才叫知命。

王莽看后，差点儿没把鼻子气歪了：哪儿来这么个狂徒？抓起来！

于是，郅恽被抓，判为死罪。

恽据经谶，难即害之。——《后汉书·郅恽传》

郅恽据理力争：我没罪，我这是进忠言，说的这些都是依据着五经、谶纬！你们不能草菅人命！

王莽尊奉五经、迷信谶纬，于是授意审案官员来找郅恽，说：幸亏皇上英明仁爱。这样，你发个道歉声明吧。

自告狂病恍惚，不觉所言。——《后汉书·郅恽传》

就说你有间歇性精神病，那篇上书是你发病时写的，消除一下恶劣影响，咱这事儿就可以了了。

这要换别人，肯定得高兴死，有道是，"好汉不吃眼前亏，胳膊拧不过大腿"，发个声明就能免掉死罪，多好。郅恽却当即烦了。

恽乃瞋目詈曰：所陈皆天文圣意，非狂人所能造。——《后汉书·郅恽传》

他把审案官员大骂一通：我那么深明天意的上书，怎么可能是神经病随便就能写的呢？这是对上天的不敬，是对我人格的侮辱。这个声明，就算打死我，我也不写！

结果，王莽也没有打死他：先关起来吧，秋后再说。

还没到秋后，就赶上一次大赦，郅恽被释放。他赶紧找地方藏了起来。

后来，天下大乱，东汉开国，军阀混战，郅恽在社会底层逛荡了十几年，参加过刘秀的军队，也做过太守的功曹，还教过学生，甚至杀过人。当时，好友董子张病重将死，他去看望。董子张已经说不出话来，拉着郅恽的手，眼泪"哗哗"地流，眼神异样。

郅恽心里一紧：子张兄，你的意思我明白了。

吾知子不悲天命，而痛雠不复也。——《后汉书·郅恽传》

你不是害怕死亡，而是遗憾杀父之仇未报，对不对？这个，你放心，此前有你健在，我不能插手；日后你要不在了，这个仇，我替你报！

董子张眼睛顿时放光，满是感激。确实，他的父亲多年前被一个同乡杀死，因为种种原因一直未被法律追究，没能报仇。郅恽当即找人把那个仇人给杀了，人头拎到了董子张的跟前。

子张见而气绝。——《后汉书·郅恽传》

董子张这才闭眼。

郅恽跑到县衙，向县令自首。县令久仰郅恽的为人：郅先生，您杀人了？这可不要随便讲，您先回家去吧，我马上组织人好好调查一下。

那意思是想放跑郅恽。

郅恽深施一礼：谢谢您的好意，我不能让您为难。

他干脆直接去了县里的大牢。这个县令竟然追到大牢。

拔刃自向以要恽。——《后汉书·郅恽传》

拔出刀来，架在自己脖子上：郅先生，您要是不听我的，我就死给您看。这事儿我来办，您走吧。

最终，县令真就把这件事儿给了了。

后来，郅恽被郡里举孝廉，到洛阳做了上东城门候，只是个城门官。岁月真是把杀猪刀，当年以帝王师相仲父自期的少年轻狂，可能早被岁月消磨得差不多了吧，这个城门官要做到哪年哪月呢？没办法，只能熬着。一天半夜，城门外人声嘈杂，远远地来了一队人，都是皇家的旌旗乘舆。手下请示郅恽：这准是皇上回来了，白天打咱这儿出的城，说是去城外打猎，这才回来，咱赶紧开城门吧。

郅恽一摆手：别！这可没准儿，要是贼人装扮的，怎么办？去，告诉他们，按照大汉律法，夜间城门不得通行！

来人是谁呢？真是刘秀打猎回来了，见城门不开，手下人跑到城门根底下沟通，不便言明身份，只好喊道：城门官儿，你好好看看我们的车马服饰，知道我们是谁吧？

郅恽答复：

火明辽远。——《后汉书·郅恽传》

夜里靠火把照着，我们看不清。你们去转别的城门吧，我们这个城门是不会开的。

到了也没开门。刘秀只好转到另外一个城门，才进了城。

次日上朝，刘秀便收到了上东城门候郅恽的上书：昨天夜里我知道是您，之所以不开城门，就是想提醒您，您这样出城打猎一打打一天一宿太危险！皇宫要出点事儿，怎么办？遇上埋伏怎么办？孔圣人说得好：

暴虎冯河，死而无悔者，吾不与也。必也临事而惧，好谋而成者也。——《论语·述而》

那种赤手空拳就敢去打老虎，没什么水性就敢游泳过河的人，孔圣人都是不待见的。孔圣人欣赏的都是随时随地加倍小心的人。希望您体谅微臣的一番苦心。

刘秀大悦：好！重赏，召见！

不久后，郅恽便被调任，做了太子刘强的老师，教《诗经》，成为天子近臣。刘秀遇到一些问题，也会找他交流。比如说，刘秀打算废郭皇后时，刘秀便问过郅恽：这件事，你怎么看？

郅恽叹息：

臣闻夫妇之好，父不能得之于子，况臣能得之于君乎？——《后汉书·郅恽传》

这种夫妻感情的事情，父子之间也是很难讲的，君臣之间就更难讲了。微臣只是希望，您能妥善处理，不要对家国社稷有什么不好的影响就行。

刘秀听着挺受用。

不久后，郅恽指点刘强：您得主动退让。

久处疑位，上违孝道，下近危殆。——《后汉书·致恽传》

您若久占太子之位不知退让，会使得皇上很为难，有违孝道，也很可能对您不利。

昔高宗明君，吉甫贤臣，及有纤介，放逐孝子。——《后汉书·郅恽传》

历史上，商朝高宗武丁和周朝大臣尹吉甫都是了不起的圣主名臣，要多英明有多英明，却都因宠信小老婆而杀掉或放逐自己的儿子。您明白我的意思吗？

太子刘强听得一身冷汗，随即让位。

郅恽后做太守，免官，著书等，此不细说。下面再简单说一下刘强的另一位老师王丹。

王丹早年在西汉朝为官，王莽篡汉时辞官回家。他治产有方，家累千金，成为一个很富有的乡绅。每到麦收、秋收之际，他都让家人烙一大摞饼，弄上好多凉菜、酒水之类送到田间地头。

候勤者而劳之。——《后汉书·王丹传》

看谁家干得热火朝天，就上前招呼：快歇会儿吧，过来喝两杯，垫补点儿再干吧。

被招呼的这家人当然高兴：谢谢王先生，那咱就不客气啦。

都知道他家有钱，不在乎这点儿东西，取予之间挺自然、挺开心。

还有一些懒散户，种地也不上心，庄稼长得也不行，收庄稼也干不上劲儿，王丹是不去慰劳的，他们也不好意思来蹭酒喝，只能暗中较劲儿：明年咱也得铆劲儿种地，不为王家的酒，只为争口气。

邑聚相率，以致殷富。——《后汉书·王丹传》

渐渐地，整个村庄互相影响，都勤俭治家，富裕了起来。

个别浪荡子，王丹叫上他们的父亲、兄弟，对他们进行批评教育，尽力往正道上领。谁家要是摊上什么病、灾的，钱不够用，王丹也都解囊相助。谁家有个红白事，王丹都给张罗操持。就这样，王丹在乡间待了十多年，在他的积极带动下，整个村庄气象为之一新。

其化大洽，风俗以笃。——《后汉书·王丹传》

由此，王丹很可能成为史书里第一位乡绅乡贤。他所承载的乡贤文化是中国传统社会治理的一个很突出的方面。这也体现着在东汉早期，儒教对基层社会的影响。

王丹虽只是一个隐居乡间的小乡绅，内心却有浩然气，对当时社会上风风火火的所谓豪强人物不以为然。比如说，《汉书·游侠传》里记载的陈遵。陈遵时为河南太守，他的一个朋友的父亲去世，他去帮忙料理丧事，而且随了一大笔礼金和缣帛等，出手很大方。王丹也是这个人的朋友，关系也很好，他给随的礼不过一匹白缣，正好是丧事上用的那种。王丹把这匹白缣送到朋友跟前说：

如丹此缣，出自机杼。——《后汉书·王丹传》

这匹缣，是我让妻子连夜赶制出来的，是我们亲自织的，一点心意，你收下吧。

朋友非常感动。这是朋友亲手织就的，这份情谊不是钱能衡量的。

遵闻而有惭色。——《后汉书·王丹传》

陈遵很服气，托人想跟王丹结交，王丹拒而不许。

后来，王丹因向刘秀捐助军粮而被征辟为太子少傅，成为刘强的老师。

关于王丹，还有一个故事。有一天，他的儿子说：我同学的父亲死了，我俩的关系特别好，我想陪他回老家中山奔丧。

王丹把脸一沉：不行！中山离咱这儿那么远，这一去得多少天，多少花销？随上两匹缣，让你同学捎回去不就足够意思了吗？别去！

儿子噘着嘴，很委屈：那好吧。

转过天来，他儿子还是坚持去中山奔丧，收拾行李就要动身。王丹大怒，抄起根柳条子就把儿子抽打一通：我教你不听话！教你不听话！

儿子没办法：好吧好吧，您别打了，我不去了，随两匹缣吧。

事后，有人挺不理解：孩子重友情，与朋友相交全力以赴，有何不好？

王丹摇摇头：不对。

交道之难，未易言也。世称管、鲍，次则王、贡；张、陈凶其终，萧、朱隙其末。故知，全之者鲜矣。——《后汉书·王丹传》

友谊这个事情真不好说。真正像鲍叔牙和管仲那样的管鲍之交，或者像王阳和贡禹那样同进退、弹冠相庆的友情，太少了！更多的是像张耳和陈馀、萧育和朱博那样，开始挺好，最后反目交绝。真正善始善终的朋友很少。还是古人讲得好，君子之交淡若水。平平淡淡地交往，彼此保持一点距离，不用付出太多，也不指望得到什么，这样才更长久些。

刘强的另一位老师是继王丹之后的太子太傅张湛。张湛恪守儒教原则。

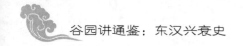

矜严好礼，动止有则。——《后汉书·张湛传》

非常庄重、严肃，一举一动都符合礼仪。他还做到了慎独，即便居家独处也都规规矩矩，没有丝毫放纵散漫。在妻子、孩子跟前也都是端着个架子，很威严；跟朋友们在一起，也从来不开玩笑，真正如《左传》所谓：

出门如宾，承事如祭，仁之则也。——《左传》

他的这种严肃、庄重，是儒教所推崇的，很受时人称赞。不过，也有朋友跟他说：你知道有人怎么说你吗？人家说你"伪诈"，你这都是装大尾巴狼。

张湛答：

我诚诈也。人皆诈恶，我独诈善，不亦可乎？——《后汉书·张湛传》

我确实伪诈。不过，别人伪诈是想作恶，我伪诈是想为善，这有何不可吗？

十九、《后汉书》第三十九卷

相对于师道，儒教更强调孝道。《后汉书》很多列传都先强调传主奉行孝道，常常讲到其父母亲去世时，传主多么悲痛，以致损害了健康，比如韦彪。

韦彪的高祖父是西汉名臣韦贤，韦贤、韦玄成父子两代宰相令世人感叹"遗子黄金满籝不如一经"。《后汉书》在交代了韦彪这个出身之后，便讲他的孝道：

彪孝行纯至，父母卒，哀毁三年，不出庐寝。服竟，羸瘠骨立异形，医疗数年乃起。——《后汉书·韦彪传》

韦彪是大孝子，父母去世后，他在墓边的小屋里整整守了三年，几乎没动地儿，守孝期满后已瘦得皮包骨头，整个人都脱了形，一病不起，治疗了好多年，才缓过来。

《后汉书》对韦彪的另一句描述是：

安贫乐道，恬于进趣，三辅诸儒莫不慕仰之。——《后汉书·韦彪传》

"安贫乐道"，说明他没钱；"恬于进趣"，是说他不热衷于做官，没权。这样一个没钱没权的人却为很多儒生所仰慕，这也体现着当时的社会风气。

韦彪虽然不热衷做官，随后还是被征辟做了官，然后就吏治问题曾上书汉章帝：

国以简贤为务，贤以孝行为首。——《后汉书·韦彪传》

吏治的关键是选拔任用贤良之才。鉴别一个人贤良与否，首先要看他是不是守孝道、有孝行。

孔子曰：事亲孝，故忠可移于君，是以，求忠臣必于孝子之门。——《后汉书·韦彪传》

孔子说，一个人对父母孝顺，很自然地就能移孝做忠，就能对君主忠诚。历代的忠臣都出于孝子之门。

忠孝之人，持心近厚；锻炼之吏，持心近薄。——《后汉书·韦彪传》

忠孝的官吏多数心地仁厚善良，对上，让君主放心；对下，能团结僚属，改善风俗。而那种纯有干才的官吏多数为人较刻薄、心狠，这样的人对上对下都可能是一种威胁。当然，既能忠孝又有才干的德才兼备之人是最上之选。

士宜以才行为先，不可纯以阀阅。然其要归，在于选二千石。——《后汉书·韦彪传》

总之，官员的选拔任用要先看品德和能力，不能一味论资排辈。而吏治的关键，整个干部队伍管理的关键在于什么？在于二千石，相当于今天的省部级干部。二千石用对了人、用好了人，整个干部队伍自然差不了。

这篇上书后不久，韦彪再次上书，提出：

天下枢要，在于尚书。——《后汉书·韦彪传》

治理天下的关键在于天子的秘书机构，也就是尚书。尚书比二千石更重要，是关键的关键。可是，以往进入尚书的多数都是郎官，也就是从小秘书提拔成大秘书。这很有问题！这些纯粹秘书出身的人只擅长舞文弄墨，不接地气，只有小聪明，没有大才具。

虽晓习文法，长于应对，然察察小慧，类无大能。宜简尝历州宰素有名者。——《后汉书·韦彪传》

应当选拔那些优秀的具有丰富基层工作经验的地方官员，进入尚书，充实到天子的秘书班底中来。

汉章帝很赞同：好！采纳。

政无大小，以得人为本。——《后汉书·肃宗孝章帝纪》

这些吏治思想仍适用于当下。这方面，汉章帝的诏书中也有一段挺好的：

安静之吏，恬愉无华，日计不足，月计有余。——《后汉书·肃宗孝章帝纪》

就是说，汉章帝喜欢那种"安静之吏"，他们的政务管理很踏实、本分，说不上有什么亮点，上不了头条，只是稳稳做去，"日计不足，月计有余"，一天两天、一年半载看不出什么来，但时间稍久各方面的成效便显现出来了。相反，那些"明星官员"的政务管理好像很有特色，很有效率，引人注目，其实常有潜在的问题，时间稍久就暴露出来了。

既然孝子可以移孝做忠，会把对父母的孝，转化为对皇帝的忠，所以皇帝当然大力提倡孝道。怎么提倡？从两方面着手：

一是把传说为孔子所作的《孝经》纳入六经系统，成为一部法典式的经典。凡是读书认字的人都得背诵《孝经》，要内化于心，触及灵魂。《汉书·艺文志》所谓：

夫孝，天之经，地之义，民之行也。——《汉书·艺文志》

奉行孝道是天经地义不可置疑的。经过两千年的提倡，这个观念已融入中国人的血液。百善孝为先。

二是举孝廉。政府会大力表彰孝道模范，选拔其为官员。

这两方面的工作在汉明帝、汉章帝时期达到一个高潮，社会上涌现出一大批孝道模范。后世的著名的"二十四孝"中有"八孝"大致是这个时期的，占了三分之一，其中江革、蔡顺等人的故事在《后汉书》第三十九卷里都有明确的记载。

《后汉书》第三十九卷堪称"孝子列传"，所记的那些孝道故事都让人印象深刻。同时，还有更让人印象深刻的事。

这卷书中的头一位孝子叫刘平。

刘平在新莽朝做过好几个地方的县令，颇有政绩。随后，天下大乱，刘县长带着一家人逃难，走散了。

平弟仲为贼所杀。——《后汉书·刘平传》

刘平的弟弟刘仲被贼人所杀。

当时，刘平扶着老母亲，拉着小儿子，怀里还抱着刘仲只有一岁的小女儿，他们躲着贼人走小道，有动静随时跑。可是，老的老，小的小，根本跑不动，而且，干粮没了。怎么办呢？

刘平把心一横：必须得放弃一个孩子！

于是，他对儿子说：儿啊，你到那边找点儿野菜，爹和奶奶到前面找找，过一会儿，咱们还回这里集合。

然后，他就再也没回头。老太太寻思过味儿来，要回去找孙子，刘平一把拉住她，说：娘啊，别找了，找回来，两个孩子也养不活，我只能尽力保住弟弟的这个血脉。

老太太哭了一通，没办法，继续走。走着走着，到了一个僻静的地方，刘平把母亲和侄女安顿好：你们藏好，别出来，我去找点儿吃的。

然后，他自己出来逛悠找食物、野菜什么的。结果，他刚找了一把野菜，正要回去时，遇到一伙贼人。

逢饿贼，将亨之。——《后汉书·刘平传》

一群饥饿的贼人抓住了刘平，然后，点上火，架起"大锅"，这就要把他给烹煮了。烹了他干什么？当然是吃！这是《后汉书》第三十九卷里第一段关于"吃人"的描述。

刘平大哭，磕头如捣蒜：好汉爷饶命！好汉爷饶命！你们要吃了我，我老母亲可怎么办？她老人家还等着我给她带野菜回去充饥呢。恳请几位好汉爷，先放我回去，等我服侍老母亲吃上这顿饭，再回来受死。

这群饿贼挺惊讶：嚯，真是大孝子！自己死到临头，还惦记着老母亲吃不上饭。佩服！好，您回去吧。我们等着您。

刘平被放回，他给母亲把野菜饭做好，看着母亲吃完，说：娘啊，我得走了，我跟那些贼人已经约定好了。人家放了我，够意思，我不能欺骗人家。

母亲大哭，一番生死离别之后，刘平真的又回去找那帮贼人。

饿贼们一看刘平真的回来了，全都惊呆了：

常闻烈士，乃今见之。子去矣，吾不忍食子。——《后汉书·刘平传》

您可真是信义重于性命的烈士！您快走吧，我们可不忍心吃您这样的人。

后来，刘平在汉明帝朝做到宗正，位列九卿。

下一个故事不是讲孝，是讲悌，儒教强调"孝悌忠信"，孝对父母，忠对君主，信对朋友，悌对兄弟。故事的主人公叫赵孝，也是在王莽后期。

天下乱，人相食。——《后汉书·赵孝传》

赵孝的弟弟赵礼被一群饿贼抓住。赵孝怎么营救他呢？没办法，束手无策。

即自缚诣贼，曰：礼久饿羸瘦，不如孝肥饱。——《后汉书·赵孝传》

他干脆只身一个人去找那帮饿贼谈判：诸位好汉爷，我想来换我弟弟，我弟弟赵礼饿了好多天了，他太瘦，没什么肉，不如我肉多、油水大。

饿贼们全都惊呆了：世间竟还有这样的兄弟！得了，你们哥儿俩都走吧！不过，我们也不能饿死，你得给我们弄几斛粮食来。

赵孝同意，领着弟弟回来，又去找粮食。可要是能找得到粮食，何至于"人相食"？最后，没办法，赵孝空着手，又来见贼人：我没找到粮食。不过，我不会失信于你们，吃我吧。

这帮饿贼被彻底折服：你厉害！你走吧，我们再找别人吧。

后来，赵孝被汉明帝征辟，做到了卫尉，也是位列九卿。

还有一位叫王琳的，也是这样的故事，他的弟弟王季"出遇赤眉，将为所哺"。

琳自缚，请先季死。贼矜而放遣。——《后汉书·赵孝传》

还有两个人，一个叫兄萌，一个叫车成，也是类似的故事。

兄弟并见执于赤眉，将食之，萌、成叩头，乞以身代，贼亦哀而两释焉。——《后汉书·赵孝传》

还有一个故事，讲得更细致。一个叫魏谭的人落到了一伙饿贼手里。

等辈数十人皆束缚，以次当亨。——《后汉书·赵孝传》

当时，跟魏谭一起被抓的有好几十人，都被捆起来，一天烹一个。贼人看魏谭比较老实，就让他负责烧火。每次烧完了，再捆上。这中间，贼人里有个长者对魏谭起了恻隐之心，有天夜里偷偷给魏谭解开捆绑，说：

汝曹皆应就食，急从此去。——《后汉书·赵孝传》

等把他们吃完了，就得吃你了，快跑吧。

魏谭竟然摇摇头：我不跑，你还不如把剩下那几人给放了呢！

谭为诸君爨，恒得遗余，余人皆茹草莱，不如食我。——《后汉书·赵孝传》

我这身上还有点儿肉，不如把他们放了，吃我。

长者贼被魏谭的一番话深深感动，他说服了其他贼，把魏谭和剩下的几个人都放了。

后来，魏谭做了某个公主的家令，这个故事得以传布于世，著之于史。

这就是乱世中，底层人民的悲惨生活！

下面再说三个孝子故事。

一是"二十四孝"所谓"行佣供母"的孝子江革。江革乱世中背着母亲逃难，历尽艰险。

穷贫裸跣，行佣以供母，便身之物，莫不必给。——《后汉书·江革传》

他自己什么苦都吃，每天光着脚给人家做用人，尽心尽力地让老母亲生活得好一点。后来，日子好了，家里有了马车，可江革每次带母亲出门仍然亲自拉车，不用牛马，因为这样稳当，可以让老母亲少受颠簸之苦。他孝养母亲无微不至。

由是乡里称之"江巨孝"。——《后汉书·江革传》

后来，他被举贤良方正，到朝中做官，深得汉章帝的尊重。

二是被收入"二十四孝"的孝子蔡顺。蔡顺从小没有父亲，母亲养育他长大，很不容易。有一次，他出去砍柴，忽觉心怦怦直跳：哎，不好，母亲在家是不是有什么事儿？

他立即扔下柴跑回了家里：娘，您没事吧？刚才我的心里突然疼了一下。

母亲笑了：没事，没事。

有急客来，吾噬指以悟汝耳。——《后汉书·周磐传》

只是刚才来了一个客人找你，我也不知道怎么招呼人家，一着急便咬了一下手指。不都说母子连心嘛，没想到我儿真就感觉到了。

后来，老母亲九十寿终。还未下葬，忽然着火了，眼看就要烧死老母亲的棺材灵柩，蔡顺急得大哭。

顺抱伏棺枢，号哭叫天，火遂越烧它室，顺独得免。——《后汉书·周磐传》

蔡顺护着棺材大哭，火竟然绕着走了，老母亲的棺材没事儿。

下葬后，只要是下雨天，蔡顺就跑到母亲的坟冢边守着，因为母亲平生最怕打雷。

每有雷震，顺辄圜冢泣，曰：顺在此。——《后汉书·周磐传》

只要一打雷，蔡顺就绕着老母亲的坟打转圈，哭着说：妈妈别怕，妈妈别怕，顺儿在这儿呢，顺儿守着您。

第三个是一个更著名的孝子，也是"二十四孝"之一，还被写进了《三字经》：

香九龄，能温席，孝于亲，所当执。——《三字经》

孝子黄香九岁时就知道给父亲暖被窝。

黄香的传被写在《后汉书》第七十卷《文苑列传》里，他是作为一个文学家留名于史的。他很小时便展露出文学天赋，号称"天下无双江夏黄童"。

年九岁，失母，思慕憔悴，殆不免丧，乡人称其至孝。——《后汉书·黄香传》

九岁为母守丧，便显示出异乎寻常的至情至性至孝。

《后汉书》里没讲他为父温席的事。

黄香后被汉章帝召见，在汉和帝时做到尚书令，还做过太守。他做太守期间，曾主动放弃一块太守府的自留地，称：

伐冰食禄之人，不与百姓争利。——《后汉书·黄香传》

官员拿俸禄就可以了，不能再谋其他利益。

最后的这位孝子没入"二十四孝"，不过也挺典型。他叫赵咨，是东汉后期汉灵帝时人物。赵咨也是从小没有父亲，对母亲至孝，被辟举做到敦煌太守，后因病免官回家，在乡间带着儿孙种地养家，不算富裕。

一天夜里，赵咨刚睡着，忽听到外面有人砸门。他急忙起身，隔着门缝一看，大惊：坏了，他们准是一伙强盗！怎么办呢？叫起儿孙，喊起乡邻跟他们拼了？不行，先不说拼得过、拼不过，那样的话，老母亲肯定得吓坏了。不行。

于是，他老老实实地开了门：各位好汉，请进屋说话。哎，不好意思，请您小点儿声音，我家老母亲还在睡觉，她老人家八十多了，千万别惊吓着她。我全家人的粮食、衣物都在这儿，您几位可以都拿走，只请稍微留下一点儿，够我老母亲吃的就行。

他这一番话下来，这伙强盗都被感动了：这样的孝子之门，咱们怎么忍心抢。失礼了，告辞！

竟然全都扭头跑了！

赵咨在后面追，一边追，一边喊：好汉留步，这袋子米，这几件衣物，你们千万捎着！

那几个强盗生生不要，一溜烟儿地跑没影了。

后来，赵咨重新被朝廷起用，去做东海相，赴任路上经过荥阳县。荥阳县县令曹暠，曾在赵咨手下做事，听说赵咨路过，便早早地在道口恭迎，想尽一点地主之谊。他等了半天，却只等来一个小书童：曹县令，我们赵大人说他要从别的道走，不跟您见面了。

曹暠急了：哎呀，走的哪条道？我找他去！

曹暠急匆匆地追到另一条道上，没追上。

望尘不及。——《后汉书·赵咨传》

他急得咬牙，跺脚，跟他手下主簿讲：

赵君名重，今过界不见，必为天下笑！——《后汉书·赵咨传》

赵君名重天下，他到了荥阳竟然不理我，我的脸面何在？我得让天下人笑话。不行。这官我不当了，也得见上他一面。

即弃印绶，追至东海。谒咨毕，辞归家。——《后汉书·赵咨传》

真就不当了官，追到了东海。

这也可见，当时的人们对在孝道方面有突出表现的人物的尊崇之至。

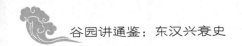

由此，我也希望您能够感受到，中国史书并不仅仅是在讲那些过去的故事，不仅让人们能鉴古知今，中国史书更重要的意义在于通过这些故事、这些民族的共同记忆，来构建中华民族的信仰，形成中华民族的价值观。孔子所谓的春秋大义，正在于此。正所谓：

杀史见极，平易正直，春秋之义也。——《后汉书·班彪列传》

中国的二十四史和"四书""五经"是讲什么的？说到底，是在讲一套以儒教为主的信仰体系。

二十、《白虎通》故事

汉章帝时期，儒教达到一个高潮，表现在皇帝的尊师，以及民间对孝道的极端崇尚上。还有一个标志性事件是，在汉章帝即位的第四年，即建初四年（79）东汉朝廷在一座以白虎观为名的宫殿进行的一次重要会议。会议的主题是论定"五经"同异，就是对儒家"五经"——《诗》《书》《礼》《易》《春秋》所阐述的一系列重要问题统一认识，重新定调。参会人员包括了当时的很多大儒、学者、官员、皇室成员，还有汉章帝本人——他是管拍板的。

最终，经汉章帝拍板，经《汉书》作者班固亲自整理形成一个会议纪要，取名《白虎议奏》，后世一般称之为《白虎通》。

从传世的《白虎通》来看，这次白虎观会议近乎一次宪法修订会议，这部纪要近乎一部权威法典。它针对天下治理所涉及的法理的、礼乐教化的、道德风俗的各种重要问题，都从儒家"五经"中找出依据，进一步明确和规范，是儒教跟封建皇权的合一。虽然，汉武帝"罢黜百家，独尊儒术"即已开启了这种合一，随后汉宣帝也搞过类似的议定"五经"

异同的会议。不过，像白虎观会议这样形成一个明确法典，从史书来看还是第一次。

制度问题不是我关注的重点，我的兴趣在于，通过《白虎通》可以了解到东汉人对一些问题的官方态度、主流认识。

举例来说，复仇的问题。儒家虽讲究"恕"，说孔子之道一以贯之，忠恕而已。但是，儒家"恕"的程度是比较轻的。曾有人问孔子：

以德报怨，何如？ ——《论语·宪问》

别人对我不好，害我，我却报之以德，仍然对他好，怎么样？

孔子摇摇头。

子曰：何以报德？以直报怨，以德报德。 ——《论语·宪问》

要像你这样的话，如果别人对你好，有恩于你，你报之以什么呢？也报以德吗？这个德还有什么意思呢？我告诉你，别人对你不好，害你，除非是你罪有应得，否则就应当尽力给他还回去！别人对你好，也要还回去！有仇报仇，有德报德。

《白虎通》就这个问题，进一步引述《礼》和《春秋》的说法，强调人必须复仇：

父之仇不与共天下，兄弟之仇不与共国，朋友之仇不与同朝，族人之仇不共邻。 ——《白虎通·论讨贼之义》

杀父之仇是不共戴天的。如果仇人在天底下活着，你也在天底下活着，这不行！

春秋传曰：子不复仇非子。 ——《白虎通·论讨贼之义》

不给父亲报仇，就不配为人子。兄弟之仇、朋友之仇、族人之仇也得尽力报。

前述郅恽为朋友报杀父之仇，虽违法，却深得县令的尊重，宁死也要帮他脱罪。与他同时期的赵憙的复仇故事，也令人印象深刻。

赵憙小时候，从兄被杀，从兄无子，不能为其报仇。赵憙想为其报仇，无奈太小，弄不了。怎么办？君子报仇，十年不晚！过了几年，已十五岁的赵憙带上一帮小兄弟，去找仇家。到仇家一看，傻眼了，竟然全家染病，不论老少青壮都卧床不起，无人能应战。这怎么办呢？是不是正好下手？赵憙一拨拉脑袋：站汉不打坐汉。我不能乘人之危。这样吧，等你家人都好了，我再来报这个仇！

仇家感激，一通磕头。随后，仇家病愈，主动来找赵憙负荆请罪：之前我们家做错了，现在希望了结，您要什么条件，我们都答应。

赵憙一拨拉脑袋：别！咱该怎么着还怎么着，你们回去等着吧。

到了，他还是把杀他从兄的人给杀了。

又过了三四年，天下大乱，更始将军刘玄久闻赵憙之名，邀至帐下。一看赵憙竟然这么年轻，不禁起疑：

茧栗犊，岂能负重致远乎？——《后汉书·赵憙传》

你这小牛犊子，跟个蚕茧、栗子这么大，能拉多大的犁，能走多远的道儿？给你一支兵马，试试看吧。

没过多久，赵憙便连打数场硬仗胜仗，刘玄再见面时高兴坏了。

大悦，谓憙曰：卿名家驹，努力勉之。——《后汉书·赵憙传》

你这小马驹子，是真正的千里马，好好干吧，前途无量！

随后，赵憙参加了昆阳之战，被封侯。

赤眉军杀进长安时，赵憙死里逃生，跟好朋友韩仲伯带着各自的老婆孩子逃出长安。一路上，时不时会碰上小股赤眉军，韩仲伯很紧张，因为他老婆长得太漂亮，太惹眼了，韩仲伯害怕她红颜祸水招来祸事连累大家，就想抛弃她。他老婆大哭。

赵憙一把拦住：不至于不至于。嫂子，你委屈一下，往脸上抹点儿泥、抹点儿灰，身上换身破烂脏衣服，尽量扮丑就行了。

然后，他们继续同行，好几次被赤眉军劫住都蒙混过关，最终安然脱险。

赵嘉对朋友就是这么义气。这位漂亮嫂子对他的感激，自不待言。另外，还有一帮妇女也特别感激他。谁呢？是更始帝刘玄的七姑八姨等一帮亲属。她们跟家人从长安逃出时也都非常狼狈。

皆裸跣涂炭，饥困不能前。——《后汉书·赵憙传》

都光着脚，披头散发，又累又饿，都要坚持不住了，正好跟赵憙他们遇上。赵憙感念自己与刘玄的君臣之情，倾囊相助，粮食衣物统统拿出来，护送着她们回到舂陵老家。一晃二十多年过去了，光武帝刘秀回到老家宴请亲族，刘玄的这帮七姑八姨多数也是刘秀的七姑八姨，她们仍然对赵憙当年的帮助感激不尽，都跟刘秀说：赵憙这个人，你可得重用，要不是他，你可就见不着我们了，我们早死了。

刘秀很高兴，立马把赵憙从太守提拔为太仆。册封时，刘秀笑言：

卿非但为英雄所保也，妇人亦怀卿之恩。——《后汉书·赵憙传》

你真是魅力无边，不但被英雄称道，还被妇人表扬！

此前，赵憙与刘秀之间还有一个令人印象挺深的故事。当时赵憙任怀县县令，要诛杀当地豪强李子春。李子春树大根深，竟有很多京师权贵出面营救，甚至有几个权贵直接找刘秀请求赦免他。刘秀全部拒绝。正赶上刘秀的叔叔刘良病危，刘秀少孤时得刘良照顾，非一般叔侄感情。当时，刘秀守在刘良床前，问：您还有什么话要说吗？有什么需要我办的吗？

刘良强打精神，说：我有个叫李子春的好朋友，被怀县县令赵憙治为死罪，我想保他这条命。

刘秀竟断然拒绝：

吏奉法，律不可枉也，更道它所欲。——《后汉书·赵憙传》

那个案子我知道，赵憙依法惩办李子春，没有问题，不能变，不能屈法徇私，损害法律的尊严。您再说个别的吧，我保证答应您。

刘良再也没有说话，死了。

刘秀后悔，最终，还是赦免了李子春。

赵憙后为三朝元老，汉章帝时官至太傅。同时期还有一位名臣，叫第五伦，准确地讲，他是田姓，第五氏，名伦。当初刘邦初得天下，强干弱枝，把原诸侯国后裔都迁至长安，齐国田姓人太多，先后迁了八次，形成八大家子。

故以次第为氏。——《后汉书·第五伦传》

分别叫第一氏、第二氏，一直到第八氏。第五伦，就是这个第五氏的子孙。

姓氏是中国人思想里极重要的问题，关系祖先血统、家族传承，因此，白虎观会议也有专门讨论，达成共识：

人所以有姓者何？所以崇恩爱，厚亲亲，远禽兽，别婚姻也。——《白虎通·论姓》

人为什么有姓？姓有什么用？三条：一为"崇恩爱，厚亲亲"，为了明确亲缘血统，凝聚宗族，"使生相爱，死相哀"；二为"远禽兽"，这是人区别于禽兽的重要标志；三为"别婚姻""同姓不得相娶"，避免血亲通婚。

那么，最早的姓是怎么来的呢？为什么有的姓张，有的姓李？为什么有"百姓"之说？《白虎通》这样说：

姓者，生也。人禀天气所以生者也。——《白虎通·论姓》

姓是天生的，是上天给人的禀赋中生而具备的。

那么，怎么确知上天赋予了自己哪个姓呢？前述西汉史，易学大师京房是通过"吹律定姓"。为什么最终是百姓？而不是四十九姓？八十一姓？

《白虎通》这样说：

人含五常而生，正声有五，宫、商、角、徵、羽，转而相杂，五五二十五，转生四时异气，殊音悉备，故姓有百也。——《白虎通·论姓》

五常乘以五声再乘以四时，$5 \times 5 \times 4 = 100$，得百姓。

可是，现实中何止百姓，似乎有成千上万个姓。是吗？不是。今天所谓"姓"，本是"氏"，如第五伦实为田姓、第五氏。只是，后来年头久远，人们不再提田姓，姓与氏逐渐混为一谈。

那么，氏都是怎么确定的呢？《白虎通》这样说：

或氏其官，或氏其事，闻其氏即可知其德，所以勉人为善也。——《白虎通·论氏》

比如，扬雄的"扬"本是他祖上的封国，这就属于"氏其官"。今天姓曹的、姓鲁的、姓宋的、姓卫的，他们的祖先可能分别是周朝曹国、鲁国、宋国、卫国的国君，这都属于"氏其官"。司马、司空、司徒等复姓本为官职名，也都属于"氏其官"。

今天姓陶的，祖先可能是陶工，这属于"氏其事"。第五伦，也是"氏其事"。

总之，氏是对祖先的一种纪念，承载了一种继承发扬的愿望，所谓"勉人为善"。

第五伦虽然祖上是齐国贵族，到他则已是平民，是一个底层的豪杰人物，很有才干，曾经率领宗族抵抗住多次小股铜马军、赤眉军的攻打，保卫了村庄。随后，他做过小官，也经过商，贩盐，行走江湖，不论到哪儿，黑白两道的人都给面儿。后得到一位太守保举，做了京兆尹的主簿。主簿相当于秘书长，故能经常看到各种上级文件，包括皇帝诏书。有一次，第五伦手捧一篇刘秀诏书，边看边啧啧感叹：

此圣主也，一见决矣！——《后汉书·第五伦传》

这真是一代圣主！这诏书讲的这个政策太及时了，太英明了！我哪天要是能跟这圣主见上一面，肯定能聊到一块儿去，我这人生绝对就能"开挂"！

旁边同事听见，大笑：你光想好事吧，这两年，你见过的权贵也不少了，也没见你跟谁聊到一块儿去，没见你能忽悠住谁。

安能动万乘乎？——《后汉书·第五伦传》

怎么可能忽悠得了皇上？

第五伦一撇嘴：

未遇知己，道不同，故耳。——《后汉书·第五伦传》

那些权贵都没什么才智，跟我老伦志不同、道不合，当然说不到一块儿去。皇上跟他们不一样，你等着瞧吧。

然后，这一等就是十几年，终于等到一次机会。

光武召见，甚异之。——《后汉书·第五伦传》

他真就跟刘秀聊到一块儿去了，忽悠得刘秀对他刮目相看，后面他的人生真就"开挂"了。虽然中间有几年被免官，但是总体上仕途顺遂，到汉章帝时官至司空，位列三公，而且政绩斐然，好几篇重要的上书也都载入史册，八十来岁致仕养老。《后汉书》对他的一个评价是：

在位以贞白称。——《后汉书·第五伦传》

第五伦是以正直清白而著称的，特别清廉，大公无私。曾有人问他：

公有私乎？——《后汉书·第五伦传》

您真就一点儿私心没有吗？

第五伦一笑：这也好说。曾有人送我一匹非常名贵的马，我当然没要。不过，以后每次朝廷要求三公举荐人才时，我总会不由自主地想到那个人。尽管，我最终也没举荐他，可我毕竟想到了他，你说这算不算有私心？还有一回，我的侄子得了重病，我很不放心，从早到晚过去探视了好多次，最后一次回来已是大半夜，我困得不行，倒头便睡，一觉睡到了大天亮。又有一回，我儿子也病了，并不严重，我比较放心，根本没去看他。可那天晚上，我躺在床上辗转反侧竟夕不眠，不由自主地惦记那个人。你说，这算不算有私心？

回到《白虎通》，这本书在当下能被提及，常是因为一个封建时代

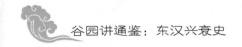

标签式的说法：三纲五常。

三纲五常的思想在西汉董仲舒《春秋繁露》里已有提及，而未有明确的"三纲五常"这个词，也没有"君为臣纲、父为子纲、夫为妻纲"。明确讲这些的传世文献，以《白虎通》为最早。《白虎通》专有"三纲六纪"一节，说：

《含文嘉》曰：君为臣纲、父为子纲、夫为妻纲。——《白虎通·总论纲纪》

《含文嘉》是当时一部纬书，首提"三纲"，强调君臣、父子、夫妻三种最重要的人伦关系。还有六种重要关系，即六纪，分别为：诸父、兄弟、族人、诸舅、师长、朋友。

三纲六纪本指以上九种主要的人伦关系，进一步引申为处理这九种关系的原则。它有什么意义呢？

《白虎通》这样说：

何谓纲纪？纲者，张也；纪者，理也。大者为纲，小者为纪。所以张理上下，整齐人道也。人皆怀五常之性，有亲爱之心，是以纲纪为化，若罗网之有纪纲而万目张也。——《白虎通·总论纲纪》

"三纲五常"这个词大致由这段话简化而来。大意是，只要抓住了"三纲五常"，整个社会治理就能够纲举目张。

"五四"以来，很多人骂"三纲五常"。其实，"五常"是绝不应该骂的，五常即人性中的仁、义、礼、智、信，有何不好？"三纲"可以骂一骂，因为它把尊卑、等级绝对化，尤其"夫为妻纲"与现代人男女平等观念格格不入。

今天讲到和谐的夫妻关系，人们仍会想到一个说法——举案齐眉。殊不知，举案齐眉本义是标准的男尊女卑，是歌颂夫为妻纲的，它源自汉章帝时的一个故事。

有一天，一个太监跟汉章帝说：最近京城里盛传一首《五噫之歌》，引发坊间热议。

汉章帝：你给我唱唱。

太监一拨拉脑袋：奴才可不敢唱，我把歌词抄来了，您看看吧。

汉章帝接过歌词，随口念出：

陟彼北芒兮，噫！顾览帝京兮，噫！宫室崔嵬兮，噫！人之劬劳兮，噫！辽辽未央兮，噫！——《后汉书·梁鸿传》

大意是，我登上了高高的北芒山啊，噫！我看着这个洛阳城啊，噫！皇帝老儿的宫室好壮观啊，噫！那都是老百姓的血和汗啊，噫！老百姓的苦日子没有头啊，噫！

噫，噫，噫，噫，噫，五个噫，好一个五噫之歌！

汉章帝勃然大怒：这是什么人写的？把他抓来！

此人叫梁鸿，是太学生出身。

家贫而尚节介，博览无不通。——《后汉书·梁鸿传》

他是底层出身，很小就没了父亲，很穷，书读得极好，却不热衷仕进，所谓古之学者为己，他只为了提升自己内在修为而读书。有好几年，他都是靠在上林苑放猪为生。有一次，也不知怎么的，他失手把人家的房子给烧了，还好没伤着人。他没钱赔偿，只好把猪都抵给了人家。人家还是不干：你这几头猪才多少钱，不行！

梁鸿说：您看还差多少，我给您家当长工吧。

梁鸿这个长工干得勤勤恳恳，不怕脏不怕累，而且平日待人接物都不俗。一段时间后，主家颇受感动：梁先生，我看出来了，您不是一般人，这样吧，咱两清了。您的那些猪，我也还给您。

梁鸿感谢：谢谢您，猪绝对不能要，您要说两清，那我就告辞了。

于是，梁鸿回到老家扶风。当地几个大户看重梁鸿，毕竟太学生出身，有学问，虽然现在穷，将来没准能做大官，争相来提亲。

梁鸿还挺挑，挑来挑去，最后挑中了一个三十岁的老姑娘。

状肥丑而黑，力举石臼。——《后汉书·梁鸿传》

还又丑又黑，力大无穷，可以举起大石臼，那身材可想而知。

可就这么丑的一个老姑娘，一般人她还瞧不上。她也挑，拒绝过好几拨提亲的。她父母急得够呛：你这辈子还嫁不嫁人啦？

这姑娘把嘴一撇：我干吗不嫁人？我嫁人就嫁梁公子。

她父母更着急了：梁鸿？那小子又穷又酸，老挑了。怎么办呢？

正说着，梁鸿竟然托了媒人主动提亲。

可是，成婚之后，梁鸿却一连好几天也不理这个丑媳妇。为啥呢？

妻乃跪床下请曰。——《后汉书·梁鸿传》

注意，男尊女卑出来了。一看丈夫不高兴，妻子立马跪在床下磕头：夫君，您是嫌我丑吗？

梁鸿小脸一绷：不是。我是嫌你穿的衣服太高档，打扮得太花哨，不像是能跟我一起安贫乐道的。

丑媳妇立即把高档衣服都脱了，换上早已准备好的粗布衣服，脸上的脂粉全都洗去了。

这下梁鸿高兴了：好，这才是我要的妻子。我给你起个名吧。

字之曰德曜，名孟光。——《后汉书·梁鸿传》

随后，梁鸿孟光夫妇，夫唱妇随。

共入霸陵山中，以耕织为业，咏诗书，弹琴以自娱。——《后汉书·梁鸿传》

天仙配的感觉，你耕田来我织布，琴棋书画，过着一种隐逸的生活。

有一次，他们出关游历，经过洛阳，梁鸿便写下这首《五噫之歌》，批判统治者，同情老百姓。然后，提前得到汉章帝要找他的消息，死里逃生，带孟光隐姓埋名，流落吴地，在富人家当长工为生，负责舂米。

一段时间后，富人察觉这个长工不一般，发现了他的一个问题：

每归，妻为具食，不敢于鸿前仰视，举案齐眉。——《后汉书·梁鸿传》

　　这个长工每次下班回到家里，他的妻子都会把做好的饭菜整整齐齐地放在小案板上，跪着，恭恭敬敬举到丈夫跟前。妻子的眼睛都不敢往上看，那个案板跟自己的眼眉是齐着的，对丈夫就这么尊敬。这就是举案齐眉！

　　富人惊讶：此必非凡人，我得好好善待他。

二十一、思想史的节点

建初四年（79），汉章帝召开白虎观会议，编成《白虎通》，成为后世研究东汉思想的必读书。从中可见一明显特点，那就是在论定各种问题时都大量援引纬书，比如"君为臣纲、父为子纲、夫为妻纲"即出自纬书《含文嘉》。结合西汉后期思想发展情况，可发现，汉武帝"罢黜百家，独尊儒术"，并不意味着百家思想消失，而是各自改头换面融入了儒术系统里。

孔子不讲怪力乱神，具有理性主义精神，而谶纬之类属于神秘主义，源头当在孔子思想之外，一定程度上是对儒家思想的补充。因为统治者和老百姓都需要神秘主义，有了这些补充，儒家更具有了宗教特点，对人心的影响力更大。

不过，如前述桓谭、郑兴不读谶纬，很多儒家学者始终坚持自孔子以来的理性传统，反对神秘主义。汉章帝时期的王充即是其杰出代表，所著《论衡》比《白虎通》更加著名，"衡"就是秤，"论衡"就是不论什么论点都要拿来称一称！

王充做过太学生，师从大儒班彪，随后没做几年官吏，便以教书为生，七十多岁老死乡间。所幸的是，他的《论衡》在数十年后"流落"到大名士蔡邕的手中。蔡邕秘不示人，却被朋友察觉其言谈境界突然精进，每有观点必深刻独到，朋友诧异：蔡兄啊，你最近准是得遇奇士？

蔡邕：没有。

朋友：那你准是得了奇书！

蔡邕支支吾吾：我……

朋友：快拿出来！

朋友冲进蔡邕卧室，从枕头底下搜出了《论衡》。

由此，《论衡》大行于世，王充才得以青史留名。《后汉书》写他不过寥寥二三百字。

《论衡》给我的一个大体印象是，尊重常识。对当时很多虚头巴脑却习以为常的说法都提出疑问，给出更加务实的分析。它实实在在代表了儒家的理性主义传统，今天，甚至被称为一部唯物主义哲学著作。

从《白虎通》到《论衡》，反映出在帝王将相你死我活、国家朝代生死兴衰的历史背后，思想史的发展同样充满矛盾斗争、此消彼长、分分合合。有时，我甚至想，整个人类历史不过是几个思想巨头的碰头会，他们的思想跨越时间与空间，不断开疆拓土，如果把这些思想从所有人的头脑抽离出去，历史还有什么意思？所以，有句名言："一切历史都是思想史。"

从这个角度讲，汉明帝、汉章帝时期正是中国思想史的一个重要节点，前一个重要节点是汉武帝"罢黜百家，独尊儒术"。

在汉武帝这个节点之前的思想史，百家争鸣，尤以黄老道家为主导，儒家作为老二不服不忿儿，大儒辕固生冲着窦太后贬低老子是"家人言耳"，差点儿被杀。小汉武帝要抬高儒家，还一度被窦太后压制下去。等窦太后死了，儒家才终于当了老大，唯我独尊。

在这个节点之后的思想史，主要表现是在儒家思想的内部，有点儿神秘主义的阴阳五行思想被强化，非常神秘主义的谶纬思想大盛。同时，还有一个古文经与今文经的争议，这些思想事件一起推动着儒家或者说儒教达到了一个高潮。

这个高潮，一直持续到汉章帝的白虎观会议。

过了汉章帝这个节点，古文经与今文经的争议尘埃落定，儒家理性主义开始抬头，谶纬等神秘主义逐渐转投到佛教和之后起来的道教。而统治者和老百姓是需要神秘主义的，它是一笔重要的思想资源，至少对儒家的理性主义是有刺激作用的。一种思想体系的发展，是需要内部的分化竞争来刺激维持的。而儒家放弃了这笔资源。

同时，儒家所抱定的东汉皇权，在汉章帝之后也逐渐衰弱，相应的儒家或者说儒教的高潮也就过去了。进而，中国思想史的主要表现从儒家的内部再次转到了外部，逐渐形成儒、释、道三足鼎立的局面。

与这段思想史相关的人物，先有大儒范升。《后汉书》记范升：

九岁通《论语》《孝经》，及长，习《梁丘易》《老子》，教授后生。——《后汉书·范升传》

在大儒范升的知识结构中，《老子》是重要的组成部分。大儒扬雄写《太玄》也是以老子的"一生二，二生三，三生万物"思想为基础。刘秀、汉明帝也都有黄老的思想。足证前述"汉武帝'罢黜百家，独尊儒术'，并不意味着百家思想消失，而是各自改头换面融入了儒术系统里"的论断。值得一提的是，老子非但没被削弱，反而被抬高了。《孔子家语》明确承认，孔子曾问礼于老子。汉章帝白虎观会议在讨论尊师问题时，强调古来圣人皆有师：

虽有自然之性，必立师傅焉。——《白虎通·总论入学尊师之义》

圣人的天赋那么高，他也得拜老师。比如：

帝颛顼师绿图，帝喾师赤松子，帝尧师务成子，帝舜师尹寿，禹师

国先生，汤师伊尹，文王师吕望，武王师尚父，周公师虢叔，孔子师老聃。——《白虎通·总论入学尊师之义》

由此坐实，老子是孔子之师！其他儒家圣王之师赤松子、务成子等明显也都是黄老道家崇拜之人。这为之后道教的形成做了积极铺垫。

刘秀即帝位后不久，范升便被征为博士。随后，有大臣提议，要把古文经《左氏春秋》和《费氏易》立为官学。

欲为《费氏易》《左氏春秋》立博士。——《后汉书·范升传》

范升上书，坚决反对：

孔子曰："博学约之，弗叛矣夫。"夫学而不约，必叛道也。颜渊曰："博我以文，约我以礼。"孔子可谓知教，颜渊可谓善学矣。老子曰："学道日损。"损犹约也。又曰："绝学无忧。"绝末学也。——《后汉书·范升传》

大意是，孔子、颜回、老子都强调学应守约，要专精，不能学杂了，否则，只能适得其反，越学离着大道、正道越远。所以，不应当增设《左氏春秋》《费氏易》为官学。尤其《左氏春秋》非孔子所写，只不过是左丘明写的。

师徒相传，又无其人。——《后汉书·范升传》

而且，它不像《公羊春秋》传承有序，它是突然冒出来的，来路可疑。它记载的内容量远超孔子《春秋》的范围，并不可靠。比如，某处某处等十几处明显有问题。

传曰：闻疑传疑，闻信传信，而尧舜之道存。——《后汉书·范升传》

写史须"闻疑传疑，闻信传信"，得实事求是——事实就按事实写，传闻就按传闻写，这样才是对古人负责，才能保证纯正的古代圣贤思想得以传承，不能加入私货。

总之，《左氏春秋》远远不如《公羊春秋》平易正直。

天下之事所以异者，以不一本也。——《后汉书·范升传》

既然以《公羊春秋》为正统，就不要画蛇添足增加《左氏春秋》，那样只能淆乱视听。

范升这个反对意见出来后，支持《左氏春秋》的一方则提出司马迁《太史公书》（《史记》）的很多内容援引了《左氏春秋》，足证其权威性。

范升再次上书，痛批《太史公书》"违戾五经，谬孔子"，根本不符合孔子精神，很雄辩。

刘秀是什么态度呢？刘秀支持增设一个《左氏春秋》的博士，把《左氏春秋》立为官学。

结果，掀起了轩然大波！

诸儒以左氏之立，论议欢哗，自公卿以下，数廷争之。——《后汉书·陈元传》

很多儒生、学者和儒生出身的官员都跟范升是一伙的，都强烈反对。新立的《左氏春秋》博士正好于此时病逝，也就没再继续设置，也就是说，所谓的古文经学还是没起来。直到汉章帝时又出来一位大儒贾逵，才把此事搞定。

贾逵的九世祖是大名鼎鼎的贾谊，其父贾徽也是大儒，曾师从刘歆学习《左氏春秋》，兼习《国语》《周官》《古文尚书》《毛诗》等古文经。所以，贾逵的学问也是以古文经为主。《后汉书》说他：

自为儿童，常在太学，不通人间事。身长八尺二寸，诸儒为之语曰：问事不休贾长头。——《后汉书·贾逵传》

他从小就是在太学长起来的，勤学好问，凡遇疑难问题必打破砂锅问到底。因为他长了个大高个儿，八尺二寸，差不多一米九〇，人们就给他编了一句唱"问事不休贾长头"——贾大个儿太爱问问题了。

这实在是做学问的一大素养，也是成功者一大特点。有美国学者总结成功者两大共同特点：一是自信，二是爱问为什么。

其实，"爱问为什么"进一步讲，无非"好学"二字。孔子最重"好学"。

子曰：好学近乎知。——《中庸》

子曰：由也，女闻六言六蔽矣乎？

对曰：未也。

曰：居！吾语女。好仁不好学，其蔽也愚；好知不好学，其蔽也荡；好信不好学，其蔽也贼；好直不好学，其蔽也绞；好勇不好学，其蔽也乱；好刚不好学，其蔽也狂。——《论语·阳货》

子曰：笃信好学，守死善道。——《论语·泰伯》

以上三则讲，好学之德。

子曰：十室之邑，必有忠信如丘者焉，不如丘之好学也。——《论语·公冶长》

哀公问：弟子孰为好学？

孔子对曰：有颜回者好学，不迁怒，不贰过。不幸短命死矣！今也则亡，未闻好学者也。——《论语·雍也》

季康子问：弟子孰为好学？

孔子对曰：有颜回者好学，不幸短命死矣！今也则亡。——《论语·先进》

以上三则讲，好学之人。

子曰：君子食无求饱，居无求安，敏于事而慎于言，就有道而正焉，可谓好学也已。——《论语·学而》

以上一则讲，何谓好学。

在孔子看来，好学近于最大的智慧，是所有德行完善的基础，孔门能称"好学"者唯有他和颜回。孔子此论对中华民族国民性的养成有深远积极的影响。

贾逵后得汉明帝、汉章帝的赏识，成为白虎观会议的主要参与者之一。汉章帝本人对古文经也很喜欢。

特好《古文尚书》《左氏传》。——《后汉书·贾逵传》

有一次，他问贾逵：依您看，《左氏传》比《公羊传》如何？它到底有无独到的价值？

贾逵上书，主要答复了两条，第一条是：

凡所以存先王之道者，要在安上理民也。今《左氏》崇君父，卑臣子，强干弱枝，劝善戒恶，至明至切，至直至顺。——《后汉书·贾逵传》

意思是，作为记载古代政治的史书，最重要的就是要具备"安上理民"的价值，得有利于维护皇权统治。这一点，《左传》完全符合，它强调忠君思想，强调中央集权，强调善良正义等价值观，都是非常明确切实的，是顺应天道、直击人心的。

第二条是：

五经家皆无以证图谶明刘氏为尧后者，而《左氏》独有明文。——《后汉书·贾逵传》

意思是，从当时已被立为官学的各个经传中都不能找到汉朝为火德、刘氏为尧帝后人的依据，而唯独《左传》的记载有这样的内容，可以解决这个问题！这是政权合法性问题，《左传》可以让老刘家坐江山找到合法性，当然得立为官学。

于是，一锤定音！

乃诏诸儒各选高才生，受《左氏》《穀梁春秋》《古文尚书》《毛诗》，由是四经遂行于世。——《后汉书·贾逵传》

由此，儒家内部的古文经、今文经之争大致尘埃落定。

最后，再讲一下大儒曹褒。

曹褒之父曹充也是大儒，为光武帝博士，主攻礼经，光武帝封禅泰山的相关礼仪即其主持制定，还主持确定了七郊、三雍、大射、养老等礼仪。在今天一般人看，整这么多礼仪，好像没多大意义，而在当时，此为儒家礼乐治国之本。曹充所制礼仪较之西汉鼎盛时期的礼制规模还差很多，因为经过王莽改制和战乱，好多礼制都已失传。所谓：

三年不为礼，礼必坏；三年不为乐，乐必崩。——《论语·阳货》

于是，汉明帝即位后，曹充曾上书：

礼乐崩阙，不可为后嗣法。五帝不相沿乐，三王不相袭礼。大汉当自制礼，以示百世。——《后汉书·曹褒传》

意思是，按照礼经所训，三皇五帝各有各的一套礼乐制度，咱们东汉王朝也应当制定一套新礼乐，垂范后世。

汉明帝对此不太热衷，搁置不议。

曹充只好把他的这些想法传给儿子曹褒。曹褒深得家传，从小便以叔孙通作为偶像，立志像叔孙通为西汉制礼一样，要为东汉王朝重建这套礼制。

实现梦想都要有个过程。曹褒先是举孝廉，做了陈留郡的一个县令。有一次，五个盗徒窜至当地盗窃，被其抓住。时任陈留太守是酷吏做派，欲将此五盗徒全部杀头。曹褒讲究礼制，是循吏风格。

以礼理人，以德化俗。——《后汉书·曹褒传》

不认同靠严刑峻法来治理百姓。他跟手下官吏讲：

夫绝人命者，天亦绝之。皋陶不为盗制死刑，管仲遇盗而升诸公。——《后汉书·曹褒传》

草菅人命，那是要遭报应的！这几个盗徒罪不至死，怎能杀头呢？古圣皋陶在帮助大舜帝制定刑法时，对盗窃就没有定过死罪。春秋名相管仲甚至曾保举两个犯过盗窃罪的人做官。我不能听太守的，宁可丢官，也要保住这几条人命。

于是，曹褒被免官，又被汉章帝征辟，做了博士。

汉章帝很想把儒家的礼乐治国给搞起来，白虎观会议也是为此目的，要把礼乐制度、思想观念都理顺。不过，白虎观会议还只是理论思想层面的，真正指导实践还得让这些思想理论落地可操作，还得细化、规范。他有意让曹褒来主持这个工作，曹褒心领神会，正好顺竿爬，上书主动请缨：

昔者圣人受命而王，莫不制礼作乐，以著功德。功成作乐，化定制礼，所以救世俗，致祯祥，为万姓获福于皇天者也。——《后汉书·曹褒传》

大意是，制定汉礼大有必要，是造福黎民社稷的大好事，我愿意全力以赴，奉献全部智慧，投入到这项工作中。

汉章帝挺高兴，把曹褒这篇上书批给了主管这方面工作的太常。

太常巢堪以为，一世大典，非褒所定，不可许。——《后汉书·曹褒传》

太常巢堪反对：制定汉礼大典，如此神圣之事，曹褒哪里担得起，此事不能着急。

汉章帝又问班固的意见。班固也说：兹事体大，最好也像此前白虎观会议一样，召集博士们、学者们来一起研究，一起论证，这样比较稳妥。

汉章帝不以为然：

谚言：作舍道边，三年不成。——《后汉书·曹褒传》

这就像在道边盖房子，走道经过的人们，这个过来说个意见，这房子应当这么盖这么盖；那个过来又说一个意见，这个房子应当那么盖那么盖。那就会没完没了，这个房子就没法儿盖了。

昔尧作大章，一夔足矣。——《后汉书·曹褒传》

当年，尧帝要编制教化百姓的大型音乐，不也是只交给夔一个人就办了吗？汉礼这个事，朕决定了，就让曹褒办！

曹褒顺利完成了这个任务，却仍有很多人反对。之后，汉和帝时的太尉张酺甚至上书严厉谴责曹褒：

擅制汉礼，破乱圣术，宜加刑诛。——《后汉书·曹褒传》

差点儿把曹褒杀了。最终，这套汉礼也没实行。

曾国藩一生致力礼的研究，认为：

先王治世之道，经纬万端，一贯之以礼。——《清史稿·曾国藩传》

从汉章帝和曹褒制定汉礼这段历史事迹，可见古人在这方面的努力。最终，汉礼制成却未能实行。在我看来，这也正是儒教衰落的表现，是这个中国思想史节点的一个剪影。

二十二、外戚抬头

汉章帝时期东汉皇权开始衰落，首先表现在此前光武帝和汉明帝深恶痛绝的外戚力量重新抬头。

《后汉书·酷吏列传》讲，汉章帝时酷吏周纡升任洛阳令，下车即召集手下官吏。

先问大姓主名。——《后汉书·周纡传》

先问，洛阳城里最有势力、最出头露脸的人物都有谁？

吏数闾里豪强以对。——《后汉书·周纡传》

手下官吏就把当地一些黑白两道类似近代黄金荣、杜月笙之流说了一通。

周纡把桌案一拍：混账！

本问贵戚若马、窦等辈，岂能知此卖菜佣乎？——《后汉书·周纡传》

你们说的这帮人不过是一帮卖菜的，不过欺行霸市的小混混而已，算什么玩意儿，只是小苍蝇。我要问的，是像马家、窦家那样的贵戚，本官要打那样的大老虎！

后来，周纡真不是吹的，很能干。

而他说的马家和窦家正是当时的两大外戚。

马家是指马援的儿女们。

马援死后，被梁松等陷害，光武帝大怒。马援老伴儿领着儿子们、侄子们，"草索相连，诣阙请罪"，六次上书申冤，才没再被深究治罪。虽躲过一劫，却已家势衰落。

树倒猢狲散，墙倒众人推。一贵一贱，交情乃现。马家人感受着世态炎凉，想办法重振家门。马援的侄子马严比较年长，他找马援的老伴儿商量：咱现在只有一条道儿，要弄好了就行了，就全看咱马家有没有这个福分了。

马援的老伴儿认同：这确实是个道儿，你看着去办吧。

于是，马严上书光武帝：万分感谢您赦免我们马家的罪过。

人情既得不死，便欲求福。——《后汉书·明德马皇后纪》

人心不足，刚被免了死罪，就想追求幸福。我叔叔马援有三个女儿：

大者十五，次者十四，小者十三，仪状发肤，上中以上。皆孝顺小心，婉静有礼。——《后汉书·明德马皇后纪》

一个十五岁，一个十四岁，一个十三岁，都长得上中溜，都很有教养。您看，能不能选一个服侍太子？

愿下相工，简其可否。——《后汉书·明德马皇后纪》

请您派相工来挑一个吧。

光武帝可能也是感觉之前对马援做得过分了，立即准奏，派来相工，选中了知书达礼聪明贤惠的小女儿，做太子刘庄的妃子。

随后，太子即位，就是汉明帝。他要立皇后，太后阴丽华力推小马：

马贵人德冠后宫，即其人也。——《后汉书·明德马皇后纪》

于是，小马姑娘成为马皇后。

汉明帝死后，汉章帝即位，马皇后成为马太后。

汉章帝是不是马太后的儿子呢？当然是儿子，不过不是亲生的。按史书所记，马太后很可能不生育，在她还是太子妃的时候，太子刘庄的另一个女人贾氏生了一个儿子。贾氏并不得宠，而且是马援前妻姐姐的女儿，跟马太子妃算是表姐妹。于是，刘庄让马太子妃来养育这个孩子，马太子妃非常尽心，一如亲生。这个孩子即是后来的汉章帝，他对马太后也完全跟对亲妈一样；对真正的生母贾氏，反倒比较淡漠。即便在自己即位后的第四年马太后去世后，他对生母贾氏也没有特别表示，没有尊为太后什么的。以至于贾氏的整个身世，史书都没有记载，哪年死的都不知道。

诸史并阙后事，故不知所终。——《后汉书·贾贵人纪》

对贾氏背后的贾家，汉章帝也没有一点儿关照。

贾氏亲族无受宠荣者。——《后汉书·贾贵人皇后纪》

可对马家，对马太后的三个哥哥马廖、马防、马光，汉章帝则大加宠信，刚即了位，立马就要给这仨舅舅封侯。

马太后否决：别这样，不行！

转过年来，遭遇大旱灾，有几个善于拍马屁的官员上书：都是因为不给国舅封侯闹的，上天不高兴了，所以大旱。

汉章帝把这个上书拿给马太后：您看，这是群众的呼声。

马太后又否决：不行！他们这么说，明显都是想来讨好我们马家。

皆欲媚朕以要福耳。——《后汉书·明德马皇后纪》

夫外戚贵盛，鲜不倾覆。——《资治通鉴·汉纪三十八》

故先帝防慎舅氏，不令在枢机之位。——《后汉书·明德马皇后纪》

封侯有什么好？西汉朝那么多外戚，凡富贵太盛的，有几个有好结果的。因此，先帝对此特别留意，对他的舅舅们都不给重权。为娘自己也十分留意。

吾为天下母，而身服大练，食不求甘，左右但着帛布，无香薰之饰

者，欲身率下也。——《后汉书·明德马皇后纪》

我个人吃的、穿的、用的都力求节俭、低调，就是希望能给娘家人做出表率。可是，说实话，现在我的兄弟们做得并不好。有一次，我从娘家门口经过，看到来拜访送礼的人们真叫一个热闹！

车如流水，马如游龙。——《后汉书·明德马皇后纪》

家童的穿戴，都比我阔气。可见，我们马家已经富贵至极，这不是什么好兆头，千万不能再封侯了。

汉章帝坚持：

汉兴，舅氏之封侯，犹皇子之为王也。——《后汉书·明德马皇后纪》

给国舅封侯，就像给皇子封王一样，这是咱大汉朝的老传统，为何到我这儿就不行了呢？

马太后仍然坚持：你别说了。

常观富贵之家，禄位重叠，犹再实之木，其根必伤。——《后汉书·明德马皇后纪》

很多权贵都贪得无厌，升了高官想发财，发了大财想封侯，恨不得天下的好事都给了他家，这就像果树夏天结了果秋天还要结果，光看着果子好了，根受得了吗？供得起这么多养分，耗得起这么多阴德吗？

夫至孝之行，安亲为上。——《后汉书·明德马皇后纪》

娘知道，你这都是孝顺娘。可是，孝道最讲究的是什么？孝道最讲究的就是让父母安心。你可不要让娘生气！

汉章帝没办法：那好吧，过段时间再说吧。

随后，马太后的大哥马廖听说这个情况，也很认同，立即上书马太后表达：咱家里面有做得不好的地方还请您多批评。另外，您作为太后，也要表率天下。当年，汉元帝、汉成帝、汉哀帝也曾大力倡导改善政风民风，但最终都没有什么效果，西汉朝还是衰亡了。为什么？

百姓从行不从言也。——《后汉书·马廖传》

因为，对执政者鼓吹的那些东西，老百姓是听其言也观其行的，最终，上面说什么、宣传什么，对他们没用；上面真正做了什么，才能对他们有所影响。

夫改政移风，必有其本。传曰：吴王好剑客，百姓多创瘢；楚王好细腰，宫中多饿死。长安语曰：城中好高髻，四方高一尺；城中好广眉，四方且半额；城中好大袖，四方全匹帛。斯言如戏，有切事实。——《后汉书·马廖传》

就是说，整个国家的政治风气、社会风气是由高层的风气所决定的，或者再大一点说，是由京城的风气所决定的。这就像古书上讲的：吴王喜好剑客，于是，老百姓们也都喜欢击剑，很多人身上都有剑伤；楚王喜欢细腰的女人，于是，后宫的女人们都拼命节食，要把腰弄细了，有的甚至因节食而丧命。如今全国各地的女人们爱美，追求时尚，也都跟京城的贵妇们学。京城时兴把发髻高高地扎起来，外地十八线小城的女人们立即跟进，甚至有所过之，发髻竟然高达一尺多；京城时兴把眼眉画粗，小城的女人们就有画得盖住半个额头的；京城时兴穿大长袖的衣服，小城的女人干脆有用整匹布做袖子的。所谓，"慢起京师"，社会的好多问题，根子都在京城、在朝廷、在皇宫之内。所以，还望太后继续坚持各种美德，以化民成俗，这既是国家之福，也是我马家之福。

讲得多好！可见，马廖深明大义，是个好外戚。汉章帝看在眼中：我大舅这么好，怎么能不给他封侯呢？

于是，在他即位的第四年果断出手，给马廖、马防、马光三国舅封侯。马太后没能制止，很生气：我这辈子一心效法先贤，对世俗欲望一直心存警惕。

但慕竹帛，志不顾命。——《后汉书·明德马皇后纪》

希望在自己的带动下，兄弟们也都能谦退自守，以不辜负先帝对我们的信任。可怎么就不行呢？唉！

万年之日长恨矣。——《后汉书·明德马皇后纪》

将来我死也不安心啊。

只过了两个月，这位贤能的太后就病死了。

四年后，日益骄奢的马防、马光和马廖的儿子马豫终于让汉章帝忍无可忍，深深厌恶，都被贬出长安，贬到了各自的封地。于是，马氏外戚衰落，而新窦氏外戚又起来了。

窦氏外戚是汉章帝皇后的娘家。窦皇后的曾祖父就是当年的凉州军阀窦融。窦融支持光武帝，获格外恩宠，位列三公，总担心难以善终，非常小心谨慎，他的子孙们则颇放纵。汉明帝时，窦融死后，其子窦穆与孙子窦勋都违法被捕死在狱中，其他的窦家子弟也都被捕或被贬。

窦勋的妻子是光武帝原太子刘强的女儿沘阳公主。沘阳公主请了当时最好的几个相工到家中：请各位看看，我们窦家将来还能转运吗？

相工们看到家中大女儿，皆赞叹：

当大尊贵，非臣妾容貌。——《后汉书·章德窦皇后纪》

这不是给当臣的做老婆的！你们老窦家肯定会东山再起。

这位贾大小姐芳龄几何呢？只有六岁！别看这么小，她已能写一手漂亮书法。

一晃十来年过去了，汉章帝即位的第二年，要选妃子，沘阳公主就把大女儿和二女儿都送进了宫。按程序，先送到长乐宫，请马太后面试。

马太后眼前一亮，这个窦家大小姐彬彬有礼，仪态万方，太漂亮了！太有气质了！

进止有序，风容甚盛。——《后汉书·章德窦皇后纪》

果然，汉章帝见了就走不动道儿了。转过年来，就把她立为皇后，把其妹立为贵人。

就跟当年赵飞燕姐妹似的，窦氏姐妹互帮互衬，把后宫完全掌控。马太后去世后，整个后宫完全由窦皇后一手遮天。不过，她仍然很焦虑，有危机感，因为她也跟赵飞燕似的不生育，没儿子。而宋贵人生的儿子刘庆已被立为皇太子，就是在马太后去世前几个月立的，宋贵人跟马太后是表亲。母以子贵，怎么办？于是，宫斗。窦皇后想尽办法给宋贵人罗织罪名，诬陷宋贵人：

欲作蛊道祝诅。——《后汉书·清河孝王庆传》

又拿巫蛊说事儿。这玩意儿屡试不爽。汉章帝下令严查，派出太监蔡伦负责审问，最后逼得宋贵人饮药自杀。太子刘庆也被废掉，改为清河王。

然后，窦皇后的儿子刘肇被立为新的太子。刘肇是梁贵人所生，由窦皇后抚养。

那么，刘肇将来会不会也跟他父皇一样，只认养母，不认生母呢？窦皇后感觉够呛。因为梁贵人也是出身名门，她祖父梁统是当年跟窦融一起投效光武帝的西北军阀，深得器重；她大伯梁松娶的是光武帝的长公主；她父亲梁竦也是名士。据说刘肇被立为太子之后，梁家竟然私下庆祝。这是准备将来跟窦家分庭抗礼吗？

于是，宫斗继续。最终，梁贵人也被整死，梁家人死的死，发配的发配。

窦皇后完胜，她的几个兄弟也都成为汉章帝的大红人。

兄弟亲幸，并侍宫省，赏赐累积，宠贵日盛，自王、主及阴、马诸家，莫不畏惮。——《后汉书·窦宪传》

窦家成为炙手可热的外戚新贵。窦皇后的大哥窦宪甚至在汉明帝女儿沁水公主手里强买一个园子，低价生买，公主不敢不卖。

汉章帝闻知大怒，指着窦宪的鼻子大骂：

国家弃宪如孤雏腐鼠耳！——《后汉书·窦宪传》

哪天我要不待见你了，我扔了你就跟扔个死家雀、死耗子一样！你信不信？

吓得窦宪磕头流血，窦皇后也是好一顿央求，汉章帝才没怎么着。不过，窦宪再也没有被重用。

终汉章帝之世，外戚也没成大气候，远远不到对皇权构成威胁的程度。所以，汉章帝算是一代明君，无愧于后世"明章之治"的评价。只可惜他的寿数太短，只活了三十一岁。章和二年（88），汉章帝驾崩。即位的太子刘肇，也就是汉和帝当时只有十岁。

于是，外戚与皇权之间的力量对比立马不一样了，东汉王朝的最高权力落到了窦家的手里。窦皇后升格为窦太后，临朝称制。窦宪俨然成为摄政王。

内干机密，出宣诰命。——《后汉书·窦宪传》

皇宫大内所有的最高决策都由他参与制定；对外的诏书、命令也都由他出面宣布。他的三个弟弟窦笃、窦景、窦瑰也都成为天天围在小皇帝身边的机要显贵。

窦宪颇有政治手腕，很善于网罗人才，他把几个德高望重的朝臣都给笼络到手下，为他所用。

内外协附，莫生疑异。——《后汉书·窦宪传》

这样就很顺溜很自然地把最高权力抓在了手中，很稳固。于是，他要杀人！要报仇！

当年，他父亲窦勋死在大牢，负责审案的官员叫韩纡。此时韩纡已死，不要紧，父债子还！窦宪派人将韩纡的儿子刺杀，并将其头颅割下，用来祭祀窦勋。

人们都知道是他干的，也没人敢怎么着。

随后，窦宪又刺杀了一个叫刘畅的人，一下子炸了锅。因为，刘畅可不是一般人，他是光武帝大哥刘縯的重孙子都乡侯，是皇室贵戚，而且是直接在皇宫门口被刺杀的。这个事件太恶劣了，京师大哗。

窦宪为什么刺杀刘畅呢？因为刘畅还有一层不公开的身份，他是窦太后的情人，他之所以从封地来长安，名义上是为吊唁汉章帝，实际是来跟窦太后幽会的。窦宪担心窦太后留下刘畅主持朝政，顶了他的位子，于是，就派人刺杀之。

窦太后伤心坏了，哭得死去活来：严查！

结果，查出真相竟然是大哥所为，顿时怒从心中起，恶向胆边生，就要大义灭亲，要杀窦宪给情人偿命。

窦宪吓坏了：这怎么办？不行，我得出去躲躲，等我妹子消了气再回来。可是，往哪儿躲呢？

此时朝中正商议出兵打匈奴的事，于是，窦宪主动请缨：皇上，太后，我愿意带兵北上，杀敌报国，将功赎罪。

东汉帝国对匈奴的决战拉开了序幕。

二十三、西域英雄传

匈奴自汉宣帝时期分裂为南北匈奴之后，在光武帝后期再次分裂为南匈奴和北匈奴。南匈奴南下向汉朝投降，被安置在朔方州和并州北部的朔方、五原、云中、定襄、雁门、西河等郡。北匈奴衰弱，也想向汉朝投降，光武帝不接受，也不同意王霸等将领乘机北伐的建议，光武帝取法黄石公柔道治天下，不想再打仗，西域也暂时放弃。

汉明帝后期，北匈奴渐强，南下侵扰。永平十六年（73）春天，汉明帝派耿秉、窦固等将领率四路大军北伐北匈奴。

耿秉是耿弇的侄子。耿弇作为辅佐光武帝打天下的头几号功臣之一，堪称常胜将军。

凡所平郡四十六，屠城三百，未尝挫折。——《后汉书·耿弇传》

所谓，将门出将，耿秉也是难得的将才，曾数次上书汉明帝，称：

以战去战，盛王之道。——《后汉书·耿秉传》

不用担心战争消耗，发动战争恰恰是为了避免更大的战争消耗，这是圣王之道。

汉明帝采纳，决定北伐。

北匈奴看汉朝出动这么多军队，大恐，立即向北撤得远远的。所以，汉军斩获甚少，只有窦固这一路在西域东部斩首千余级，并占领了伊吾卢城，即今天的哈密，哈密即大门之意，这里是西域的东大门。窦固颇有战略眼光，当即在伊吾卢留兵屯田，并请示了汉明帝，派出使团出使西域，了解西域各国的情况。

带领这个使团的是班超，他的大哥是《汉书》的作者班固，他的父亲是曾经写《王命论》奉劝隗嚣莫做帝王梦的班彪。

当年，隗嚣不听劝，班彪转投窦融，后随窦融归洛阳。光武帝问窦融：此前你的那些上书是自己写的吗？写得都太有水平了！

窦融笑答：

皆从事班彪所为。——《后汉书·班彪传》

我可写不了，都是班彪帮我写的。

由这段记载，可以推论，史书里那些被传诵千古的帝王将相的名言，很可能本是他们的大秘所写。历史说到底是一场权力游戏。只要你在权力的最高层，下面人们立的功、立的言，历史也都会算到你的头上。

班彪虽然进入了光武帝的视野，却没被重用，只做过很短时间的县令，多数时间还是做学问。他着手写《汉书》，可惜没写多少就死了。

班固子承父业接着写，跟司马迁继承其父司马谈遗志写《史记》一样。

班固写着写着，被人告到了汉明帝御前。

告固私改作国史。——《后汉书·班固传》

状告班固私修国史。

于是，班固被关进京兆尹大牢。接下来，九死一生。当时，他们老家扶风刚刚有一个人因为"伪言图谶事，下狱死"，班固这性质也差不多。怎么办呢？急坏了弟弟班超。

班彪只有这两个儿子，此时班超虽已三十而立，却只是一介布衣平民，没权没势，怎么救哥哥呢？没办法，急死人！所谓："事到万难须放胆。"班超决定放手一搏。

乃驰诣阙上书。——《后汉书·班固传》

快马加鞭跑到洛阳，直接诣阙上书，求见皇上。

我讲西汉史时讲过，汉朝的政治环境真是有可爱之处。汉明帝竟然真就召见了平民班超。班超讲了一大通，真就把班固救了出来。班固还因祸得福，获封兰台令史，所有的国家藏书、档案都能随便查阅，还有工资、有待遇，一下子从私人修史变成了国家支持的修史。

当然，这个结果主要是因为汉明帝看了班固的书稿，大为欣赏，但也足见班超行事之果敢。随后，兄弟俩把母亲和家人都接到洛阳。班固的工资很少，无力负担家人开支，班超还得在底层到处打工。

常为官佣书以供养。——《后汉书·班超传》

班超打的工主要是给官家抄书，这活儿很枯燥，也很辛苦，一天下来腰酸背疼两眼发花。有一次，他又累又烦，把笔一扔，大发感慨：

大丈夫无它志略，犹当效傅介子、张骞立功异域，以取封侯，安能久事笔研间乎？——《后汉书·班超传》

男子汉大丈夫干点儿什么不行，实在没道儿了，还可以到关外去闯一闯，像人家傅介子、张骞西出玉门关，渡涉流沙，照样能立大功、能封侯，我为什么就不行？为何非得天天伛偻着身子抄抄写写个没完没了？不写了，我要去封侯！

同事们大笑：你疯了吧？准是累坏了说胡话。

班超把脖子一梗：

小子安知壮士志哉！——《后汉书·班超传》

燕雀焉知鸿鹄之志！你们不懂我，我不跟你们玩了。

同事们更笑开了：好了好了，您是鸿鹄，我们是燕雀。可是，这有什么不一样呢？鸿就是大雁，鹄就是天鹅，大雁、天鹅跟燕子、麻雀不也差不多啊，想多了没用，关键得看您有没有那个命！

班超：也对，有命没命，我找人算算去。

结果一算，他还真有这命。算命说：您这面相好！

当封侯万里之外！——《后汉书·班超传》

班超大喜：您快说说，我这个面相上，哪块儿好？

相者指曰：生燕颔虎颈，飞而食肉，此万里侯相也。——《后汉书·班超传》

相面的指着他说：您这下巴宽，脖子粗，这在相书上叫作"燕颔虎颈"，燕子是飞的，老虎是吃肉的，飞而食肉，所以是万里之外封侯之相。

班固大笑。可是，何时才能飞呢？不知道，还得继续抄书，还得各种打工，还得在底层奋斗。《后汉书》说他：

居家常执勤苦，不耻劳辱。——《后汉书·班超传》

不怕苦，不怕脏，不怕累，不怕人看不起，什么活儿都干。底层的人生就这样吧。

一晃又过了好几年，有一次，汉明帝跟班固闲聊：你弟现在做什么呢？当年他为了救你诣阙上书，给朕的印象挺好，有胆气，也有文才。

班固：我弟确有大才，而未得机遇，一直在底层为了一家人糊口而挣命，给人抄书什么的。

汉明帝一皱眉：那真是可惜了，朕先给他个小文官做吧。

于是，班超入仕，也做了一段时间的兰台令史，当时这个职位设六个人，随后因事免官，跟窦家则又有了交往。此次窦固北伐便让他做假司马，大致相当于这支军队的副参谋长。然后，班超在战斗中的表现有勇有谋。

多斩首虏而还。——《后汉书·班超传》

他很得窦固的欣赏，被委以率团出使西域的重任。

班超率使团进入西域，先到了鄯善，也就是曾经的楼兰。鄯善国王很热情，非常恭敬，好吃好喝好招待。不过，热乎了两天，忽然变冷淡了。班超警觉，问手下：你们发现没有，鄯善国王对咱们的态度忽然变了，肯定有什么事儿！

手下：您多虑了，西域胡人没常性，忽冷忽热很正常。

班超：不对，要我看，准是匈奴使者也到这儿了，鄯善国王不知道跟哪头了，所以才这样。有道是：

明者睹未萌。——《后汉书·班超传》

精明之人看事情都是还没苗头就能看出问题来。现在，鄯善国王这么不对劲，这么大的苗头，咱要是还看不到，就成傻子了。那谁，你去把接待咱的那个鄯善官员叫来，别说什么事，就说我找他。

不一会儿，鄯善官员来了：班大人，您找我有什么事？

班超把脸一沉：你说有什么事，你们国王口口声声说臣服我大汉，为什么还接见匈奴使者？！你老实说，匈奴使者来了几天？来了多少人？住哪儿？

班超这么一诈，这个鄯善官员当即被唬住，一一交代。

班超把桌案一拍：你胡说！来人，把他给我绑了！

手下便把这个鄯善官员绑了起来，嘴里塞上东西，关进了小黑屋。

班超立即召集手下一共三十六个壮士：现在形势危急，就看鄯善国王对咱的冷淡劲儿，十有八九他得保匈奴，很可能会把咱们逮了送给匈奴请赏。怎么办？

三十六壮士：班司马，我们都听您的，生死相随！

班超把手一挥：好！事到万难须放胆，咱们干脆搏一把！

不入虎穴，不得虎子。——《后汉书·班超传》

不冒险是干不成事的，今夜咱们就去偷袭灭了那帮匈奴使者！别看他们人多，咱打他个措手不及，用火攻，准能得手。到时，鄯善国王不能两头都得罪，只能服咱。

三十六壮士都很兴奋：好！杀匈奴！

其中有个人提醒班超：这个事，是不是跟郭恂大人也说一声？

郭恂是使团的副团长，是个文官。

班超一摆手：别，文官怕这怕那，畏首畏尾，跟他一说准得坏事。是爷们儿的抄家伙，跟我来！

随后，他们一举成功，把匈奴使者全部杀死、烧死，班超和他的三十六壮士竟然一个也没伤亡。天亮返回后，才跟郭恂说。郭恂的表情很不自然：嗯……

班超笑了：虽然这次您没亲自上去杀匈奴，但您在家坐镇也很重要，咱不能放空营嘛，您也是大功！您看怎么给窦将军写个汇报吧，您写。另外，跟鄯善国王怎么弄，您也得拿主意。

郭恂立马屁颠屁颠了：好嘞……

鄯善国王闻知大惊：哎呀，恳请大汉朝千万派兵保护，千万阻止匈奴来报复我们。请把我儿子带走吧，我们要正式向大汉朝入质称臣。

窦固接到班超的报告，立即又向汉明帝汇报：出使西域开门红。而班超只是我的假司马，临时仓促派出，接下来要不要从朝廷简派专门使者，把使团规格再提高一些？

汉明帝批复：班超有勇有谋，正称此任，升其为军司马继续出使西域，使团需要增派多少人，窦固自行安排。

窦固问班超：你想带多少人？要多少给多少。

班超答：谢谢皇上，我只要我现在这三十六个弟兄就行。此次出使，道路险远，即便我有几百上千人，真去攻打哪个国也打不过，都是累赘。

于是，班超和他的三十六壮士又上路了，直奔鄯善西南的于阗国。当时，于阗国已经向匈奴臣服，匈奴大使常驻当地。所以，对班超的到来，于阗国王比较为难，虽知道大汉朝实力肯定强于匈奴，想抱大汉朝的粗腿，但万一再出个王莽怎么办？再像光武帝似的放弃西域怎么办？再者，于阗国还有一个很有威望的大巫师，他不喜欢汉朝，说：天神不喜欢汉朝，已经发怒，必须杀汉朝使者骑的骢马祭祀，才能平息天神的怒火。

于阗国人很迷信这个大巫师，国王也不能违抗，便派人来跟班超要马。

班超对于阗国情已做足功课，早已想好怎样应对：要骢马没问题，只是得请大巫师自己来，我才给。

大巫师傻呵呵地就来了，一打照面就被班超斩了。班超拎着人头，去见国王：你们于阗国到底什么意思？大汉朝的主力军队都已经动员起来了，正愁打不着匈奴，要不要开到于阗来？

于阗国王好汉不吃眼前亏，立马杀了匈奴大使，向汉朝称臣。

下一站，班超又奔于阗国西北方向的疏勒国。此前，疏勒国被旁边的龟兹国攻占，新立的国王是龟兹人。班超出其不意，将这位龟兹人国王拿下，改立疏勒本国人做国王。

简短地说，班超和他的三十六个壮士恩威并举，威震西域。

于是，诸国皆遣子入侍，西域与汉绝六十五载，至是乃复通焉。——《资治通鉴·汉纪三十七》

自从王莽把西域弄丢，至此已过去六十五年，西域终于又要回来了。

这六十五年间，西域大致是被匈奴控制的，北匈奴当然还要争夺控制权。于是，永平十七年（74）年底，汉明帝再次派窦固、耿秉率领大军出敦煌，入西域，拿下匈奴控制的车师国。随即，在车师国设立了西域都护府。

车师国位于西域东北部，一直是匈奴介入西域的桥头堡。所以，转过年来，北匈奴联合了西边的焉耆和龟兹，组织反扑，要拿下西域都护府，夺回车师。当时，窦固大军已撤回，西域都护府的留守军队分别是戊校尉耿恭和己校尉关宠各自带着的几百人，兵力很少，而且是分开的。耿恭驻军在天山北面的金蒲城——实际按考古发现的碑文，应当是金满城；关宠驻军在天山南面的柳中城，皆城小兵少。北匈奴则是单于亲率的两万精兵。双方兵力相差悬殊，可想而知守城保卫战有多难打。

戊校尉耿恭是耿弇的侄子，有勇有谋，更有对大汉朝的忠心。《后汉书》详细记载了他的守城保卫战过程。

先是，二月，匈奴大军把金满城重重包围，水泄不通，城内汉军倍感压力。所幸的是，匈奴长于野战，不善攻城，只是围着打消耗战。这样下去，城内粮草不继，也很危险。怎么办呢？冲不出去，必须出奇招。于是，一天，耿恭率人在城头拿强弩向匈奴连发数十箭。城外几个匈奴兵中箭倒地。耿恭派人喊话：胡蛮们听着，我们大汉军队请来了箭神，要惩罚你们，今天中箭的人都会浑身烂掉！今天只是警告，过两天箭神震怒，就把你们全射烂！

当天中箭的匈奴兵伤口真就溃烂了，都很严重。匈奴军心大乱：真是箭神发怒了，这怎么办？赶紧撤吧！

连夜解围而去。

为什么中箭的匈奴伤口溃烂呢？因为箭头用毒药浸泡过。这可能是史上最早关于化学武器的记载，这也是实在没办法才干用的。

随后，七月，匈奴大军再次包围金满城。这次，毒箭不好使了，而且匈奴切断了城外水源，城内断水。耿恭派人打井，掘地十五丈深都没有水，人们渴坏了。

笮马粪汁而饮之。——《后汉书·耿恭传》

马尿都没得喝了，只能从马粪里挤出点儿水来喝。

眼看城内汉军都得渴死，胜利在望，匈奴欣欣鼓舞，这天却忽然听得城内高呼万岁欢呼不已。

怎么回事呢？在耿恭的亲自带领下，城内终于挖出水来了，并打好了。十几个士兵拎水从城头上往下泼洒：想渴死我们，妄想！我们有天神相助！看看吧，我们有水了！

匈奴又泄了气：他们真是有天神相助！撤吧。

又撤了。

不久之后又围了上来。

耿恭率军浴血奋战。

食尽穷困，乃煮铠弩，食其筋革。——《后汉书·耿恭传》

粮食吃完了，又把铠甲和弓弩煮了，吃上面的牛皮套之类。

匈奴使者进城来招降：耿将军，只要你投降，我们单于就给你封王！

耿恭眼前一亮：太好了！弟兄们，终于能吃点腥荤了。

直接把这个使者给煮了吃了。继续坚守。

援兵怎么还不来呢？史书没细说，可能是因为城被围死，求救信不能及时送出，而且正赶上汉明帝去世，国内比较忙乱，汉章帝即位后才派出援兵。建初元年（76）正月，援兵才赶到天山南边的柳中城。去朝廷求救的，系柳中城里的关宠派出，援兵主要是来营救这支汉军，这个任务完成后，援兵主将就想撤。

这时，下面一个叫范羌的小军官不干了：不行，不能撤，山北面金满城的耿恭将军也得救出来！

主将一拨拉脑袋：那边一直也没动静，可能早已被匈奴攻陷了，现在数九寒天大雪封山，不能过去冒险。

范羌坚持，因为他曾是耿恭的部下，坚持去救。主将拗不过，分给他两千军兵，赶赴山北。长话短说，这支援军最终将耿恭等将士救出，且战且退。《后汉书》记耿恭等：

发疏勒时，尚有二十六人，随路死没，三月至玉门，唯余十三人。——《后汉书·耿恭传》

应当是离开金满城时，而不是疏勒城，《后汉书》这里应是明显错误，这个错误，从《东观汉记》到《后汉书》再到《资治通鉴》都没人修改，都照抄，一些权威的点校本也没有校释说明，不知为何。疏勒在西边三四千里之外呢。

从金满城突围时，耿恭他们还有二十六人，回到玉门关只剩下了十三人！

汉章帝随即决定再次放弃西域，车师国再次被北匈奴控制。

二十四、汉和帝的武功

建初元年（76），汉章帝刚刚即位就把刚刚设立的西域都护府撤掉，并派人去召回在疏勒的班超。

班超正带领疏勒人苦苦抵抗龟兹的进攻。疏勒人听说班超将被召回，都很难接受：班将军，您要是走了，我们疏勒还得落入龟兹之手，被其奴役。您可不能走！

有个疏勒将军甚至把刀架在自己脖子上：您要是走，我立马死在您跟前！

班超皇命难违，把疏勒人安慰一番，离开疏勒，起程先奔于阗。他走的是西域南线，也就是塔里木盆地南缘的线路，这条线上的疏勒、于阗、鄯善等国都是投靠汉朝的。

于阗人听说班超要走也都很难接受。

王侯以下皆号泣曰：依汉使如父母，诚不可去。——《后汉书·班超传》

国王及臣民都为之号哭：班将军，您要是走了，谁保护我们啊。

甚至，好几个人上来抱住了班超的马腿：不能走！

班超心头一紧，忽然意识到自己走不了了！此前因为他来，于阗人杀了匈奴使者，与匈奴结仇，现在他若是不管不顾甩手走人，人家准得把他杀了向匈奴讨赏、和解。再者，他胸怀大志，本想在西域干一番可以封侯的事业，这一走岂不前功尽弃。思量一番，最终，班超决定留下来：大不了死在这儿，干吧！

于是，班超扭头又回了疏勒，继续带领疏勒人对抗龟兹，把龟兹打退了。

随后两年间，班超是怎么干的，史书没有记载。只记载了两年后的建初三年（78），班超率领疏勒、于阗、拘弥、康居等四个西域国家的联军一万人，大举反攻龟兹，攻占了龟兹控制的姑墨国的一座城。可见，两年来班超的工作是卓有成效的，政治外交方面跟一些西域国家日益亲密；军事方面，秣马厉兵，积极备战；这样才能够成功组织起这次战役。

这次战役后，班超向汉章帝上书，请求派兵支持。他说：

臣前与官属三十六人奉使绝域，备遭艰戹。自孤守疏勒，于今五载，胡夷情数，臣颇识之。问其城郭小大，皆言"倚汉与依天等"。——

《后汉书·班超传》

意思是，臣带着三十六个属官，在西域奋斗了五年，各方面的情况都已掌握，大多数西域国家都愿意继续向我大汉朝臣服，南线国家自不必说，北线的乌孙、康居等国也都乐意，都说"倚汉与依天等"，大汉朝就是他们的天。只是，中间隔着龟兹国，过不来。所以，我跟这些西域国家商量，务必将龟兹拿下。恳请朝廷发兵支持。

汉章帝批准，并接受徐幹的主动请缨，派其率一千汉军，前往西域支持班超。

接下来，班超要走的路还很长，还要面对很多问题，疏勒等国反反复复，班超四处灭火，西域的局面还是很复杂，龟兹国也一直没能拿下。

一晃又过了八年，章和二年（88），年仅十岁的汉和帝即位，掌握大权的外戚窦宪为避罪主动请缨北伐匈奴。

此时的北匈奴已十分衰败。此前一年，正在崛起的鲜卑袭击了北匈奴，竟然将单于击毙。数十个北匈奴部落，二三十万人，无处可逃，纷纷南下向汉朝投降。因此，窦宪比当年卫青、霍去病所面对的匈奴要弱得多。他还有一个更有利的条件是，他的北伐军中还有一支强劲的南匈奴部队。匈奴打匈奴，自然是知己知彼轻车熟路，北匈奴逃都没地逃。

因此，这次北伐战役的胜负毫无悬念，史书所记不过三言两语。章和二年（88）十月，东汉朝廷以窦宪为车骑将军，以耿秉为副手，率军北伐。次年六月，大军出塞。

与北单于战于稽落山，大破之。——《后汉书·窦宪传》

在稽落山把北匈奴主力击溃。乘胜追击，到了燕然山。

斩名王已下万三千级，获生口马羊橐驼百余万头。——《后汉书·窦宪传》

八十一部率众降者，前后二十余万人。——《后汉书·窦宪传》

斩杀匈奴一万三千人，俘虏二十多万人！这是有史以来对异族作战空前绝后的巨大胜利。

窦宪登燕然山，让随军的班固撰写纪功铭文，刻于石壁。

刻石勒功，纪汉威德。——《后汉书·窦宪传》

2017年，此石刻遗迹在蒙古国杭爱山上被发现。

窦宪从燕然班师南归。同时，他派一个小使团继续向北去追逃跑的北匈奴单于，真就追上了，而且说服了单于到洛阳朝见汉朝皇帝。只可惜，单于随小使团南下途中又打了退堂鼓，改派其弟去洛阳朝见，他又返回了。

窦宪感觉美中不足，不过，南单于回来途中又给了他一个大惊喜，送给他一只古鼎。

其傍铭曰"仲山甫鼎，其万年子子孙孙永保用"。——《后汉书·窦宪传》

这是西周名臣仲山甫的鼎。南单于从哪儿弄来的，史书没讲。窦宪高兴坏了，因为鼎象三公，鼎有三足，象征辅佐天子的三公之位。而且，《诗经》歌颂仲山甫：

保兹天子，生仲山甫。——《诗经·大雅·烝民》

仲山甫是为了保卫辅佐天子而生。

出纳王命，王之喉舌。——《诗经·大雅·烝民》

他是天子的代言人。

既明且哲，以保其身。夙夜匪解，以事一人。——《诗经·大雅·烝民》

柔亦不茹，刚亦不吐。不侮矜寡，不畏强御。——《诗经·大雅·烝民》

他明智、勤劳、正直、公正，一心为公，等等。

窦宪心想：这些不正是对我的赞美吗？得此古鼎岂非天意？这是上天对我的称赞！

他立即派人快马加鞭，把这个仲山甫鼎送至洛阳。

窦太后立即召集大臣：你们看，怎么封赏我大哥？

大臣们乘机献媚：起码得封大将军，两万户侯！

窦太后：好，传旨，封！

朝廷使者飞奔五原，要给在还师途中的窦宪封侯、拜大将军。

窦宪表面功夫做足：不行，谢谢皇上，谢谢太后，谢谢使者！这个两万户侯，臣不能接受，为国尽忠，是臣本分。可惜这次没能把北单于弄回来，我还得继续努力。

他辞掉封爵，只接受了大将军之职，位在三公之上。

转过年来，永元二年（90），窦宪派兵拿回了西域的伊吾和车师国。朝廷再次要给他封侯，他再次推辞。

当年冬天，窦宪派兵会同南单于，偷袭想来朝见的北单于，差点儿把北单于活捉。

永元三年（91），窦宪坐镇武威，派左校尉耿夔等带兵出塞，再次长途奔袭北单于，几乎把北匈奴彻底消灭。

去塞五千余里而还，自汉出师所未尝至也。——《后汉书·耿夔传》

从汉武帝以来，没有追出过那么远。耿夔也是耿弇的侄子，因为这一仗，也被封侯。《后汉书》说：

耿氏自中兴已后迄建安之末，大将军二人，将军九人，卿十三人，尚公主三人，列侯十九人，中郎将、护羌校尉及刺史、二千石数十百人，遂与汉兴衰云。——《后汉书·耿恭传》

这真叫豪族！整个东汉王朝，耿家都在统治集团的高层，"与汉兴衰"，完全绑定了。这一切是源自当年只有二十一岁的耿弇在真定的一番思量抉择。

北匈奴遭受耿夔这次重创之后，单于失踪生死不明，只好又拥立单于的弟弟于除鞬。于除鞬单于收拾起残兵败卒，只剩下了几千人，赶紧南下投降。随后，被汉朝安置在伊吾城，并派兵监护。

至此，窦宪彻底平定了匈奴。此前亲匈奴的龟兹、姑墨、温宿等西域各国也陆续投降。

永元三年（91）十二月，东汉朝重新设立西域都护府，班超任都护。

这是东汉王朝最鼎盛的时刻，也可能是东汉皇权迎来的第一个最危险的时刻。因为，此时的窦宪太强大了。他强大到什么程度呢？当时，小汉和帝到长安去祭扫陵园，顺便请窦宪从武威回长安来一块儿参加这个活动。当窦宪带兵进入长安城时，随汉和帝来长安的一帮大臣、大秘们竟然都想给窦宪磕头喊"万岁"！

尚书以下议欲拜之，伏称万岁。——《后汉书·韩棱传》

小汉和帝完全被无视，没人在意他的感受，都以为他只是个小傀儡而已。

没人想到小汉和帝虽然只有十三四岁，却人小鬼大，少年老成，身边这些人的表现他都看在眼里记在心里，都给记着账呢。他已经在盘算着怎么出招，怎么一剑封喉，置窦宪于死地！

按史书的简略记载，小汉和帝之所以要杀窦宪，是因为他听说窦宪的几个亲信正密谋暗杀他，然后把窦宪推上更高权力的位置。怎么办呢？小汉和帝身边没有可以信任的人来商量怎么办？不论内朝的，还是外朝的，不论大臣、郎官，还是皇亲，谁都不可靠。除了一个人，就是之前被废掉的太子刘庆。

刘庆母亲宋贵人被害死，太子被废，改为清河王，当时他才五虚岁，什么事都不懂，又好像已经懂事了。《后汉书》说：

庆时虽幼，而知避嫌畏祸，言不敢及宋氏。——《后汉书·清河孝王庆传》

这么小的孩子，不敢哭，不敢说找妈妈。这让汉章帝和窦皇后都很亏心，平常就跟新太子刘肇一块儿养着，吃什么、穿什么、玩什么都一样的规格。刘肇只比刘庆小一岁，小哥儿俩形影不离，亲密无间。

入则共室，出则同舆。——《后汉书·清河孝王庆传》

随后，刘肇即位，就是汉和帝，跟刘庆的关系依然铁。

常共议私事。——《后汉书·清河孝王庆传》

有什么心事、悄悄话，小汉和帝都跟刘庆讲。

可是，刘庆毕竟也只有十四五岁，杀窦宪这么大的事他也没主意。必须还得找个年长有阅历的值得信任的人来商量办法。找谁呢？

小汉和帝平日接触最多的人是太监，其中大太监中常侍郑众一直贴身侍候汉和帝，对窦家人保持距离。于是，小哥儿俩拉郑众入伙。郑众建议：可以借鉴陈平、周勃灭吕家的做法，这在《太史公书》和班固新修的史书里都有记载。班固的书里还专门有两卷《外戚传》，可以找来看看。现在，窦宪还在凉州掌握大军，咱可千万得沉住了气，一点儿动静也不能有。等他离开大军，回到京城，就好办了。

小汉和帝点头，让刘庆找来《外戚传》，一块儿研究准备。

永元四年（92）四月十八，消灭了北匈奴、重立了西域都护府的大将军窦宪回到京城洛阳。

小汉和帝不敢出手，没有动静。

六月初一，日食。司徒丁鸿就此灾异秘密上书：

天不可以不刚，不刚则三光不明；王不可以不强，不强则宰牧从横。——《后汉书·丁鸿传》

意思是，敦促汉和帝要刚起来、强起来、硬起来，要用铁腕反制窦宪。

当时有一批重臣也反对窦宪，比如丁鸿前任司徒袁安，还有司空任隗等，正是在这些重臣的压力下，窦家并没有完全把控住那些关键职位。比如掌控北军的执金吾本是窦宪弟窦景，但窦景为非作歹，袁安出面参劾，窦太后只好把窦景免掉。其他的，不作细说。总之，如果没有这些保皇势力，小汉和帝也不可能做成什么事。

《后汉书·丁鸿传》讲：

书奏十余日，帝以鸿行太尉兼卫尉，屯南、北宫。——《后汉书·丁鸿传》

十几天后，汉和帝任命丁鸿代理太尉兼卫尉。太尉是最高军职，当年周勃灭吕家时就是太尉。卫尉是统领南军保卫皇宫的。东汉皇宫分两部分，南边的叫南宫，北边的叫北宫。两宫卫队全部交给丁鸿掌控。汉和帝正式开始排兵布阵了！

这么重要的一句话，《资治通鉴》竟然没有录入！

六月十九日，发生地震。

郡国十三地震。——《后汉书·五行志》

按纬书《春秋汉含孳》讲，地震这种灾异警示：

女主盛，臣制命。——《后汉书·五行志》

很明显，这对皇帝很不利。汉和帝必须抓紧出手了。

六月二十三日，一切就绪的汉和帝突然来到北宫。

庚申，幸北宫。——《后汉书·孝和帝纪》

此前汉明帝、汉章帝都是在北宫处理朝政。汉和帝即位后则一直在南宫，突然来到北宫，似乎宣示全面亲政。接下来，史书写得太简略了，只一句话：

诏执金吾、五校尉勒兵屯卫南北宫，闭城门。——《后汉书·窦宪传》

派执金吾全城戒严，抓捕窦宪党羽，全部处死。窦宪、窦笃、窦景逼令自杀。窦家就这么完了。

虽然史书上说窦宪挺狠毒，打击异己，弄死好几个人，不过，说他想谋害汉和帝未必有真凭实据。再者，他扫平匈奴，收复西域，还两拒封侯，称得起一代豪杰人物。可惜！

还有一个人作为窦宪党羽，被抓入大牢拷打而死，更可惜。谁呢？就是班固。

班超也得说是窦宪的人，他起步是靠窦宪的本家爷爷窦固提拔。窦固是在汉章帝去世那年死的，寿终正寝。《后汉书》说他很得汉章帝的赏识，在整个汉章帝朝一直高官厚禄，非常有钱。

而性谦俭，爱人好施，士以此称之。——《后汉书·窦固传》

名声也挺好。

窦固死后，汉章帝也死了，窦宪掌权用兵西域，班超跟他的关系应当也很亲近，却没受牵连，因为汉和帝还指着他镇抚西域。

如前所述，永元三年（91），北匈奴被平定后，龟兹等国也陆续投降，西域都护府重新成立，班超任都护。当时还有三个西域国家焉耆、危须、尉犁没有归服，因为它们都参与了攻杀原西域都护使，害怕汉朝追究、报复。

班超发龟兹、鄯善等八国兵合七万余人讨焉耆。——《资治通鉴·汉纪四十》

永元六年（94），班超发兵把这三国一举搞定。

于是西域五十余国悉皆纳质内属焉。——《后汉书·班超传》

至此，整个西域全部搞定，五十多国都向大汉纳质称臣。

转过年来，汉和帝下诏：

封超为定远侯，邑千户。——《后汉书·班超传》

班超终于封侯于万里之外！距他带领三十六壮士第一次出使西域已过去了二十二年。

两年后，班超又干了一件有历史意义的事情。

都护班超遣甘英使大秦，抵条支。——《后汉书·安息传》

班超派甘英带领一个使团出使大秦，也就是罗马帝国。甘英等人一路向西，穿越了大月氏北部，先进入安息。安息大致就是古代伊朗，当时跟汉朝已有比较频繁的交流。甘英请当地向导领路，奔大秦。走出了好远好远，走到一个叫条支的地方，眼前一片大海。安息向导指着大海对甘英讲：

海水广大，往来者逢善风三月乃得度，若遇迟风，亦有二岁者，故入海人皆赍三岁粮。海中善使人思土恋慕，数有死亡者。——《后汉书·安息传》

意思是，您要去的大秦国在海的那边，得渡海才能到。要是赶上顺风，得需要三个月，才能渡到对岸；要是没顺风，有的得需要两年才能到对岸，所以，上船最好带足三年口粮。还有，在海上待久了，人会特别想家，好多人会抑郁直接跳海。建议您考虑清楚了，再找船。

甘英一琢磨：我这一路走来，西出阳关四万余里。

皆前世所不至，《山经》所未详。——《后汉书·西域传》

都是前人没到过的地方，《山海经》里都没有这些西域国家人文地理的情况，张骞等人都不知道，我给班大人把这些情报带回去已经有无可估量的价值。真要是渡海，死在海上，个人生死事小，这趟岂不白白出来。不行，见好就收吧。

于是，甘英返回。那么，他见到的这片海是哪儿呢？条支是什么地方呢？其实，条支就在今天的波斯湾，这片海就是波斯湾，在伊朗的南部。罗马不是在伊朗西边吗？从伊朗一路向西，经过叙利亚，完全走陆路就可以到罗马。安息向导怎么把甘英领到了南边的波斯湾呢？多半是因为安息人动了坏心眼儿，他们不愿意汉帝国和罗马帝国建立联系，害怕夹在东西两大帝国中间不安全。

虽然甘英没有到达罗马，但后面的中国商人、中国商品还是到达了，连接东西方的古代丝绸之路一点点建立起来了。

眨眼间，班超在西域已经待了三十一年，艰苦卓绝地奋斗了三十一年。中间，也遇到过非议。那是在汉章帝时期，是班超最难的时期。当时，他在疏勒对抗龟兹的进攻，有个叫李邑的使者护送乌孙使者回国，经过于寞，听说疏勒正在打仗，就从边上绕着过去的。随后，回到洛阳，汉章帝问他班超的情况，他根本没见着班超，不敢实说，就给瞎编了一通。

盛毁超拥爱妻，抱爱子，安乐外国，无内顾心。——《后汉书·班超传》

说班超在西域，老婆孩子热炕头，养尊处优，根本没为朝廷做什么事。

班超得知，感叹：做忠臣好难！架不住皇帝身边的小人天天进谗言。怎么堵上小人之口呢？得了，我离婚！他不是说我"拥爱妻，抱爱子"嘛，老婆孩子我都不要了！我看你还怎么说。

汉章帝得知，赶紧下诏：不必这样，朕相信你。那个说你坏话的李邑，朕把他派去供你调遣。

那意思是，你怎么收拾他都行。

李邑没办法，硬着头皮到了疏勒。待了没几天，班超又派他护送乌孙侍子回了洛阳。

手下徐幹不解：您怎么还把他放回去呢？还嫌他说您的坏话不够多吗？要换我，干脆找个借口把他杀了，出出气。

班超一摆手：别这么说。

内省不疚，何恤人言！快意留之，非忠臣也。——《后汉书·班超传》

咱不做亏心事，就不怕人说坏话——他这话有点儿亏心，前面刚因为人家说他坏话而休妻。"快意留之，非忠臣也"此语颇耐玩味，可见班超是很有政治智慧的，他真要把李邑给收拾了，在汉章帝的心目中也就小了。

当然，这只是小的政治智慧。班超大的政治智慧体现在他对复杂的西域形势的掌控、驾驭上。永元十四年（102），在西域待了三十一年的班超已经七十岁了，他几次上书朝廷，请求叶落归根，终于被应准。临回洛阳时，继任西域都护任尚给班超饯行：您主持西域工作这么多年，经验丰富，还请传授一二。

班超一笑：不敢当，不敢当，老朽哪有什么经验。不过，您非要让老朽说，老朽就说两句。西域的特点是：

塞外吏士，本非孝子顺孙，皆以罪过，徙补边屯。而蛮夷怀鸟兽之心，难养易败。——《后汉书·班超传》

咱的工作无非两方面：一是手下的官吏将士们得驾驭好；二是西域各国也得协调驾驭好。这两方面都不好弄。咱们这些官吏将士都不是什么孝子贤孙，都是刺儿头，因为犯罪才给弄到西域来打仗什么的，这样的人当然不好管。西域这些国家都是蛮夷，跟咱的风俗文化都不一样，不是一条心，它觉得有利可图就跟咱，有一点儿不好就完了。

今君性严急，水清无大鱼，察政不得下和。宜荡佚简易，宽小过，总大纲而已。——《后汉书·班超传》

您之前做戊己校尉，跟老朽共事也有不短的时间了，您的性格我了解，太严肃，凡事都较真，爱着急。这个，最好得改改。有道是，水至清则无鱼。工作要求太高，管理太严苛，就不好维护下面人了。最好把手放开一些，宽松一些，条条框框少一些。应当"宽小过，总大纲"，大是大非掌握好不出问题就行，小是小非无所谓的。老朽能说的只有这些。

任尚面上很感谢：谢谢您，晚辈受教了。

心里面却不以为然，随后跟手下说：

我以班君当有奇策，今所言，平平耳。——《后汉书·班超传》

我以为老班得传给我什么真经呢，结果只是泛泛之谈。

然后，只过了两三年，任尚就驾驭不了了，西域又乱套了。

班超回到洛阳当年就去世了。后来，他的儿子班勇也立功于西域。

二十五、女政治家邓绥

永元四年（92），十四岁的小汉和帝在大太监郑众和清河王刘庆的帮助下，灭了外戚窦家。十三年后，永元十七年（105），二十七岁的汉和帝驾崩。其间，国内政治大致稳定，周边地区不时有些小战争。南匈奴闹过叛乱。北匈奴残余融入鲜卑，鲜卑逐渐取代匈奴成为北方最大的异族力量，给北部边防带来挺大压力。不过，整个东汉王朝最主要的压力来自西边的羌人，一次次叛乱，一次次打下去，又一次次起来，野火烧不尽，春风吹又生，这边汉军将领换了好多茬儿，那边羌人首领也换了好多茬儿，一直打到东汉结束，看得我眼花缭乱。

这中间，在汉和帝早期，有个令人印象较深的汉军将领，就是护羌校尉邓训，他是邓禹的儿子。邓禹在刘秀去世后，作为顾命大臣，给汉明帝做太傅，一年多后也去世了。《后汉书》评价邓禹跟刘秀的关系：

君臣之美，后世莫窥其间，不亦君子之致为乎！——《后汉书·邓禹传》

君臣能善始善终，共事几十年都亲密无间，这了不得！得说君臣二人都有君子之风，有境界。

邓禹教子有方。

教养子孙，皆可以为后世法。——《后汉书·邓禹传》

邓训是他的第六子，最不听话。

不好文学，禹常非之。——《后汉书·邓训传》

他不喜欢读书，小时候没少挨邓禹的打骂，后来却成为邓禹最出色的儿子。这一点挺有意思。家长都希望孩子听话，可是太听话的孩子常无主见，无主见之人难有成就；太不听话任性妄为的孩子也难成才；教子之道，妙在因材施教，抓大放小，乖与不乖之间。

汉章帝后期，邓训被任命为护羌校尉，随即在湟中地区成功地平定了一次羌人叛乱。大致采用恩威并用的手段，既用恩，招抚；也用威，武力打；也搞分化瓦解。因为当地不只有羌人，还有一部分小月氏胡人，他们之间也互相打。邓训先招抚小月氏胡人为我所用，对一些比较温和的羌人部落也积极招抚。《后汉书》讲：

羌胡俗耻病死，每病临困，辄以刃自刺。——《后汉书·邓训传》

这民风太强悍了，以病死为耻！只要是得了大病就自杀！他们不怕死，中原人都是好死不如赖活着，他们不要命。

以战死为吉利，病终为不祥。——《后汉书·西羌传》

谁要是病死了，那是人生最大的耻辱，还不吉祥，会给亲人招来祸患。不论男女，要死就得战死沙场。战死光荣，大吉，会给亲族带来好运。所以，打仗都玩命。他们的身体还都特别好，轻易不生病。

妇人产子，亦不避风雪。——《后汉书·西羌传》

产妇是最虚弱的，也不避风雪，不畏严寒。

以至于当时有人认为，羌人在西方，按五行学说西方属金，羌人天生具备金的坚刚勇猛禀性。

性坚刚勇猛，得西方金行之气。——《后汉书·西羌传》

总之，羌人很厉害。

可是，得了病就自杀，也不是个事。于是，对招抚的羌人、胡人，谁要是得病了，邓训都派人紧盯着，甚至捆起来，让他自杀不了，同时积极救治，便救活了不少人。被救者自然感激不尽，这样，接受招抚的羌人越来越多。不接受招抚的，便组织重点打击，重创迷唐羌等。

至汉和帝即位后，在邓训的镇抚下，羌人暂时安定下来。在汉和帝灭掉窦家这一年，邓训去世，很多羌胡感念他，立祠纪念。邓家人很难过，其中有人感慨：六叔这么出色，终其一生也没能封侯拜相，我们这些子孙怕是再也不能重享祖上封侯拜相的荣光了。

邓训从弟邓陔一摆手：不对，咱们老邓家的大富贵还在后头呢。当年，咱们老太傅曾说：

吾将百万之众，未尝妄杀一人，其后世必有兴者。——《后汉书·和熹邓皇后纪》

老太傅给咱家积下了大德，他老人家带兵那些年打了那么多仗，杀人无数，那都是该杀的，没有一个屈死鬼，这了不得！你们六叔此前也做过积大德的事。当年，明帝下令在太原郡修运河。那工程，费老劲了。

太原吏人苦役，连年无成，转运所经三百八十九隘，前后没溺死者不可胜算。——《后汉书·邓训传》

为修这段运河，累死的人、掉河里淹死的人都没数了，可一直修到章帝即位也没修好，而且根本不知道什么时候才能修好。于是，章帝就派你们六叔为使者，到太原查看，看看这个运河到底怎么弄才行。你们六叔经过认真考察，写了一篇非常详细的报告，认为这个工程完全是个无底洞，建议停止。章帝采纳，并接受你们六叔的提议，不用运河，还用小驴车送物资。这看似比较笨，却能节省亿万开支，而且救活了修运河的好几千人。

更用驴辇，岁省费亿万计，全活徒士数千人。——《后汉书·邓训传》

你们说这是多大功德？常言道：

活千人者，子孙有封。——《后汉书·和熹邓皇后纪》

若天道有信，咱们邓家子孙必将蒙受福荫！

十年后，邓家果真再次崛起，邓训之女邓绥晋封皇后。真可谓，天道有信！

邓绥是邓训最小的女儿，深得邓禹夫人的喜爱。有一次，奶奶给她剪头发。老太太眼睛不好使了，剪刀碰到了小邓绥的前额，刺破一小道口子。当时只有五岁的小邓绥竟然没喊疼，含着泪，没言语。事后，家人问她：你为什么忍着呢？不痛吗？

那么小的孩子竟然说：

非不痛也，太夫人哀怜为断发，难伤老人意，故忍之耳。——《后汉书·和熹邓皇后纪》

奶奶这么大年纪，疼我，不让用人给我剪头发，她老人家亲自给我剪。结果，失手碰着我，我要是喊疼，那得让她老人家多不好受啊。所以，我就忍着了。

小邓绥才五岁就这么懂事。六岁，她就能写字，十二岁就把《诗经》《论语》倒背如流了。她读书着了迷。

志在典籍，不问居家之事。——《后汉书·和熹邓皇后纪》

每天没别的事了，就是读啊读。

母亲教育她：女孩子光读书不行，还得学女红，学做衣服、做饭之类。

小邓绥点点头：没问题。

然后，每天白天做女红，晚上继续读书，家人都管她叫大秀才。

昼修妇业，暮诵经典，家人号曰"诸生"。——《后汉书·和熹邓皇后纪》

长到十五六岁，被选入宫。

邓绥身材高挑。

长七尺二寸，姿颜姝丽，绝异于众，左右皆惊。——《后汉书·和熹邓皇后纪》

身高有一米六五多，贼漂亮，又有书卷气质，那真叫鹤立鸡群、艳惊后宫，很快就被汉和帝封为贵人。

然后，宫斗开始。当时的皇后是阴丽华大哥阴识的重孙女，也是个才女。

少聪慧，善书艺。——《后汉书·和帝阴皇后纪》

"书艺"可能是指书法，当时的上流社会中书法已颇流行，《汉书》讲西汉末游侠陈惊坐：

性善书，与人尺牍，主皆藏去以为荣。——《汉书·陈遵传》

人们以收藏名士书法尺牍为荣。汉和帝父汉章帝也是书法大家，现在传世的最著名古代书法作品集《淳化阁帖》里就收录有汉章帝的章草书法作品，虽为赝品，章草字体却传因汉章帝而得名。"书艺"也可能是指"六书六艺"，究竟为何无所谓。总之，阴皇后是很出众的女人，深得汉和帝宠爱，不然不会立她做皇后。

邓绥当然也是很出众的女人。所谓，美女善妒，一山不容二虎。邓绥压力很大，毕竟阴皇后是后宫之主，没办法，人在矮檐下，不得不低头，只能小心伺候。

承事阴后，夙夜战兢。——《后汉书·和熹邓皇后纪》

每天都是战战兢兢，如临深渊，如履薄冰。每次汉和帝在后宫搞宴会，别的妃子都争奇斗艳的，浓妆艳抹，最漂亮的衣服、首饰什么的都穿戴上，恨不得皇上多瞅自己两眼。邓绥则几乎是素颜。

独著素，装服无饰。——《后汉书·和熹邓皇后纪》

唯独她不打扮。阴皇后说错话，别的贵人都喜形于色，幸灾乐祸，邓绥面无表情，处处维护阴皇后。皇上问话，别的贵人都恨不得抢答，邓绥都是先瞅阴皇后的脸色，阴皇后说完她才说或者不说。她比阴皇后高，有时跟阴皇后并排站着，她就尽量哈着腰。

偻身自卑。——《后汉书·和熹邓皇后纪》

把阴皇后显出来。偶尔穿的衣服跟阴皇后的是同样颜色的，她都赶紧脱了。

其衣有与阴后同色者，即时解易。——《后汉书·和熹邓皇后纪》

总之，邓绥在阴皇后跟前极尽谦卑。她母亲是阴丽华的从侄女，论辈分，她还是阴皇后的表姑，有亲戚关系。所以，开始时邓绥跟阴皇后的关系还凑合。

不过，时间稍长就没法儿凑合了。因为邓绥越是谦卑、退让、低调，就越入汉和帝的眼。她又太漂亮、太出色，还太会做人。她不但对阴皇后这么举着捧着，对后宫所有人都很好，都捧着。

接抚同列，常克己以下之，虽宫人隶役，皆加恩借。——《后汉书·和熹邓皇后纪》

不论是对其他妃子，还是对下面打杂的宫女太监，她都很恭敬，都挺关照。这样，整个后宫上上下下都说邓贵人好，很多话便传到了汉和帝耳中，他当然就更加喜欢她。

汉和帝眼中的邓绥还特别明事理，懂事儿。有一次，邓绥生病，汉和帝准许她母亲、兄弟进宫看望照料，皇宫大内随便进出，这是殊荣。邓绥却主动推辞：谢谢皇上，这样影响不好，我告诉我母亲他们别来了。

汉和帝心想：这女人懂事儿。

汉和帝的妃子们怀上孩子总是掉，或者生下不久就夭折。邓绥为之着急，经常给汉和帝推荐宜子的小妃子临幸。

数选进才人，以博帝意。——《后汉书·和熹邓皇后纪》

这些情况，阴皇后也看在眼中，明显感觉皇上对自己越来越冷淡，怎么办呢？我拿针扎你！当然不能直接往邓绥身上扎，是往邓绥的小木人身上扎，后宫也没点儿别的能耐，还是暗地里玩这套巫蛊老把戏。

有一次，汉和帝生病，病得挺重，看样子很难治了。阴皇后很兴奋，有点儿按捺不住：太好了，看来我这皇后之位，邓绥是抢不去了。

我得意，不令邓氏复有遗类！——《后汉书·和熹邓皇后纪》

等我做了太后……哼哼！我就杀邓氏全家！

没有不透风的墙，这话传到了邓绥耳中。邓绥号啕大哭：我对皇后这么好，她为什么这么恨我，我不活了！皇上真要一病不起，我就给皇上陪葬，到地底下侍候他去！你们给我弄碗毒药来，我这就喝了它，快去拿啊……

她哭天抹泪，非要自杀。手下宫女太监们紧拉着、紧着劝。她说什么也不听，非得死去，谁都拉不住。最后，有个宫女糊弄她：刚才使者过来说皇上病好了，没事了，您要是死了，谁伺候皇上啊？

邓绥这才停住。不过，这件事情一下子整个后宫都知道了。

而汉和帝的病真就好了，立马听说邓绥大哭自杀的事情原委，大怒：严查！阴皇后是真阴啊！朕要杀她全家！

于是，又一个巫蛊案，阴皇后被打入冷宫死去，阴家人死的死，发配的发配。

而邓绥竟然为阴皇后求情：请皇上原谅阴皇后，再给她次机会吧。

当然，这个情没有求下来。空出来的皇后之位给谁呢？当然给邓绥。

邓绥仍然非常谦让：臣妾不敢当，臣妾才短德薄，还请在其他贵人里再选一下吧。

辞让者三，然后即位。——《后汉书·和熹邓皇后纪》

一连辞了三次，才终于接受，成为后宫之主。

这出宫斗戏近乎教科书级，很多道家的权谋都在邓绥身上展示了出来，不争、处下、后其身而身先，等等，最后再以一出苦情戏实现大反击。她可真是一个心机女！

作为整个汉朝唯一真正的女性政治家，邓绥的这些心机也可以理解为她的政治智慧的牛刀小试。她做姑娘时就不喜欢女红，而是"志在典籍"，典籍都是讲什么的？都是讲修己治人、为政治国的，这是她的志向所在。就在她上位皇后三年后，永元十七年（105），汉和帝病死。年仅二十五岁的邓绥成为皇太后，东汉帝国的最高政治权力立即被她牢牢抓在手中，一抓就是十六年。直到永宁二年（121），她去世，才依依不舍地撒手。

纵观整个汉朝，皇太后掌大权的情况挺多，吕太后、窦太后、王政君都曾经很强势，不过，吕太后时，治理国家主要靠宰相，只有特别大的事儿她才管；窦太后也只是打压了小汉武帝几年，坚持用黄老大国策，具体政务应当也不管；王政君也是差不多的情况。唯独邓绥邓太后对国家治理的大事小情一肩挑，甚至亲自去监狱审案子。她接掌的天下内外交困，又是地震，又是洪水，又是旱灾，几乎是有历史记载以来自然灾害发生最多的一个时期。同时四夷震动，东南西北的边疆地区、少数民族地区战事不断，还国无良将，经常打败仗。她愣是生生咬牙坚持着，挺了过来，真是非常不容易。

这中间，给我印象比较深的事情有以下几件。

一是在给汉和帝治丧期间后宫比较乱腾，完事后发现有一箱珠宝被人偷走了。怎么办？这事要交给管事大太监审理，准得有无辜之人遭受拷打，传出去也不好。于是，邓太后下令，把有可能接触到这个箱子的宫女、太监全找来，站在院里。她也不说话，只挨个瞅了一遍。

观察颜色，即时首服。——《后汉书·和熹邓皇后纪》

邓太后眼光犀利，瞅到那人，那人做贼心虚，立马脸色大变：太后饶命，太后饶命！

她就这么厉害。

二是阴皇后巫蛊案期间，几个小太监联名举报大太监吉成也用巫蛊谋害皇上。邓太后认为吉成之前很得汉和帝的宠幸，没有谋害动机，于是重审，果系小太监们诬陷。

三是有一年大旱，据说这是因为民间有冤案，于是，邓太后到洛阳大牢现场办公。可是，抽查提审了几个犯人，都没问题，犯人都认罪。

眼瞅着时间到了，最后一个犯人提审完了，就得回宫。没有冤案，这是怎么回事呢？邓太后发现最后提审的这个犯人在退身出去的时候眼神不对——有泪光，立即把手一挥：你回来，有什么话放心说，他们不敢怎么着你，我为你做主。错过了这个机会，你的冤案可就平不了反了。

于是，这个犯人豁了出去：我冤枉！我害怕狱吏给我用酷刑，所以不敢说……

邓太后仔细听下来，审量一番：这确实是冤案！来人，把之前审理此案的洛阳令拿下！

当场办了洛阳令，释放了这个犯人。

行未还宫，澍雨大降。——《后汉书·和熹邓皇后纪》

还没回宫，就下起了大雨。

四是选立皇帝。国不可一日无君，虽是太后主政，皇位也不能空着。汉和帝后宫女人前后有十几次身孕，要么胎死腹中，要么生下来就夭折了。现在看，很可能是种子问题，当时人则怀疑宫里有邪气，不利皇子生长，于是，后来再生的皇子都被秘密送到民间养育。到底送出去几个皇子，养在什么人家，都是最高机密，外人不得而知。汉和帝死得比较突然，哪个皇子继位也未做安排。于是，邓太后抱回了一个刚满百日的皇子刘隆，立为皇太子，当天夜里即皇帝位。这个婴儿皇帝，史称汉殇帝。殇即夭折义。小汉殇帝在位仅八个月，夭折。

然后，邓太后选中了清河王刘庆的儿子十三岁的刘祜。刘祜作为汉章帝的亲孙子，而且应当是长孙，这个人选不错。可是，很多大臣不乐意。因为汉和帝还有一个儿子，而且年纪不算很小，是汉和帝的长子刘胜。史书说：

胜，和帝长子也，不载母氏，少有痼疾。——《后汉书·平原怀王胜传》

"痼疾"，就是久治难愈的病，不知哪天就得病死。因此，此前邓太后就没立刘胜，而立了汉殇帝。

而在很多大臣看来，这完全是借口，邓太后之所以不立年长的刘胜而立仅百日的殇帝，完全是为了长期临朝称制。然后，汉殇帝死了，竟然还不立刘胜，而立了汉和帝的侄子，这就太过分了。能有什么久治难愈的病？不是还活得好好的吗？有几个大臣特别不服气：这个邓太后，太可恶了，又是一个吕后！甚至还不如吕后，她重用大太监郑众和蔡伦，三公重臣反而都无实权。太坏了！

于是，就在刘祜即位一年后，永初元年（107），司空周章想发动政变废掉邓太后和刘祜，拥立刘胜。邓太后处理得相当漂亮，消患于未萌，果断出手搞定。周章自杀。

邓太后作为女主，跟大臣接触多有不便，重用太监顺理成章。大太监郑众是帮助汉和帝消灭窦宪的大功臣，终汉和帝之世，他都是最受宠信的人，汉和帝几次要给他封侯，他都谢绝。不过，最后还是封了。

封为鄛乡侯，食邑千五百户。——《后汉书·郑众传》

邓太后对他继续宠信。

益封三百户。——《后汉书·郑众传》

又增加了三百户的封地。

郑众是整个汉朝太监被封侯的第一人，很可能也是史上第一，前无古人。后来者就太多了，整个东汉政治的一大特色就是太监集团掌大权。郑众是开了头，后来的太监们越来越厉害。这中间，邓太后起了推波助澜的作用，谁让她是女人呢，没办法。她重用的另一位大太监蔡伦名声几乎超过同时代所有人，他发明造纸术也跟邓太后有关系。

二十六、蔡伦造纸与班固著书

小汉殇帝刚满百日即位，在位八个月夭折。延平元年（106）八月，邓太后又立了汉和帝的侄子刘祜，即汉安帝。随后，直至永宁二年(121)，邓太后至死一直亲自主持朝政，未让汉安帝亲政。她执掌东汉朝的十六年间，各种自然灾害异常频繁。

永初元年（107），史书记载：

是岁，郡国十八地震；四十一雨水，或山水暴至；二十八大风、雨雹。——《后汉书·孝安帝纪》

十八个郡国闹地震；四十一个郡国闹洪水，有的山洪暴发；二十八个郡国刮台风，暴雨、冰雹，洪涝灾害。东汉总共一百来个郡国，一多半遭大灾。

永初二年（108）年，史书记载：

五月，旱。——《后汉书·孝安帝纪》

六月，京师及郡国四十大水，大风，雨雹。——《后汉书·孝安帝纪》

既然是上了史书的大风、雹子，肯定不是小打小闹。

《东观记》曰：雹大如芋魁、鸡子，风拔树发屋。——《后汉书注》

风大到把树连根拔起，把房顶掀起；雹子跟鸡蛋那么大。这还不算大的。

延光元年，河西大雨雹，大者如斗。——《后汉书·孔熹传》

后面延光元年（122）还下过像斗那么大的雹子！一斗是十升，一升大致是十厘米见方，这么大！这哪是下冰雹，分明是下炮弹！

是岁，郡国十二地震。——《后汉书·孝安帝纪》

还是永初二年（108），十二个郡国闹地震。这一年，羌人又闹大了，前去平定的车骑将军邓骘和征西校尉任尚都吃了大败仗。

先零羌、滇零称天子于北地，遂寇三辅，东犯赵、魏，南入益州，杀汉中太守。——《后汉书·孝安帝纪》

羌人甚至自称天子，要跟东汉朝争皇权，而且打到了关中、益州，甚至内地的赵、魏都被其侵扰。邓太后疲于应对，直到元初五年（118）才暂时平定。史书记载：

羌叛十余年间，军旅之费，凡用二百四十余亿，府帑空竭，边民及内郡死者不可胜数。——《资治通鉴·汉纪四十二》

光军费就花掉二百四十多亿，把国库都花光了，人民苦海无边。

这只是西羌，还有匈奴、鲜卑等也是各种叛乱、侵扰，各种局部战争，都在邓太后、汉安帝执政期间集中爆发。这跟汉帝国内部遭遇严重自然灾害也有直接关系。比如说，南匈奴一个使者看到洛阳等地灾害严重，甚至人相食，回去便报告单于大汉朝要完蛋，应当趁火打劫！于是，南单于发动叛乱，东汉朝费了老大劲儿才平定叛乱。在未经战乱的情况下，偌大一个帝国的京城竟然出现"人相食"的大饥荒，要不是史书明白写着，真是不敢相信。

永初三年（109），史书记载：

三月，京师大饥，民相食。——《后汉书·孝安帝纪》

当时汉安帝对此还专门下过诏书：

朕以幼冲，奉承鸿业，不能宣流风化，而感逆阴阳，至令百姓饥荒，更相啖食。——《后汉书·孝安帝纪》

意思是，都是我这个皇帝不行，让天地之气不顺溜、阴阳不协调，让老百姓遭受饥荒，人吃人。

要我看，汉安帝确实是大灾星，东汉帝国就是从他这儿彻底走上了下坡路。

永初三年（109），史书总结：

是岁，京师及郡国四十一雨水雹。并、凉二州大饥，人相食。——《后汉书·孝安帝纪》

又是差不多一半的郡国受大灾。

后面的不作细述，地震、洪水、台风、冰雹、旱灾、蝗灾等轮番不断，有人统计这十多年间，大致每三个月就有一场大灾被记入史书。

面对这种内忧外患、天灾人祸的严酷局面，邓太后尽其所能地救济灾民，并尽其所能地节俭皇室开支，比如：

减大官、导官、尚方、内者服御珍膳靡丽难成之物。——《后汉书·和熹邓皇后纪》

大官，大致是御膳房。

导官，主导择米以供祭祀。——《后汉书注》

导官，大致是管祭祀供品的。

尚方，掌工作刀剑诸物及刻玉为器。——《后汉书注》

尚方，是掌管皇室御用的刀、剑、工艺品、日用品等生产制造的。

内者，主帷帐。——《后汉书注》

内者，是负责床上用品的。

这些部门经手的东西全部削减，成本高的一概放弃不用。

玩弄之物，皆绝不作。——《后汉书·和熹邓皇后纪》

玩的、不实用的东西全不做了。

宫女、太监也都裁减人数；上林苑的鹰犬动物统统卖掉；等等。

总之，想尽办法把皇室开支降到最低，能用铜的就不用金，能用瓦的就不用铜。连写字用的简、帛等办公用品也尽量节约。正是在这样的背景下，有一天，大太监中常侍蔡伦兴冲冲来见邓太后：您看看这是什么？

于是，人类一项伟大的发明——造纸术正式问世！

《后汉书》说：

自古书契多编以竹简，其用缣帛者谓之为纸。——《后汉书·蔡伦传》

就是说，"纸"这个说法是很早以前就有的，那时是把用来写字的缣帛叫作纸。不过，那种所谓的纸是很贵的，而同样作为书写材料的竹简、木札又很笨重，应当也不便宜。《后汉书·循吏列传》里记载，当年光武帝为了节省这种简札，都把字写得非常小，六七厘米宽的小札，他能写下十行字。

以手迹赐方国者，皆一札十行，细书成文。勤约之风，行于上下。——《后汉书·循吏列传》

从出土的简帛看，写在上面的字多数都是非常小的，一定程度上说明这些材料的成本是比较高的。

那么，怎样降低书写材料的成本呢？怎样落实邓太后厉行节约的要求呢？当时的蔡伦不但是中常侍，还长期兼任尚方令，负责生产制造皇室用品，也包括简帛等书写材料。于是，他开动脑筋，研究制作既便宜又好用的纸。

蔡伦很有才学，《后汉书》称赞他：

监作秘剑及诸器械，莫不精工坚密，为后世法。——《后汉书·蔡伦传》

此前，他领导研制的刀剑等器械物品都是极品，他领导研制的工艺也都为后世遵循。可以说，他是当时顶尖的工程技术专家，或至少是工程技术管理专家，很多工艺技术未必是他自己做，但他能领导着工匠们搞研发。

伦乃造意，用树肤、麻头及敝布、鱼网以为纸。——《后汉书·蔡伦传》

在蔡伦的领导下，东汉皇宫尚方的匠人们用桑树皮、麻头、破布、破渔网等搅和在一起，经过一定的工艺流程，最终生产出了现代意义上的纸。成本大幅降低！具体工艺可参看央视纪录片《古法造纸》，据说这种纸能千年不坏。真是质优价廉！

可惜，以上所述可能有问题。《后汉书》记：

元兴元年奏上之，帝善其能，自是莫不从用焉，故天下咸称"蔡侯纸"。——《后汉书·蔡伦传》

按这段记载，蔡伦是在元兴元年（105）汉和帝去世的那一年，发明了造纸术，并呈给了汉和帝。根本不是因为邓太后厉行节俭，蔡伦才起的这个心。

可是，这段记载中又说，当时人都称这种纸为"蔡侯纸"。而蔡伦被封侯，是在汉和帝去世八年后的元初元年，也就是公元113年。

元初元年，邓太后以伦久宿卫，封为龙亭侯，邑三百户。——《后汉书·蔡伦传》

蔡伦造纸术被世人所知，应是在邓太后给他封侯之后，所以才叫作"蔡侯纸"。也就是说，我的分析也许没问题，可能真就是因为邓太后要节约，蔡伦才发明了造纸术。

严格地说，应当是蔡伦的尚方团队发明了改进工艺的造纸术。因为据现在的考古发现，公元前就已经有麻纸了。这里不再考据。总之，邓太后所器重的大太监蔡伦是个好太监，很有才学。后期，他还领导过经书校订工作，很不简单。早期，他在汉章帝时参与到宫廷斗争中，逼死原太子刘庆的母亲宋贵人，应当也是身不由己。最终，他也为此付出了代价。因为刘庆的儿子就是汉安帝，后来汉安帝亲政，得知此事，要追查，蔡伦自杀。虽然东汉太监专权被后世诟病，但蔡伦跟后来专权的太监们不一样。后来的太监们骄奢淫逸，结党私营，残害忠良。这些劣迹，蔡伦一点也没有，至少在史书里面一点也没有体现。同时期的大太监郑众也是如此，没有劣迹。

非但没有劣迹，从史书对汉和帝、邓太后的政治表现看，蔡伦、郑众这两个"常与议事""豫参帷幄"的大太监应当还都发挥了很积极正面的作用，这在《后汉书·和帝纪》的记载中尤其能感觉得到。小汉和帝灭掉窦氏正式亲政之后，异常频繁地出台惠民政策，短短十三年间，各种惠民、利民、赈济灾民类的诏书就颁布了二十七道。他太关注民生了。整个汉朝的所有皇帝在这方面都不如这位小汉和帝做得突出。可能明章时期风调雨顺，老百姓日子好过，不必特别关注民生，或者有其他原因。而我感觉，最主要的原因应当是给汉和帝拿主意的郑众和蔡伦来自社会底层，他们真正了解底层百姓的艰难，有一颗爱民之心。

除了这两位大太监，还有一个女人给了邓太后很大的影响，她就是班超的妹妹班昭。班昭的丈夫姓曹。

帝数召入宫，令皇后诸贵人师事焉，号曰大家。——《后汉书·曹氏叔妻传》

汉和帝经常把她召进宫里，教皇后邓绥和贵人们读书，人们尊称其为"曹大家"。

及邓太后临朝，与闻政事。——《后汉书·曹氏叔妻传》

邓太后主政后，很多政事都跟老师班昭商量，还把班昭的儿子封为关内侯。足见班昭的分量。

不过，班昭的历史地位还不是因为这个，而是因为她的两部影响了中国思想史的著作。一部是《汉书》。《汉书》主要的作者是她大哥班固，但要没有她，这部书也不会成为一部完整史书。这话还得从他们的父亲班彪说起。班彪有大才，而仕途了了。

遂专心史籍之间。——《后汉书·班彪传》

于是，他专门研究历史。此前，司马迁的《史记》写至汉武帝，下面没了。随后，扬雄、刘歆、褚少孙等学者都曾续写之。

然多鄙俗，不足以踵继其书。——《后汉书·班彪传》

水平跟司马迁都差得太多，写得不伦不类，跟《史记》的感觉接不上。怎么办呢？我来！

于是，班彪搜集历史资料，开始做这个工作。

作后传数十篇。——《后汉书·班彪传》

他又续写了六十多篇，并写了一篇文章，梳理了前代各种史书著作情况，尤其司马迁著史的情况。他说：

孝武之世，太史令司马迁采《左氏》《国语》，删《世本》《战国策》，据楚汉列国时事，上自黄帝，下讫获麟，作本纪、世家、列传、书、表凡百三十篇。——《后汉书·班彪传》

就是说，司马迁写《史记》也是站在前人的肩膀上，大部分工作是对前代史书的整理，是一个集大成的工作。

迁之所记，从汉元至武以绝，则其功也。——《后汉书·班彪传》

从汉朝开国到汉武帝这部分历史的记载，才是司马迁的原创为主，这是他的功绩所在。

班彪认为《史记》也有明显不足，他批评司马迁：

论议浅而不笃。其论术学，则崇黄老而薄五经；序货殖，则轻仁义而羞贫穷；道游侠，则贱守节而贵俗功；此其大敝伤道，所以遇极刑之咎也。——《后汉书·班彪传》

大致是说，司马迁不是以一个正统儒家的立场，他在学术上推崇的是黄老道家；在《货殖列传》里面极尽对财富和富商的赞美，明显不是安贫乐道的态度；在《游侠列传》里则有暴力崇拜的意思，对一般的公民道德不以为然。这都违背儒家的正统精神，史书怎么能这样写呢？他之所以遭受宫刑，跟这应当有关系。

班彪的这种看法应当代表了独尊儒术之后汉朝高层的主流看法，所以，《史记》著成之后，司马迁不敢公开。杨恽公开时，很可能也做过删减。汉章帝甚至下令学者杨终：

删《太史公书》为十余万言。——《后汉书·杨终传》

本来是五十多万字，删除了四十万字，只剩下十多万字。足见，在东汉初期高层人士眼中的《史记》有多不正统，而班彪、班固父子所写的《汉书》与《史记》得有多么不同。他们肯定要尽量强化儒家的正统权威，所以，《汉书》不如《史记》更有意思，也是必然。

班固是班彪的长子。

年九岁，能属文诵诗赋。及长，遂博贯载籍，九流百家之言，无不穷究。所学无常师，不为章句，举大义而已。——《后汉书·班固传》

班固从小就是一个读书的种子，什么书都看，都钻研，不拘泥于一家之说。写《论衡》的王充当年曾跟着班彪学习。有一次，王充拍着小班固的后背讲：

此儿必记汉事。——《后汉书注》

我这个小师弟将来肯定能成个史学大家，得写汉史。

班固成年后曾在汉明帝的辅政兄弟东平王刘苍手下干过一段时间，没怎么受重用。父亲班彪死后，他回到老家扶风守孝。

以彪所续前史未详，乃潜精研思，欲就其业。——《后汉书·班固传》

其间，他认真读了父亲给《史记》续写的那几十篇传记，感觉不够详细，于是，钻研进去，在父亲所著基础上继续修改完善，要把整部西汉史写完。

结果，如前所述，被人告发私修国史，幸亏有个好弟弟班超诣阙上书，因祸得福，被封兰台令史，所有皇家藏书可随便查阅。这太重要了！司马迁如果不是太史令，不能查阅皇家藏书，连《左传》都不可能看到，也就不可能写成《史记》。班固如果不是兰台令史，不能查阅皇家藏书，写出来的《汉书》肯定也会差得多。

班固不但大致写成了《汉书》，还跟当时几个同事一起写成了《世祖本纪》，也就是光武帝的本纪。

固又撰功臣、平林、新市、公孙述事，作列传、载记二十八篇，奏之。——《后汉书·班固传》

也就是说，班固的史书是一直写到光武帝死的，包括跟光武帝同时期的重要人物的传记，他都写了。这些内容，应当都被范晔融入了《后汉书》。今天，我们看东汉开国历史很精彩，一方面是因为乱世多英雄，英雄多故事；另一方面也是因为班固写得好！

随后，班固本人的故事无甚可讲。汉章帝时，他参与了白虎观会议，执笔编定《白虎通义》。汉和帝时，他随大将军窦宪出击北匈奴，写了刻在燕然山的铭文。窦宪被灭，他也跟着完了。他的人生大致如此。立言的人，尤其注经修史的人，包括我，皓首穷经，整个人生都耗在了故纸堆里，现实的生活都谈不上什么故事，很无趣，喜怒哀乐都藏在了文字里面。

《后汉书》里班固传的篇幅不小，但主要是抄录他的几篇文章，其中一篇《两都赋》是讨论汉朝两个国都的问题。汉高祖定都长安，当时娄敬和张良都盛赞关中"被山带河，四塞以为固""金城千里，天府之国"，有"搤其亢，拊其背"制御天下的形势，等等。为何光武帝却要放弃关中长安，转而定都洛阳呢？如果说，光武帝时长安新经战乱过于破败，那么，到了汉明帝时是不是可以迁都过去了呢？当时的社会上确有这样的舆论。于是，班固写了这篇《两都赋》，其中先以"西都宾"提出这些问题，再以"东都主人"一一解答，最后，东都主人说：西都宾，你太没见识了！

识函谷之可关，而不知王者之无外也。——《两都赋》

你不要总是一脑子防御性思维，总琢磨天下大乱时可以据守关中，拒敌于函谷关之外。你这种思维得改，所谓"王者无外"，不论关内、关外，都是王者的天下。

这个说法可能有点虚，但有意义。今天国人仍以防御性思维为主。

《两都赋》里还有两句话，挺有意思。一句是：

痛乎，风俗之移人也！——《两都赋》

就是说，社会风气、风尚对人潜移默化的影响太大了。在传媒高度发达的当下，对此我们都要深切反省。所谓，墨悲丝染。染于苍则苍，染于黄则黄。墨子有一次到一个大染坊一看，不禁大哭。因为那些丝、麻本是白的，可是，放进苍青色的染缸就变成了苍青色，放进黄色的染缸就变成了黄色。墨子想，人亦如此，人性本善，白纸一张，可架不住社会这个大染缸天天染，多可悲！

另一句是：

温故知新已难，而知德者鲜矣！——《两都赋》

这句话里隐含着班固的历史观：温故不仅仅是为了知新，历史的意义不仅仅是鉴往知来，它更是要以一个民族的共同记忆来构建信仰体系！

正如他自己讲的"温故知新已难"，作为一个著史的人，班固笔下重现过那么多的生死成败，而他自己却没能够吸取教训。司马迁所谓：

能言之者未必能行。——《史记·孙子吴起列传》

立言的人把精力都放在书斋里了，哪有多少实践的历练。只在心上知，而没有事上磨，那是白搭的！

班固的问题出在：

不教学诸子，诸子多不遵法度，吏人苦之。——《后汉书·班固传》

他没有时间管教家人孩子、奴仆，他们全都为非作歹。当地官吏也不敢管，因为那几年班固是窦宪的大红人。有一次，班固的一个家奴喝醉了，竟然当街把洛阳令种兢大骂一通。种兢恨得咬牙切齿，可也不敢如何。随后，窦宪倒台，种兢立即出手，把六十一岁的班固抓入大牢打死。

对此，《后汉书》作者范晔评论：

固伤迁博物洽闻，不能以智免极刑；然亦身陷大戮。智及之而不能守之。呜呼！古人所以致论于目睫也！——《后汉书·班固传》

意思是，班固给司马迁写传，写到最后感叹：

既明且哲，能保其身，难矣哉。——《汉书·司马迁传》

司马迁空有"究天人之际，通古今之变"的大智慧，最终却不能保身。现在轮到班固自己了，他照样有大才识、大学问，却仍然不能保身，死于非命。空有智慧看人看事，却不能把智慧用在自己身上，就像人的眼睛，什么地方都能看得见，唯独看不见自己的睫毛。

范晔给班固写完这篇传，发完这通感慨之后，没过多久，他自己同样被关进大牢，死于非命，只活了四十七岁。

班固死后，汉和帝闻讯大怒：洛阳令种兢竟敢杀我大才，抓起来！

可是，班固已经死了，再怎样也不管用了，而他的《汉书》还没有完成。

其八表及《天文志》未及竟而卒，和帝诏昭就东观臧书阁踵而成之。——《后汉书·曹氏叔妻传》

《汉书》里面的八表，如《百官公卿表》等也都挺重要的，还有《天文志》，都没写完，整个收尾的工作都没做，他就死了。汉和帝听说班固的妹妹班昭也是大才，可能之前她也参与了班彪、班固著史的一些工作，于是，汉和帝让她来到皇宫藏书阁，继续查阅资料，将《汉书》最终著成。

时《汉书》始出，多未能通者。——《后汉书·曹氏叔妻传》

《汉书》著成之后，并不是谁都能完全读通读懂，班昭又负责给人们讲解。这样，这部深刻影响了中国文化的与《史记》齐名的巨著，终于流行于世。

二十七、《女诫》

班昭能青史留名，除了因为踵成《汉书》，还因为她有一篇独立完成的著作也对中国文化影响深远，尤其对整个封建时代的女性成长和婚姻家庭观影响深远。它就是《女诫》，意即对女人的告诫。《后汉书·列女传》全文收录。

班昭的传也是在这卷《列女传》里，开头是这样写的：

扶风曹世叔妻者，同郡班彪之女也，名昭，字惠班，一名姬。博学高才。——《后汉书·曹氏叔妻传》

男性人物传记的开头都不是这样写的，比如班彪传开头：

班彪字叔皮，扶风安陵人也。——《后汉书·班彪传》

马援传开头：

马援字文渊，扶风茂陵人也。——《后汉书·马援传》

邓禹传开头：

邓禹字仲华，南阳新野人也。——《后汉书·邓禹传》

看出区别来了吗？班昭这么杰出的女性，史书介绍她，首先是这位叫曹世叔的男人的妻子，然后是这位叫班彪的男人的女儿，最后才是她自己班昭。这就叫男尊女卑！《女诫》必然也打着这个烙印，这得理解，人的思想超越不了时代。

班昭传中毕竟有名又有字，《后汉书·列女传》所记的其他女子多数都是没有名字的。比如：

太原王霸妻者，不知何氏之女也。——《后汉书·王霸妻传》

这位王霸妻不但没有名字，连姓氏也没有，而她的故事也很好。她的丈夫王霸是个名士，《后汉书·逸民列传》有传，跟严光传挨着，事迹也差不多。光武帝闻其大名，派人请他到朝廷做官，他拒绝：

天子有所不臣，诸侯有所不友。——《后汉书·王霸传》

自古以来的圣明天子和诸侯能够容忍有高人不买他的账，不拿他的俸禄，不做他的官。我就想做这样的人，隐居不仕。

隐居守志，茅屋蓬户。连徵不至。以寿终。——《后汉书·王霸传》

光武帝先后请了他好几次，他也没有出山，一辈子安贫乐道，过着隐逸的生活，老死乡间。

这是《逸民列传》里的记载。在《列女传》他妻子的传里则记载了他的另一面。

有一天，王霸正在田里扶犁耕地，忽见小儿子从家里跑来：哎，老爸，家里来人啦，好像是个当官的……

王霸扔下犁，赶回家中一看，真是个当官的。一个年轻官员带着几个随从，都骑着高头大马，衣着华丽，一见王霸来了，赶紧下马施礼：王叔叔好，家父令狐子伯给您写了一封信，让我送来，您看看吧。

王霸心里一紧：哦，我想起来了，贤侄啊，几年不见真大不一样了。

王霸说得挺亲切，可表情却不大自然。

见令狐子，沮怍不能仰视。霸目之，有愧容，客去而久卧不起。——《后汉书·王霸妻传》

这位年轻官员是王霸的朋友令狐子伯的儿子，此前王霸已经听说，令狐子伯接受朝廷征辟，做了楚国相，他儿子也就是眼前这位年轻官员做了郡功曹，也颇有权势。王霸寒暄一通，将人家送走，瞅着人家轻裘肥马绝尘而去，不禁长叹一声，进屋躺平。

天快黑时，妻子从地里回来，见他还在床上躺着，问：咋的啦，怎么没回地里干活呢？今天来的是什么人？

王霸长叹一口气：唉！今天来的是令狐子伯的儿子。你知道，若论才学，子伯怎能比得了我？可今天，我看着他儿子，再看看咱儿子。

我儿曹蓬发历齿。——《后汉书·王霸妻传》

咱儿子衣着、气质都比人家矮一大截，站在人家跟前自惭形秽。我这个当爹的感觉愧对孩子！

这要是换咱老婆，还不得骂咱一通：你还有脸说，你不就会摆个臭架子吗？放着升官发财你不奔扯，假清高，害得我们娘儿几个跟着你受穷受累，快滚起来刷锅做饭去！

是不是得这样？哈，这样的，肯定上不了《列女传》。王霸妻说的是：

君少修清节，不顾荣禄。今子伯之贵孰与君之高？奈何忘宿志而惭儿女子乎！——《后汉书·王霸妻传》

意思是，夫君您这辈子追求的是什么？您从未在意过令狐子伯那样的富贵生活。这世间，富贵的人成千上万，超然于富贵的人万里无一，您是唯一！而您今天的表现，是要打自己的脸吗？快起来，咱们一起做饭去。

霸屈起而笑曰：有是哉！——《后汉书·王霸妻传》

王霸一骨碌就爬了起来：好！有道理！

《后汉书·列女传》中另一位更著名的乐羊子妻也是"不知何氏之女"。

河南乐羊子之妻者，不知何氏之女也。——《后汉书·乐羊子妻传》

初中语文课本里收录了这篇传记的前半部分，大致讲：乐羊子外出，"得遗金一饼"，捡到一块贵重的金饼，回来兴高采烈地交给妻子：你看，这是啥？

这要换咱老婆，还不得乐疯了。乐羊子妻不，她把脸一绷：

妾闻志士不饮盗泉之水，廉者不受嗟来之食，况拾遗求利，以污其行乎！——《后汉书·乐羊子妻传》

这里有两个典故，一是说，孔子周游列国，有天带的水没了，挺渴，好容易找到一眼泉水，捧起一把正要喝，忽见旁边立着个小石碑，上写两个大字：盗泉。哗！孔子就把水洒了，不喝了，就渴着吧，"志士不饮盗泉之水"！

另一个典故是说，有一年，齐国闹饥荒，有个叫黔敖的贵族财主在路边设了一间粥屋，救济灾民。看着有逃难的打路上过，黔敖就招招手："嗟，来食。"意思是，哎，快过来吃。

灾民过来，就给盛上碗粥，弄两个窝头。

一天，又有个灾民经过，这人已经饿得不行了，皮包骨头，走路都老费劲了。黔敖还是招招手：嗟，来食。

这话说得肯定谈不上什么恭敬。这位灾民脖子一梗。

曰："余唯不食嗟来之食，以至于斯。"从而谢之，不食而死。——《后汉书注》

意思是说，我为什么会成为一个逃荒的灾民？就是因为我从来不吃"嗟来之食"，从来不会为了某种利益而放弃自己的尊严。所以，今天当然也不会吃你的"嗟来之食"。

然后就饿死了。这叫什么？这叫节操。

乐羊子妻接着说：这些故事和道理，您应当比我清楚，咱也得要节操。您怎么能捡了金饼就拿回家呢？您的节操已经掉了一地，知道不？

羊子大惭，乃捐金于野，而远寻师学。——《后汉书·乐羊子妻传》

乐羊子没把金饼交给巡捕，他竟然把它扔到了野地里！然后，他去异地求学。学了不到一年，又回来了。

妻跪问其故。——《后汉书·乐羊子妻传》

乐羊子妻赶紧过来跪拜：您咋回来了？出啥事儿了？

乐羊子咧嘴一笑：我就是想家，我想死你了……

他说着就要上来搂，乐羊子妻把身子一闪，脸色就变了，抄起一把刀来……

乐羊子大惊。

乐羊子妻拿刀照量着织机上的丝帛，说：

此织生自蚕茧，成于机杼，一丝而累，以至于寸，累寸不已，遂成丈匹。——《后汉书·乐羊子妻传》

您看我织的这帛，本是蚕丝，弄到织机上，一根丝一根丝地织起来，费老半天劲才能织一寸，一寸又一寸，不断地织下去，得花好多天才能织成丈匹的成品。我现在要是一刀砍下去，把它斩断，那就前功尽弃了，还得从头来。这就跟您读书做学问是一样的。

夫子积学，当日知其所亡，以就懿德。——《后汉书·乐羊子妻传》

学问也跟织帛一样，必须日积月累，每天都学一点新知，坚持到底，才能有所成就。所谓："少壮功夫老始成。"您明白吗？像您这样，一想家就回来，不也得前功尽弃吗？

羊子感其言，复还终业，遂七年不反。——《后汉书·乐羊子妻传》

多傻的女人，为了成就男人，宁可让男人常年离家求学，这一去就是七年。她自己在家里织布、种田。

常躬勤养姑，又远馈羊子。——《后汉书·乐羊子妻传》

姑就是婆婆。乐羊子妻既要孝养婆婆，还得供丈夫读书。一天中午，乐羊子妻从田里回来，婆婆兴高采烈又有点紧张兮兮地端上一盘鸡肉，说：今天咱娘俩好好改善改善吧，可算吃顿肉。

乐羊子妻很惊讶：娘啊，哪儿来的鸡肉？

婆婆一缩脖子：嘘，小声点儿，是这样，也不知谁家的鸡跑到咱家院子里来了，我把它逮了炖了。媳妇你每天这么辛苦，补补身子吧。

乐羊子妻哭了，她一口也没吃，也没责怪婆婆，只是说：对不起啊，娘，都怪我没本事，平时咱也吃不上肉，才让您偷人家的鸡来吃。

婆婆知道媳妇要强，也一口没吃。

然而，这么要强的贤妻最终却没能有个好结果，以悲剧告终。有一天，有个恶人竟然持刀闯入乐羊子家中，拿刀劫持了老婆婆，要逼乐羊子妻就范。乐羊子妻也抄起一把菜刀，跟恶人对峙。恶人叫嚣：你快放下刀，乖乖听我的，从了我，咱都没事；你要是不从，我就把你婆婆给杀了。

最终，乐羊子妻自杀。

仰天而叹，举刀刎颈而死。——《后汉书·乐羊子妻传》

唉，悲剧！不过，这也成为乐羊子妻受称道的一个重要方面。后来，当地太守捕杀了恶人，表彰乐羊子妻。

号曰：贞义。——《后汉书·乐羊子妻传》

这是一位贞洁烈女，保住了自己的贞操与尊严！

这也是《后汉书·列女传》比较强调的一个重要方面。以后朝代史中的《列女传》对这方面都更加强调，以至于《列女传》的"列"字，干脆改成了贞洁烈女的"烈"。这跟最早刘向写《列女传》的用意是明显不一样的。

《后汉书·列女传》还有一个特别强调的方面，就是孝道，孝敬公婆。王霸妻和乐羊子妻主要是相夫的典型，下面介绍一女孝敬公婆的典型，也是被收录在"二十四孝"里的，也是一个悲剧。

广汉姜诗妻者，同郡庞盛之女也。——《后汉书·姜诗妻传》

她娘家姓庞，是姜诗的妻子，这样一般可以称她为姜庞氏。夫姓在前，本姓在后。

姜庞氏的婆婆喜欢喝江水，不喜喝井水。每天，姜庞氏都要出村，走六七里路到江边挑水回来。有一天，家里没有江水了，姜庞氏去挑水，中间因事耽搁，等她把江水弄回来，婆婆已经渴得很难受，发脾气：你要渴死我啊？

姜诗是个大孝子，一看老母亲着急，便把姜庞氏责备了一大通，最后竟然把她休了：我不要你了，你走吧！

姜庞氏没办法，打铺盖卷，哭着出了姜家门。然后，她没回娘家，而是投奔同村一个老寡妇家住下，每天照常纺纱织布，时常做点好吃的请老寡妇给姜诗家送去，并嘱咐：大姨，您送过去，可千万别提我，就说您自己送他们的。我婆婆老了，做不了；我夫君他也不会做。您费心了。

随后，姜诗娘俩得知，感动不已，惭愧不已，又把姜庞氏接了回来。

日子一天天过去了，姜庞氏的儿子长成了半大小伙子，十多岁了，可以替母亲去给奶奶挑江水，有一次竟失足落水，淹死了。

姜诗夫妇怕婆婆伤心难过，便把孩子草草掩埋，跟婆婆说孩子外出求学去了。姜庞氏背地里暗自流泪。

老婆婆还有一样喜欢的东西，就是爱吃鱼。姜诗夫妇定期到江里捕鱼，给老婆婆炖着吃。老婆婆吃鱼还得要个气氛，一个人吃不下，姜庞氏每次还都得去请两个老街坊老大姨来陪着婆婆一块吃。

这老婆婆是不是太难伺候了？姜诗夫妇毫无怨言，极尽孝顺，无微不至，最终感动了上天，在他家院子旁忽然冒出了一眼清泉，泉水跟江水的味道一模一样，而且每天早上都会冒出两条大鲤鱼。这样，水也有了，鱼也有了，"二十四孝"里便称之为"涌泉跃鲤"。

这还不算完。有一年，赤眉军经过，竟然没有进村劫掠。

驰兵而过，曰：惊大孝必触鬼神！——《后汉书·姜诗妻传》

赤眉军绕过了姜诗夫妇的小村庄，直接走了，因为军中传言，谁要是惊扰了大孝子、大孝媳，得触怒鬼神，会遭报应的。

这就是中国人的民间信仰。至今，这个小村庄还在，已升为镇，叫作孝泉镇，在四川德阳。

最后，大致说一下班昭的《女诫》。

班昭在《女诫》开篇自称：

年十有四，执箕帚于曹氏，于今四十余载矣。——《后汉书·曹世叔妻传》

她十四岁嫁到曹家。"箕帚"就是簸箕和笤帚，拿着簸箕和笤帚，自然是扫地，做家务，后成为妻子代称。成为曹世叔妻子之后，一晃过了四十多年。可见，班昭写《女诫》时已经六十来岁。她的身体已经不大好了。

疾在沈滞，性命无常。——《后汉书·曹世叔妻传》

说不好哪天便会撒手人寰。她的儿子曹成已获封关内侯，成家立业，不用她牵挂。

但伤诸女方当适人，而不渐训诲，不闻妇礼，惧失容它门。——《后汉书·曹世叔妻传》

这时，班昭最牵挂的是她的几个女儿，班昭说：闺女们，为娘一辈子读书思考，阅历风霜，总结出七条经验，也是七条劝诫，写成了这篇《女诫》。

愿诸女各写一通，庶有补益，裨助汝身。——《后汉书·曹世叔妻传》

你们各自抄写一份，带在身边，要认真学习领会。只要按照我说的这七条劝诫，做到位，为娘保证你们的婚姻差不了，肯定能有个不错的人生。

第一诫：卑弱。

咱们作为女人，从生理上先天不如男人强壮，就是比较柔弱的。而柔弱并不是劣势，老子讲得好，柔弱胜刚强。我们不要去跟男人逞强，不要跟他争，咱应当：

谦让恭敬，先人后己，有善莫名，有恶莫辞，忍辱含垢，常若畏惧，是谓卑弱下人也。——《女诫》

咱处处谦让，给足他的面子，有些什么事情他可能过分了，咱也要忍一忍，担待一些。保持这种卑弱的姿态，最终你会征服他的。

当然，你也得承担起家庭责任，得"执勤"，得"继祭祀"。执勤，就是得起早贪黑操持家务，不能懒。继祭祀，就是祭祀祖宗的事务不能含糊。先人的祭日得记好，上坟、祭品什么的都得盯住。作为女主人，得拿出那种严肃劲来，千万不能嬉皮笑脸的。

三者苟备，而患名称之不闻，黜辱之在身，未之见也。——《女诫》

为娘活这么大年纪，还没有见谁家媳妇把卑弱、执勤、继祭祀三样都做到位，却还被丈夫打骂，被亲友们论不住的。

第二诫：夫妇。

《中庸》讲：

君子之道，造端乎夫妇。及其至也，察乎天地。——《中庸》

婚姻是一所大学堂，是夫妻共同学习的地方，彼此之间要去探索对方，发现对方，认识对方，进而包容对方，与对方携手，共同克服困难，克服缺点，取长补短，共同进步。

夫妇之道，参配阴阳。——《女诫》

夫妻关系就好比阴与阳，是相辅相成的，阴离不了阳，阳也离不阴，互相交融转化，就能成就万千。

第三诫：敬慎。

这还是基于阴阳的道理。

阴阳殊性，男女异行。——《女诫》

男人就应当是阳刚的，女人就应当是阴柔的。

鄙谚有云：生男如狼，犹恐其尪；生女如鼠，犹恐其虎。——《女诫》

谁家养男孩，都希望这小子像个狼崽子似的，得野着点，千万别唯唯诺诺的。养女孩正相反，胆小谨慎，像个小老鼠似的，这样最好，千万别长成个"母老虎"。

此由于不知足者也。——《女诫》

万般烦恼，都是因为不知足！你硬碰硬，你不知足，你强势，到最后只能是：

恩义俱废，夫妇离矣。——《女诫》

就得离婚，两败俱伤。

第四诫：妇行。

也就是《礼记》讲的，女人得有妇德、妇言、妇容、妇功。

什么叫妇德？

清闲贞静，守节整齐，行己有耻，动静有法，是谓妇德。——《女诫》

大致是，忠于婚姻，有一定的道德修养，就是妇德。

什么叫妇言？

择辞而说，不道恶语，时然后言，不厌于人，是谓妇言。——《女诫》

有的女人做姑娘时还好一点，嫁了人再长一点年纪，说话粗口。好女人不能口吐脏字，说话分场合，有分寸，这叫妇言。

什么叫妇容？

盥浣尘秽，服饰鲜絜，沐浴以时，身不垢辱，是谓妇容。——《女诫》

穿戴干干净净，讲究个人卫生，这算是妇容。

什么叫妇功？

专心纺绩，不好戏笑，絜齐酒食，以奉宾客，是谓妇功。——《女诫》

妇功就是女人的活得干好，得纺纱织布，得做饭，得能照顾一家人吃穿。

这四条，其实都挺简单的。

为之甚易，唯在存心耳。——《女诫》

你们只要有这个心，有这个意识，都不难做到。

第五诫：专心。

《礼经》讲：

夫有再娶之义，妇无二适之文。——《女诫》

从来都是丈夫可以休妻子，没有妻子可以休丈夫的。以前有一本女德书，叫《女宪》，里面讲：

得意一人，是谓永毕；失意一人，是谓永讫。——《女诫》

你能抓住丈夫的心，得到他的真爱，这辈子就成功了；你要是抓不住他的心，让他嫌弃你，这辈子也就完了。

《周易》归妹卦是讲嫁人的：

归妹，君子以永终知敝。——《周易·归妹》

这话不只限于婚姻，它适用于很多人生的选择，意思是：一旦你选择了它，就应当做好准备，后面你的这个选择会遭遇无数挑战，你会无数次动摇，无数次想放弃。但放弃常常会比坚持的结果更糟。所以，专一很重要。

第六诫：婆媳关系。

婆媳关系很复杂，为娘只讲一条，就是曲从。

勿得违戾是非，争分曲直。——《女诫》

就是说，婆婆说得对，你要听；婆婆说得不对，你也要听。你明白吗？这个，你们现在可能感觉有点强人所难，等你们自己当了婆婆时就能明白了。

第七诫：和叔妹。

妇人之得意于夫主，由舅姑之爱己也；舅姑之爱己，由叔妹之誉己也。——《女诫》

女人怎样能抓住男人的心？结婚之前可能是由于漂亮，由于才华，

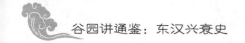

由于财富，等等。而一旦结了婚就不一样了，能够继续被丈夫尊重、珍爱，常常是因为什么呢？是因为公公婆婆对这个媳妇很认可。而公公婆婆对这个媳妇的态度，往往是受了小叔子、小姑子、大姑子的影响。所以，怎样跟丈夫的兄弟姐妹们把关系处理好，这也很关键。怎样赢得叔妹之心呢？

求叔妹之心，固莫尚于谦顺矣。——《女诫》

无非还是一个谦字，一个顺字，谦和、柔顺。

谦则德之柄，顺则妇之行。——《女诫》

谦和顺是女德的关键。

二十八、杨震清廉

　　除了那大太监郑众、蔡伦和大才女班昭，邓太后还有她更信任、更倚重的人，那就是她的邓氏外戚。她一共有五个哥哥，邓骘、邓京、邓悝、邓弘、邓阊，除邓京早死外，其他四位都官居要职。由于此前刚有窦氏外戚被诛灭之事，邓氏外戚整体上比较谦退、低调，虽然也被封侯，也掌大权，但没有骄奢淫逸、飞扬跋扈的，都比较贤能，所举荐的官员也都能服众。

　　颇能推进贤士。——《资治通鉴·汉纪四十一》

　　不过，也有一件比较打眼的事儿被时人指责。大哥邓骘本是车骑将军，邓太后想升他为大将军。按前朝惯例，像卫青、窦宪都是先带兵出塞打匈奴，立了大军功，回来再升大将军，水到渠成。于是，就在汉安帝即位的第二年，永初二年（108），邓太后便派邓骘率五万大军，西出长安去打羌人。因为当时匈奴基本归服，所以改打羌人。结果，这仗断断续续地打了一年，邓骘非但没立大功，还遭遇惨败，中间一场战斗汉军就死了八千多人。

羌众遂大盛，朝廷不能制。——《资治通鉴·汉纪四十一》

弄得羌人越打越厉害了。

这怎么办呢？邓太后干脆耍赖了：我哥虽然没有功劳，但有苦劳，照样还得封大将军！

没等仗打完，前线还有一大堆烂摊子，她就迫不及待地把邓骘召回，同时派使者半道迎上。

迎拜骘为大将军。——《资治通鉴·汉纪四十一》

就跟打了大胜仗回来似的。

舆论哗然。

一晃十几年过去了，私下里对邓太后指指点点的人就更多了：怎么她还临朝称制？皇上都二十多岁了，怎么还不让皇上亲政？

另一位赶紧说：嘘！打住，说这话可是大忌。十年前有个叫杜根的郎中上书进谏，说皇上已经长大了，应该亲政。邓太后顿时暴怒，下令把杜根和一块进谏的几个郎官都给抓了起来。

令盛以缣囊，于殿上扑杀之。——《后汉书·杜根传》

都给装在口袋里，当场乱棒打死。幸亏打杜根的那个武士认识他，下手留着情，给杜根留了一口气。其他几个都死了，被扔到车上拉出了皇宫。事后，邓太后不放心，又派心腹太监去验尸。

根遂诈死，三日，目中生蛆，因得逃窜。——《后汉书·杜根传》

当时杜根一动不动地装死，整整装了三天，眼里都长了蛆，他也没动，这才骗过验尸的人，才终于逃出生天！现在也不知道藏在哪里了。

史书记载，杜根随后隐姓埋名，藏身于一个山里的小酒馆打工，直到十多年后，汉安帝亲政，才重新现身，重被起用。

从杜根这件事情，可见邓太后的霸道。那么，是不是就说明她是一个贪恋权位的坏太后呢？这不好说。我认为，邓太后之所以不让汉安帝亲政，首先是因为汉安帝不是她儿子，没有血缘关系。其次也可能因为她担心汉安帝没有执政能力，应付不了内忧外患重重危机。史书讲：

帝少号聪敏，及长，多不德。——《后汉书·邓骘传》

汉安帝刘祜小的时候看着挺聪明可爱。

好学史书，和帝称之。——《后汉书·孝安帝纪》

喜欢书法，很得汉和帝的喜爱。所以，邓太后才选他做皇帝。可是，他一天天长大，反而不是那么回事了，一点也不爱读书学习，傻愣傻愣的，经常做一些让人很反感的事。从汉安帝后面的表现看，他确实不是当皇帝的材料。而邓太后好学多才，她怎能放心把天下交出去呢？正如她在最后的遗诏中所言：

存亡大分，无可奈何。——《后汉书·和熹邓皇后纪》

邓太后管得了天下国家，在"水旱十载，四夷外侵，盗贼内起"的艰难形势下，驾驭着东汉帝国这艘大船在狂风恶浪间颠簸，几欲倾覆，终于挺了过来。

天下复平，岁还丰穰。——《后汉书·和熹邓皇后纪》

使老百姓的生活有所恢复。她的能力了不得！但她管不了生死。寿数这玩意儿，无可奈何。存亡大分，无可奈何。

永宁二年（121）春天，只有四十一岁的太后邓绥去世。

二十八岁的汉安帝终于亲政，然后，三十二岁驾崩。他亲政的四年乏善可陈，放纵亲信，残害忠良，天灾不断，战乱不断，真不知道他的"安帝"谥号从何而来。

谥法曰：宽容和平曰安。——《后汉书注》

这可能是说他亲政之前那十几年的状态吧，什么事也不管，不争不抢，在邓太后面前宽容、和平、安生，跟只哈巴狗似的。要说这也是一种智慧，他要是不宽容、不和平、不安生，恐怕早就被邓太后废掉了。

据说，即便他这么宽容、和平、安生，邓太后仍然想废掉他！

据谁说的？据他的乳母王圣说的。汉安帝刘祜有生母、嫡母和乳母。

生母左氏，出身低微，他从小由嫡母耿王妃养育，王圣是其乳母。按现在理解，乳母等孩子一断奶也就各走各的了，当时，乳母却始终跟小皇帝保持很亲近的关系。汉武帝对他的乳母也很关照。乳母王圣说，邓太后特别看好一个叫刘翼的皇室子弟，他是汉章帝之子河间王刘开的儿子。汉和帝有痼疾的大儿子平原王刘胜去世后，邓太后就把刘翼又封为平原王，并留在京师。王圣认为，这是邓太后在做准备，要废掉汉安帝，立刘翼。

王圣先跟汉安帝两个心腹大太监李闰和江京说了这个想法，两个太监也都赞同：对，准是这么回事！咱得跟皇上说说，一起想办法应对。

汉安帝不辨是非真假，听后立即气得要死。

邓太后死后，有个曾被她处罚的宫人，诬告邓家兄弟邓悝、邓弘、邓阊曾去尚书查找废立皇帝的资料。

从尚书邓访取废帝故事，谋立平原王。——《资治通鉴·汉纪四十二》

汉安帝不管真假，正好逮着，下令严查。最终，邓家三兄弟被杀，大哥邓骘随后也自杀。

大太监李闰和江京被封侯，升中常侍，其他几个大太监樊丰、刘安、陈达等也都大得宠幸，再加上王圣和她女儿伯荣，这些人成为汉安帝最亲信的班底。

使者所过，威权翕赫，震动郡县，王、侯、二千石至为伯荣独拜车下。——《后汉书·陈忠传》

王侯们见了伯荣都得拜于车下。甚至有大臣跟汉安帝说：

伯荣之威，重于陛下。——《后汉书·陈忠传》

伯荣的威权比皇上都大。

总之，这帮太监、乳母、情妇都小人得志，嗨翻了天。

于是内宠始盛。——《资治通鉴·汉纪四十二》

东汉太监集团正式崛起！

以前汉和帝、邓太后宠信的郑众和蔡伦都是好太监，新起来的这帮几乎都是坏太监。以好坏二分不足以呈现人性之复杂，无奈史料有限，只能这样简单化。坏太监自然干坏事，给人印象深刻的有两件。

一是逼死了忠臣杨震。

杨震字伯起，系出名门，高祖父是与霍光一起废刘贺立宣帝的丞相杨敞，家在关西华阴，学问非常好，收了很多学生。

明经博览，无不穷究。诸儒为之语曰：关西孔子杨伯起。——《后汉书·杨震传》

被时人称颂为"关西孔子"。《后汉书》里很多大儒被人称颂，如"问事不休贾长头""说经铿铿杨子行""解经不穷戴侍中"，等等，还没谁被称颂为孔子。不过，究竟杨震有什么学问，史书没讲，只说他：

不答州郡礼命数十年。——《后汉书·杨震传》

州郡两级政府请他出来做官，请过很多次，他都不肯，坚持在民间教书。直到五十岁的一天，他正在教课，忽然讲堂前飞来三只大鹳雀，嘴里都好像叼着东西，落在房檐上，很打眼。杨震示意大弟子过去看看。不一会儿，大弟子笑容满面地回来，手里拎着三条大黄鳝，喊道：老师，恭喜啊恭喜！这可是个大吉兆。看见没，这就是刚才那三只大鸟叼来的，您看这东西，黄底黑纹。

卿大夫服之象也。——《后汉书·杨震传》

卿大夫的官服就是黄底黑纹。

数三者，法三台也。先生自此升矣。——《后汉书·杨震传》

为什么是三条呢？这是说，您将要位列三公。恭喜老师，朝廷再有征辟，您可千万不要再拒绝了，学而优则仕，您的仕途升迁之路马上就要开始了。

没过几天，大将军邓骘派人来请，杨震入仕。

几年后，杨震由荆州刺史调任东莱太守，赴任途中经过昌邑县，昌邑县县令王密是荆州人，此前由杨震举为茂才，对杨震一直心存感激。

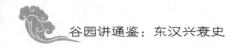

于是，白天给杨震接风洗尘之后，夜里又独自带着十斤金子送到杨震住处。

至夜怀金十斤以遗震。——《后汉书·杨震传》

王密把包袱打开，一大包金子在灯光之下闪着金光，很晃眼。

杨震一皱眉：你这是何意？

王密一笑：老领导，这是晚辈的一点心意，您收下吧。

杨震一拨拉脑袋：别！

故人知君，君不知故人！何也？——《后汉书·杨震传》

当年，我知道你是个人才，所以举荐提拔你。可你怎么不了解我呢？我是收人钱财的人吗？

王密坚持：这只是晚辈的一点心意，您就快快收下吧。

暮夜无知者。——《后汉书·杨震传》

这大半夜的，又不会有人知道。对吧？

杨震的火腾一下起来：混账！

天知，神知，我知，子知。何谓无知？！——《后汉书·杨震传》

举头三尺有神明，人在做，天在看。怎么能说没有人知道呢？没人知道，就能胡来吗？出去！

王密卷起金子惭愧地走了。

对王密如此，对其他人杨震也是如此。

性公廉，不受私谒。——《后汉书·杨震传》

他从来不受贿，没有灰色收入，只挣工资，也不买地收租，也不搞别的什么投资，家人子孙的生活都不宽裕。有老友私下劝他：你就不想着给子孙们留点家业吗？得把家底攒得厚点啊。

杨震摇头一笑：

使后世称为清白吏子孙，以此遗之，不亦厚乎？——《后汉书·杨震传》

我努力做个清官，争取留给后世一个好名声，这不也是留给子孙的家底家业吗？

随后，杨震历任涿郡太守、太仆、太常，最终在邓太后去世前两年做到了司徒，位列三公之首。大弟子预言成真。

然而，就像一句台词讲的：我猜到了开头，但没猜到结局。

杨震的结局是罢官自杀，是在汉安帝亲政后被太监们逼死的。

从史书的记载看，杨震跟太监们之间还谈不上多么针锋相对的斗争，他只是几次上书进谏汉安帝：

政以得贤为本，治以去秽为务。——《后汉书·杨震传》

您得亲贤臣，远小人，尤其应当少跟乳母王圣和她女儿伯荣交往。

唯女子与小人为难养也，近之则不逊，远之则怨。——《论语·阳货》

老跟这两个女子搅和在一起，不好。

虽然没点太监的名，太监们也很不爽：王圣、伯荣是女子，我们就是小人呗。杨震太坏了！

还有一件事。国舅耿宝请杨震辟举大太监李闰的哥哥，提到这也是汉安帝的意思。杨震竟一口回绝：要是皇上的意思，直接把诏书给我就行了，怎么还用劳烦您国舅爷呢？

耿宝是汉安帝嫡母的亲哥哥，是外戚代表，他的面子，还有背后大太监李闰的面子，杨震都不给。从这件事也说明，当时的耿氏外戚和太监集团也是一伙的。

当时还有一支阎氏外戚，因为汉安帝的皇后姓阎。阎皇后的哥哥执金吾阎显也找杨震，希望杨震提拔某人。杨震也拒绝了。

耿宝和阎显随后都去找太尉刘恺，刘恺二话没说，立即照办。

即辟此二人，旬日中皆见拔擢。——《后汉书·杨震传》

这里面有个征辟制度问题，一些在民间有名望的大儒、名士可以直接被征辟，入仕为官。具体征辟谁，皇上可以点人，三公也可以点人，皇上点人叫征，三公点人叫辟。杨震不点这两人，同为三公的刘恺点。

一下子，外戚和太监都恨死了杨震。

其他事不再细说，总之是正邪对抗，最终正不压邪。汉安帝听信太监、外戚的谗言，说杨震系邓骘所辟，对诛灭邓家兔死狐悲，等等，便罢免了杨震。罢免的过程还挺有戏剧性。当时，汉安帝东巡泰山等地，回到洛阳时天色已晚，还没进皇宫，还在太学歇脚的工夫，就派出使者到杨震府上收了印绶。过了几天，再派使者到杨震府上，命杨震即刻离京。

杨震立马收拾行李，带着老伴儿、儿女等一大家子，恓恓惶惶地出了洛阳，回关西老家。后面一帮弟子给他们送行。大家都心情沉重，一路也没有什么话可说。走到夕阳亭这个地方，杨震停下车：吁！唉！孩子们，后面的路你们自己去走吧。我不走了，我这辈子到这儿了。

死者，士之常分。——《后汉书·杨震传》

人生自古谁无死，希望我的死能让人们看到正义的坚守。奸臣当道，嬖女倾乱，我身为重臣却无能为力。

何面目复见日月！——《后汉书·杨震传》

不要拦着我，我必须死。

于是，"饮鸩而卒"。

家人把杨震的灵枢拉回老家弘农郡发丧。弘农太守为了迎合太监，竟然还对杨震的家人各种刁难欺负，派人截住发丧的队伍，要开棺检查。最终，杨震被草草掩埋。很悲凉！

道路皆为陨涕。——《后汉书·杨震传》

很多素昧平生的人听说杨震之死以及身后的情况，都为之落泪。

直到一年后，汉顺帝即位，才给杨震平反，重新给杨震修造坟墓，举行了隆重的葬礼，改葬。史书讲：

先葬十余日，有大鸟高丈余，集震丧前，俯仰悲鸣，泪下沾地。葬毕，乃飞去。——《后汉书·杨震传》

竟然有一只高一丈多的大鸟来参加改葬杨震的葬礼，而且提前十多天就来了，下葬之后才飞走。

这是不是神话呢？怎么会有这么大的鸟？汉时一丈大致相当今天的两米三〇，近三米高的一只鸟，不会是翼龙吧？《汉书注》特意引用了其他两部史书的相关记载：

《续汉书》曰：大鸟来止亭树，下地安行到柩前，正立低头泪出。众人更共摩抚抱持，终不惊骇。——《后汉书注》

这只大鸟不怕人，人们也不怕它，都上去摸它，它也不跑，只在杨震的灵柩前掉泪。

《谢承书》曰：其鸟五色，高丈余，两翼长二丈三尺，人莫知其名也。——《后汉书注》

这只大鸟还很漂亮，五色羽毛，两翼各长五米，真是不可思议。

当时郡里把这个情况上报到了朝廷，汉顺帝还专门就此下诏，褒扬。

于是，时人立石鸟象于其墓所。——《后汉书·杨震传》

时人还给杨震墓前立了这只大鸟的石象。

那么，这只大鸟是不是也预兆了后面的什么事呢？或者说，是因为后面杨家又有什么事情，才有后人编出了大鸟的传说呢？

杨家后面的事情确实不一般！杨震的儿子杨秉、孙子杨赐、重孙子杨彪都跟杨震一样，做到了东汉王朝的司徒，相当于宰相。四世宰相，皆有清名，这也是没谁了！靠什么？我想，一方面是靠累世经传，诗书传家；另一方面也得说是杨震留给子孙的"清白吏子孙"的名声，绝对是一笔了不起的无形财富，既让世人高看一眼，又让子孙能够严格自律，积极进取。

二十九、太监的政变

汉安帝亲政之后，太监、乳母等内宠得势嚣张，残害忠良，逼死了名臣杨震。还有一件事，他们做得很过分：他们挑唆汉安帝废掉了小太子刘保。事情原委得从汉安帝的皇后说起。她的祖父阎章是汉明帝的尚书，深得宠信，两个妹妹被明帝收为贵人，于是阎家也成为外戚，比较尊贵，阎皇后又很有才色，被选进宫之后大得汉安帝的宠爱，估计也挺讨当时邓太后的喜欢，便被立为皇后。随之，宫斗戏进入高潮。《后汉书·皇后纪》讲：

后专房妒忌，帝幸宫人李氏，生皇子保，遂鸩杀李氏。——《后汉书·安思阎皇后纪》

阎皇后没生儿子，其他妃子也没有生儿子的，唯有一个级别很低的"宫人"李氏给汉安帝生了唯一的儿子刘保。

阎皇后"遂鸩杀李氏"，此前杨震"饮鸩而卒"，"鸩"为何物？《后汉书注》此段有个注释：

鸩，毒鸟也。食蝮。以其羽画酒中，饮之立死。——《后汉书注》

据说鸩是一种毒鸟，以毒蛇为食，它的毒主要集中在羽毛里，只要把它的羽毛在酒里蘸一蘸，立马就成了毒酒，剧毒，人饮之立死。

小刘保生母李氏被阎皇后鸩杀后，五岁被立为太子。平日里没有母亲，也没姥姥、奶奶，父亲当皇上天天看不见，唯有照顾他吃喝的乳母、厨师、太监是他最亲的人。于是，这些人也成为宫斗的牺牲品。五年后，汉安帝的乳母王圣串通江京、樊丰等大太监挑唆汉安帝把小刘保的乳母、厨师都给处死了。

当时小太子刘保已经懂事了，当然得记仇，等他将来即了皇位肯定得报复。怎么办？大太监江京、樊丰越想越害怕，最后把心一横：干脆一不做二不休，把小太子废掉就完了！

可是，废太子这么大的事，光凭他们肯定说不动汉安帝，必须找更有分量的帮手。找谁呢？找阎皇后，因为他们都清楚，阎皇后毒死了小太子的亲妈，肯定也担心被报复。

结果，他们一拍即合。他们和阎皇后联手给太子罗织了一大堆乱七八糟的罪名。汉安帝傻呵呵地信以为真，不顾众多大臣的反对，不顾这唯一的父子之情，不管三七二十一，愣是把太子废掉了，改为济阴王。

居于德阳殿西钟下。——《资治通鉴·汉纪四十二》

把刘保安置在北宫德阳殿西大钟下面的一个房间居住。

转过年来，汉安帝南巡，走到宛城突然发病，休养治疗了几天不管用，赶紧往回赶，至叶县驾崩，时年三十二岁。当时是延光四年（125）三月初十。随行的阎皇后和她大哥阎显及大太监江京、樊丰等人都很紧张：这可怎么办？皇上没新立太子，而刚被废掉的太子刘保正在宫里，很多大臣本都拥护刘保，如果听说皇上驾崩，乘机拥立刘保即位，那可怎么办？得了，咱们也学学当年秦始皇死时李斯、赵高玩的那一套吧，封锁消息！

于是，演戏。

所在上食，问起居如故。——《资治通鉴·汉纪四十三》

　　不同的是，秦始皇死在盛夏，且离长安还很远，必须得弄几车臭鱼来遮住尸体的腐臭。汉安帝这是死在春天，离着洛阳已经很近，快马加鞭，只用了四天就返回了皇宫。当晚发丧。

　　阎皇后顺利晋级为皇太后，临朝称制，任命阎显为车骑将军，算是内朝首辅，兄妹俩牢牢抓住了最高皇权。阎太后肯定梦想成为邓太后第二，而要想成为邓太后，关键是对皇帝有绝对控制权。所以，接下来要立的新皇帝自然是年纪越小越好。而刘保作为汉安帝唯一的儿子被排除在外，正常来说应在汉安帝的侄子中选人。阎太后兄妹最后选中了一个小孩——北乡侯刘懿，其父济北王刘寿是汉章帝之子。也就是说，这个小刘懿竟是汉安帝的堂兄弟，真不知阎太后是怎么想的。

　　延光四年（125）三月二十八，小刘懿即皇帝位。

　　接下来，一朝天子一朝臣，阎太后兄妹对权力重新洗牌。老外戚汉安帝舅耿宝被免官，自杀；汉安帝乳母王圣母女被发配；大太监樊丰等几个汉安帝的大红人都被投入大牢弄死。一切都很顺利。一晃几个月过去了，天下太平，朝野上下都顺顺溜溜。阎太后心中窃喜：看来做邓太后第二也没啥，不挺容易吗？

　　她正高兴着，问题来了。刚入冬，小皇帝刘懿一病不起。他要病死了，谁来接班呢？当年邓太后立了小汉殇帝之后，立即把小刘祜养在一边，预备这一手。阎太后没这个准备，措手不及，十月二十七日，小刘懿驾崩。怎么办？只好又玩了一次秘不发丧，同时紧急征召封在各地的王子王孙入宫，要再次选立新皇帝。

　　就在这时，旁边的一群太监看不下去了，都为时为济阴王的刘保抱不平：上次不立济阴王，这次还不想立济阴王，此前汉安帝的葬礼都不让这孩子参加，这可是先帝唯一的儿子啊，骨肉相连，当时这孩子哭得死去活来，是个人看了都揪心。阎家兄妹也太欺负人了，天理难容！不行，我们得替天行道，帮助他夺回本该得到的皇位。

兄弟们，敢不敢？干！

于是，延光四年（125）十一月二日，以中常侍孙程为首的十八个太监密谋。

聚谋于西钟下，皆截单衣为誓。——《后汉书·孙程传》

都把内衣袖子撕下来一块儿，发誓生死与共。

然后，各自分头准备。他们具体做了哪些准备工作，史书没讲，肯定也不容易，尤其一些主要宫门的守卫肯定是支持他们的。可能还有一个重要的支持者就是光禄勋祋讽。

光禄勋相当于皇帝的秘书长，整个皇宫内的郎官、侍卫，包括虎贲军、羽林军都由其管理。此前汉安帝废黜太子时，光禄勋祋讽极力反对，曾与太仆来历等十几个大臣一起进谏劝止。史书明确记载了太仆来历把汉安帝弄得恼羞成怒，被罢官，而祋讽是否还在位，史书没写。我猜想，他可能还在位，因为在孙程等要起事之时，阎显的兄弟阎景是卫尉，掌管皇宫各大门的禁卫军；阎耀是城门校尉，掌管着京师洛阳各大门的禁卫军；阎晏是执金吾，掌管洛阳城内的禁卫军；还有一个叫阎崇的，也可能是他们本家兄弟，任虎贲中郎将，掌管着皇宫内的禁军主力虎贲军。这样，整个禁卫军系统几乎只剩下一个光禄勋史书没有交代是否为阎家人掌握。我猜想，可能还是祋讽。不过，史书后面讲到，祋讽在汉顺帝即位后进行封赏时已经死了。也可能是另一个叫许敬的人，在汉顺帝即位两年后，史书记载：

光禄勋许敬为司徒。——《后汉书·顺帝纪》

并称许敬：

仕于和、安之间，当窦、邓、阎氏之盛，无所屈桡。——《资治通鉴·汉纪四十三》

他跟阎家不是一伙的。

总之，接下来发生的这场宫廷政变是挺难想象的，也难以考据。就在裁单衣为誓的两天后，延光四年（125）十一月初四夜里，孙程等十九个太监——又有一个新加入的——各怀利刃，正式开始政变行动。

因入章台门。时江京、刘安及李闰、陈达等俱坐省门下。——《后汉书·孙程传》

他们进入北宫章台门，杀死了跟阎太后、阎显亲近的大太监江京和刘安、陈达，同时，把刀架在了另一个大太监李闰的脖子上。李闰是汉安帝最心腹的大太监，比江京排位还靠前，在宫里宫外的威望很高，尚书和皇宫禁卫虎贲、羽林军们都畏服于他。

孙程把刀架在李闰的脖子上，威胁：

今当立济阴王，无得摇动！——《后汉书·孙程传》

我们要拥立济阴王即皇帝位，您得给我们牵头做主。如若不然，恕我孙某人刀剑无情！

李闰不敢不应：好，你们干得好，我给你们做主。

众人将李闰扶起，当即拥立刘保即位，就是汉顺帝。

于西钟下迎济阴王立之，是为顺帝。——《后汉书·孙程传》

李闰、孙程等众人山呼万岁：吾皇万岁万万岁！

大半夜里声振宫阙。

阎太后、阎显也正在北宫某座宫殿，立马蒙圈：怎么回事？怎么办？

孙程、李闰等众太监拥着汉顺帝和紧急召来的尚书令、尚书仆射等人出北宫，进入南宫：万岁到！

南宫的人们不明就里，看着一帮大太监、尚书们都是皇帝班底，新皇帝又是汉安帝亲儿子，无可置疑，立马跪下磕头，各就各位，侍候着。李闰和尚书们便开始帮着汉顺帝把一道道圣旨发出去，召见谁，命令谁，捉拿谁，等等，有条不紊地展开。孙程则带人守住南宫宫门。

阎太后、阎显开始组织反击，一边派弟弟阎景出北宫调集兵马，一边紧急召见禁军精锐首领越骑校尉冯诗。阎太后对冯诗讲：你看，皇帝的玉玺还在我这儿，济阳王和那个死太监李闰竟敢造反，一定要把他们拿下！

能得济阳王者封万户侯，得李闰者五千户侯。——《后汉书·孙程传》

冯诗磕头：请太后放心，包在末将身上。末将来得仓促，带的兵太少，等我回营去把兵都带来，保证灭了他们！

冯太后很高兴：太好了，让这个小太监樊登跟你一块儿去吧。

冯诗起身，出了北宫大门，猛回头，抬手砍死了小太监樊登，回到本营，把营门一锁：传我命令，外面就是天塌了，谁也不许出去！

阎景作为卫尉，正常情况下，所有在皇宫外面守卫宫门的禁卫军都归他管，他在去外面宫门调兵的途中，迎头碰上尚书郭镇。郭镇奉汉顺帝旨，持节，来抓阎景。阎景挥剑就砍。郭镇闪身，回手一剑刺中阎景。左右一拥而上，将阎景拿下。

旦日，令侍御史收显等送狱，于是遂定。——《后汉书·孙程传》

等到天亮时，孙程等十九太监主持的这场宫廷政变完美收官，阎显兄弟等人全部被拿下，阎太后第二年病死。汉顺帝给孙程等十九太监全部封为万户侯、千户侯。

是为十九侯。——《后汉书·孙程传》

这可能是中国历史上太监最辉煌的时刻。

不过，新即位的小汉顺帝别看只有十一二岁，还是有两把刷子的，转过年来，他就把这十九侯太监都给逐出京师，打到封地上去了。这是怎么回事呢？这中间有一个关键人物叫虞诩。

虞诩给世人的第一个印象是"顺孙"。《后汉书》说：

诩年十二，能通《尚书》。早孤，孝养祖母。县举顺孙，国相奇之。——《后汉书·虞诩传》

大致说，虞诩是个读书的好苗子，父亲去世得早，他作为孙子孝养祖母尽心尽力，在当地很有名。当时举孝廉，可能既包括孝子，也包括顺孙。虞诩作为顺孙被县里向郡国举荐——他们县属于陈国，国相对他大为欣赏，想请他到国相府做官吏。

虞诩谢绝：我祖母已经九十岁了，我得在家照顾她，给她老人家养老送终。

祖母去世之后，他才应太尉张禹的征辟（《后汉书》记当时太尉是李脩，《资治通鉴》记为张禹），直接到了洛阳，在太尉张禹手下工作。那还是汉安帝早期，羌人闹得正凶，大将军邓骘亲自带兵去打都吃败仗，羌人纵横凉州，汉军无可奈何。再者，北边乌桓、鲜卑都南下侵扰，南单于也反叛，国内还有一个叫张伯路的人领导的造反，还有各种天灾，东汉帝国简直要吃不住劲儿了。大将军邓骘的压力非常大，就想干脆放弃西边的凉州，集中兵力应对北方战事。他召集公卿百官，说：

譬若衣败，坏一以相补，犹有所完。若不如此，将两无所保。——《后汉书·虞诩传》

这就好比有两件衣服都破了好多洞，怎么办呢？干脆毁一件，剪成碎布，给另一件打补丁。这样，补好的这一件起码还能穿；否则，两件都没法儿穿了。所以，我想放弃凉州，把凉州的兵力都调到北方战场上去，保住咱的北线不出问题。各位看，这样行不行？

与会官员多数都点头：有道理，干脆就像汉元帝时放弃珠崖郡一样放弃凉州就完了，光武皇帝不也是不要西域了吗？没什么问题。

有想反对的官员，也说不出什么来。

邓骘说：大家回去再想想，要是都同意，过几天咱们定好了，再向太后和皇上汇报。

三公九卿各回各府。虞诩得知，立即找张禹：卑职听说大将军要放弃凉州，此事万万不可！一旦放弃凉州，羌人就可直入关中，甚至入主长安，那可就无法收拾了。

谚曰：关西出将，关东出相。——《后汉书·虞诩传》

秦汉以来的名将多数都是关西人，像李广、赵充国都是关西凉州人。

这些年来，与羌人作战，凉州本土将士以作战勇敢顽强闻名天下。真要是放弃凉州，必使凉州人寒心，其中豪强就有可能跟羌人联合与大汉为敌。所以，不但不能放弃，还得加强控制，多多选拔凉州豪强子弟到京师各府为官、工作。

张禹非常赞同：好！非常有道理！真要是听了邓大将军的，后果不堪设想。

然后，三公九卿一通气，便否决了邓骘的这个提案。

邓骘觉得挺没面子：虞诩这小子书生意气，站着说话不腰疼，得让他吃点苦头，让他知道知道打仗是怎么回事。

于是，建议朝廷调虞诩任河内郡朝歌县县令。

当时，朝歌正有反贼造反，州郡镇压不住。虞诩赴任前，亲友们来送行都如生离死别，担心虞诩有去无回。虞诩哈哈大笑：

志不求易，事不避难，臣之职也。不遇盘根错节，何以别利器乎？——
《后汉书·虞诩传》

为臣之道就得令行禁止，让咱做什么官儿，还能挑肥拣瘦吗？不能！不能光拣好干的干，难干就躲着，那都是孬人。要是碰不上这种盘根错节的硬活儿，那还显不出咱这把快斧子呢。爷儿几个，你们就瞧好吧。

临到朝歌，虞诩先去拜见了河内太守。太守人不错，也很为虞诩担心：

君儒者，当谋谟庙堂，反在朝歌邪？——《后汉书·虞诩传》

您是文人学者，应当在朝廷拿笔杆子当参谋，怎么直接到一线来了呢？这下面跟上面的工作可不一样。

虞诩施礼：谢谢太守，您不必担心，朝歌的反贼我已经做了研究，不是能成多大气候的。只是，暂时他们士气高涨，难与争锋。

兵不厌权。愿宽假辔策，勿令有所拘阂而己。——《后汉书·虞诩传》

军事讲究的是谋略、权变，越灵活机动越好。卑职恳请大人多给我一些授权，少勒着我点，让我能放开手干就行。希望您支持！

太守一笑：哪里话，没问题，干吧。

虞诩到朝歌任县令后，他开始招募兵勇，并划出三个档次。

设令三科以募求壮士。自掾史以下各举所知，其攻劫者为上，伤人偷盗者次之，带丧服而不事家业为下。——《后汉书·虞诩传》

首先，干过强盗，曾经拦路抢劫的，这种最好，绝对是壮士，一招来就做上等兵。其次，跟人打架把人打伤过的，或者干过偷盗的，这种也算有胆，也是壮士，一招来就做中等兵。最后，借口为父母服丧尽孝便什么也不干了，养家糊口都不管了，这种人也有个性，也可以招来，算作下等兵。

本着这三个档次，虞诩招起一支"特种兵"，有一百多号壮士，确实很能打。另外，他还搞了一套间谍战策略。总之，没用多长时间，他就把朝歌的动乱给平定了。

随后，他又做了一段时间的怀县县令。这期间，朝廷新派出老将任尚作为主将，再赴西部战场打羌人。此前的带兵主将有战死的，也有兵败自杀的，也有被治罪的，任尚也一点把握没有，硬着头皮集合军队。正要出发，忽然手下来报：怀县县令虞诩求见。

任尚知道虞诩有才：好，快快请进。

虞诩进门施礼。任尚笑迎：虞先生有什么指教？

虞诩：将军，我长话短说。

三州屯兵二十余万人，弃农桑，疲苦徭役，而未有功效，劳费日滋。——《后汉书·东号子麻奴传》

现在，整个凉州、并州还有长安三辅都作为战区，投入二十多万兵力，打了这么长时间，也没有成效，这给国家多大的压力啊。将军此次出战如不能成功，朝廷会怎样对您，您考虑过吗？

任尚听着脖子发麻：虞先生，请直说吧，您有什么思路？

虞诩说：

兵法，弱不攻强，走不逐飞，自然之势也。——《后汉书·东号子麻奴传》

弱的打不过强的，地上跑的打不着天上飞的。咱们打羌人之所以一直不顺，关键是因为羌人都是骑兵，咱这边几乎都是步兵，根本追不上人家，怎么打？咱必须也把骑兵搞上去，把现在这二十万步兵裁撤，让他们每二十人出钱凑出一匹马装备一个骑兵。有这一万骑兵，准能打赢！撤下去的十九万人还能回家生产。

任尚照办，果然扭转了不利局面。

邓太后也由此听说了虞诩，称赞他是将帅之才，提拔他去做了西羌前线的武都太守。虞诩做武都太守对阵羌人的表现仍然让人印象深刻，用了很多谋略，比如活用孙膑的增兵减灶。在一次行军中，他的兵力少，怕被羌人追击，于是加灶，让羌人以为他在增加兵力，从而不敢来追。他说：

孙膑见弱，吾今示强，势有不同。——《后汉书·虞诩传》

总之是，兵不厌权，兵不厌诈，虚虚实实，虞诩运用之妙存乎一心，保住了武都郡不受羌人之害。

他还清理河道，发展水路运输代替陆路运输，提升生产流通效率。

烧石剪木，开漕船道。——《后汉书·虞诩传》

"剪木"应是指伐木造船；"烧石"是什么意思？《后汉书注》说，当时一段河道中间有一块巨石，船过不去，砸也不砸不动。怎么弄呢？

诩乃使人烧石，以水灌之，石皆坼裂，因镌去石。——《后汉书注》

虞诩派人弄了很多木柴，围着这个大石头烧，然后趁着高温再用凉水激，这样热胀冷缩，这个大石头就裂了，再砸就容易了。据说，古代在悬崖峭壁上开凿栈道孔，也是用这种烧石法。

虞诩主政武都郡的两三年间，当地人的生产生活大为改善。然后，

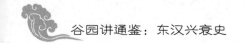

他在汉顺帝即位不久，被调回京城，做司隶校尉，负责监察京师文武百官，包括三公九卿。

数月间，奏太傅冯石、太尉刘熹、中常侍程璜、陈秉、孟生、李闰等，百官侧目，号为苛刻。——《后汉书·虞诩传》

太傅、太尉、中常侍，这都是最大的官、最大的权贵，虞诩一上任就都把他们参劾了，威震京师。

三十、直臣虞诩

延光四年（125）十一月，孙程等十九个太监发动政变，铲除阎氏外戚，拥立小汉顺帝即位。次年，武都太守虞诩调任司隶校尉，随即参劾罢免太傅冯石、太尉刘熹、中常侍程璜、陈秉、孟生、李闰等，令百官侧目：虞诩这小子要疯吗？半点儿官场潜规则也不讲，他这么搞下去，过不了多久，棒子很可能就得打到我们头上。怎么办呢？

于是，司徒、司空、太尉三府联合上书汉顺帝，弹劾虞诩：

盛夏多拘系无辜，为吏人患。——《后汉书·虞诩传》

咱大汉朝向来都是春庆、夏赏，虞诩他不按节令，竟然在大夏天搞那么多刑法案子！而且还制造了好多冤案；等等。虞诩这个司隶校尉不合格，得罢免。

虞诩据理力争，上书辩解：

法禁者俗之堤防，刑罚者人之衔辔。——《后汉书·虞诩传》

法律是维系社会正常运转的保障，就像把河水限制在河道里的堤防。刑罚能控制人不胡作非为，就像嚼子、缰绳能随时勒住马、驾驭马。法律和刑罚随时随地都要用，一刻也不能放松，怎能因为是夏天就不能用了呢？三府弹劾臣，无非就是怕我查他们。如果皇上只相信他们，不相信臣。

臣将从史鱼死，即以尸谏耳。——《后汉书·虞诩传》

我要效法史鱼，立即去死，来个尸谏！希望您能支持我跟那帮奸臣死磕到底。

小汉顺帝很明白：好，朕支持你，放手查他们吧！

不久，又罢免了司空。

不过，虞诩对小汉顺帝还不算太满意，上书：您不能只罢免司空，中常侍张防罪大恶极，臣已经参劾他好几次了，您为什么迟迟不批呢？可急死我了。

那么，中常侍张防是什么来头什么情况呢？可惜，史书无记载。《后汉书·宦者列传》只记载了郑众、蔡伦、孙程等九个大太监的事迹，其他还有很多权倾朝野的大太监都没什么记载，没办法了解其来龙去脉，反正就是皇上瞅他顺眼，他就厉害了。张防即是如此，小汉顺帝喜欢他，他就狐假虎威很有权势。那么，他犯了什么罪过，虞诩要参劾他呢？《后汉书》里这样讲：

中常侍张防特用权势，每请托受取。——《后汉书·虞诩传》

就是说，张防利用权势"请托受取"。其实，所有坏太监及权贵对东汉王朝的败坏方式主要都是这个"请托受取"。

请托，白话讲就是打招呼。比如，跟太守打招呼，提拔某某做县令；跟廷尉打招呼，给某某减刑；跟将作大匠打招呼，帮助某某承接政府工程；等等。被打招呼的乘机巴结，送上钱财；被帮助的，也送上钱财。收之，即为受取，也就是受贿。一面有请托，一面就有受取，最后落在插手干部任用、干预司法公正、强占国有资源等各种腐败违法行为上。张防就是这么一个大腐败分子、大老虎。

大太监李闰也算是大老虎，虞诩一参劾，汉顺帝立马拿下了。可是，轮到张防这个大老虎，虞诩三番五次参劾也白搭，汉顺帝假装没看见。

诩不胜其愤，乃自系廷尉。——《后汉书·虞诩传》

虞诩又气又急，干脆自己跑到廷尉大牢：既然我参劾张防，皇上不认可，那我就是诬告，我有罪，我坐牢。我这里还有一篇上书，也请呈给皇上。

虞诩的这篇上书写得简洁有力，大意是：先帝就是因为宠信坏太监，把您的太子之位废掉，差点儿断送了江山社稷。现在您又宠信放纵坏太监张防，也要重走老路吗？

国家之祸将重至矣。——《后汉书·虞诩传》

而微臣也很可能会重走杨震的老路，被坏太监逼死，所以才出此下策，自系廷尉，为的是让您能重视此事，请明察。

小汉顺帝看后确实挺重视，立即质问张防，可他毕竟才十二三岁，根本架不住张防的糊弄。张防一通大哭：奴才冤枉！虞诩就是要欺负奴才，要不怎么三公都一起告他呢？他就是狂妄，还自系廷尉，这分明是将您的军，逼您听他指挥，简直是连您也欺负……

张防一通哭诉辩解，非但自己一点事没有，还让虞诩真坐了大牢。张防立即向廷尉打招呼：虞诩这个案子，皇上和三公都很重视，希望早日定罪正法。要提高办案效率，不辜负朝廷对你们的信任。有时间过来，我领你们跟皇上见个面。好好干……

虞诩可吃了大苦头，被严刑拷打。非要给他来个屈打成招，让他承认个什么死罪或自杀。

虞诩咬牙挺着：唉！这可怎么办？

没办法。他在朝廷本无根基，又太过刚猛，令百官侧目，三公九卿都袖手旁观，甚至幸灾乐祸，没人出手相救。唯独有个大太监看不下去了，他就是孙程。孙程叫上几个参与政变的太监功臣，一起来找汉顺帝：

此前不都是因为奸臣当道，我们才铤而走险拥立您，如今您怎么又让奸臣得势呢？又让虞诩这样的忠臣横遭不公。请赶紧释放他吧。

当时，张防正站在汉顺帝身后，他正要张口插话，孙程气不打一处来：

奸臣张防，何不下殿？——《后汉书·虞诩传》

你凭什么站在皇上身边？滚一边儿去！

张防吓得一哆嗦，乖乖地跪到一边儿去，又哭开了。

孙程继续说：皇上，请将奸臣张防拿下吧！

小汉顺帝紧锁眉头：这个……朕稍想想，你们先下去吧。

孙程没办法，施礼退出。

小汉顺帝随后问一个尚书：你觉得张防如何啊？

这个尚书跟张防的关系挺好，答：张防张常侍绝对是好人啊……

汉元帝曾跟京房探讨过分辨忠奸的问题，这可老难了，何况小汉顺帝只有十二三岁，他皱皱眉：嗯……好吧，朕再想想……

这时，虞诩在大牢里已经快被打死了。虞诩的儿子还有一帮门生亲友都急坏了：怎么办呢？还有谁能说得动皇上呢？

想来想去想到大太监中常侍高梵。高梵的情况史书也没有交代，只是说小顺帝被废掉太子的时候，身边几个主要的太监都被连累发配朔方，其中就有他。

傅高梵。——《后汉书·孙程传》

他是太子的老师。

于是，虞诩的儿子和门生百余人去求高梵。

举幡候中常侍高梵车，叩头流血，诉言枉状。梵乃入言之。——《后汉书·虞诩传》

在高梵出行的路口，拉一个大横幅标语：冤！上百号人齐刷刷跪在这个大太监跟前，磕头如捣蒜，血流一地：求求您，求求您，我爹为国尽忠却身陷冤狱，如今生死不明，请您千万帮忙！

唉，读史至此不禁废书兴叹：这么了不起的一代名臣、忠臣，却要靠一个没什么可称道的太监同情救命。

所幸，高梵这个太监真管用，他找汉顺帝一说，虞诩当天即被释放，张防被发配。

这也可以看出，虽然孙程等太监拥立汉顺帝，但在汉顺帝心里还是跟原来他身边的老太监们更亲近，高梵明显比孙程等人的分量重。于是，孙程感觉很没面子，便又找汉顺帝。

程复上书陈诩有大功，语甚切激。帝感悟，复征拜议郎。数日，迁尚书仆射。——《后汉书·虞诩传》

孙程这次找汉顺帝，"语甚切激"，话说得很重，说服了汉顺帝重新起用虞诩，让虞诩一下子做到尚书仆射，成了内朝显要。这样一来，孙程算是争回一点面子——高梵出面，放人；他出面，升官。算是扯平了。

不过，孙程给汉顺帝的印象肯定更坏了。上一次他当着汉顺帝的面怒斥张防，这一次又"语甚切激"，小汉顺帝肯定有如芒在背的感觉。另外，从废太子事件、十九太监政变事件到参劾张防事件，也可看出当时太监集团的内部存在激烈的派系斗争。高梵等原来汉顺帝身边的太监们对孙程等十九侯功臣太监应当也是由爱变怕、变恨。于是，过了不长时间，汉顺帝便把孙程等十九侯太监各自贬回侯国封地，逐出京师。

遂免程官，因悉遣十九侯就国。——《后汉书·孙程传》

汉顺帝接下来的执政，再未受到拥立他的这些太监的左右，这是汉顺帝值得称道的地方。他还有一个更值得称道的地方，也得从虞诩说起。

虞诩官至尚书仆射，成为汉顺帝的机要大秘，之后，他有两个故事。

第一个故事。当时各地都实行一项"谪罚输赎"政策：老百姓犯了什么罪过，交一笔钱就可以减刑免罪。然后，这笔钱按规定要用来救助穷人。

号为"义钱"，托为贫人储。——《后汉书·虞诩传》

名义上，这是一项"义钱"，是社会公益款项。可实际上，太守、县令等地方长官对这个款项多有挪用、贪污。

守令因以聚敛。——《后汉书·虞诩传》

穷人根本用不上。所以，有不少基层举报这个问题。可是，三公、刺史却都视而不见。虞诩在尚书了解到这个情况后，很重视，立即整理了一份材料，呈给汉顺帝。这个"谪罚输赎"的问题政策便被废止了。

第二个故事。宁阳县主簿曾数次诣阙上书检举揭发宁阳县县令的违法问题，并被县令报复迫害。此案拖了六七年，朝廷竟一直没有派人下去调查，也没个说法。最后，这个主簿急眼了，再次上书，说：

臣为陛下子，陛下为臣父。臣章百上，终不见省，臣岂可北诣单于以告怨乎？——《后汉书·虞诩传》

意思是，皇上您是我的顶头上司，是给我做主的人，却迟迟不给我做主，让我有怨无处诉。这是要逼着我北上去认单于做主，对其诉怨吗？

汉顺帝大怒，把这篇上书批给尚书：你们看看，竟有这样的大胆狂徒，这是什么性质？！

尚书们立即附和：这性质太恶劣了！他这是目无君上，要认贼作父，要叛国。大逆不道，死罪！

唯独虞诩摇摇头：臣认为这只是臣子一时激愤之语，就跟孩子有时在父母跟前撒娇尥蹶子一样。他说的这个"百上不达"的问题是有关部门的失职，这也是事实，不能怪他着急。他说出这过激的话来，打一顿板子惩戒一下，也就可以了。

汉顺帝点头。

随后，虞诩跟尚书们讲：你们真心觉得这个主簿该受死罪吗？做人要厚道。

虞诩还向汉顺帝提过一个建议：

台郎显职，仕之通阶，今或一郡七八，或一州无人。宜令均平，以厌天下之望。——《后汉书·虞诩传》

意思是，尚书、郎官等皇帝身边的机要人员来自全国各地，但是很不平均。有的郡厉害，一个郡就有七八个郎官；而有的州，全州也出不了一个郎官。这是挺不公平的，那些朝中无人的地方所享受到的政策性机会就可能少很多，应当平衡一下。

虞诩的仕途最终止步于尚书令。

以公事去官。——《后汉书·虞诩传》

因为工作上有点什么事，而辞官回家，老死家中。临终前对儿子讲：

吾事君直道，行己无愧。——《后汉书·虞诩传》

我这辈子直道而行，立身处世问心无愧。只有一件事有点儿亏心，就是二十多年前做朝歌县县令时，捕杀了数百贼寇，其中难免有无辜冤死的。

自此二十余年，家门不增一口，斯获罪于天也。——《后汉书·虞诩传》

从那时到现在二十多年了，家里再也没有添个男丁。这可能是上天对我的惩罚吧。

那么，汉顺帝那个值得称道的地方，又跟虞诩有何关系呢？是这样的，虞诩在做尚书仆射期间向汉顺帝举荐了贤才左雄。此前左雄孝廉出身，官至冀州刺史，监察冀州地方官员。

州部多豪族，好请托。——《后汉书·左雄传》

当地豪门大族都很有背景，每有案子，都有一大帮打招呼的。以往的刺史顺水推舟，乘机建立自己的人脉关系网，案子也就大事化小、小事化了了。左雄不这样。

雄常闭门不与交通。——《后汉书·左雄传》

左雄到了冀州任上就大门一关，跟谁也不来往：我不要这种关系网，

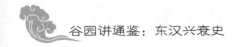

谁都甭想干扰我办案。

奏案贪猾二千石，无所回忌。——《后汉书·左雄传》

他不论查办谁都没有一点儿顾忌，秉公执法。

正所谓英雄爱好汉，好汉爱英雄。虞诩也是这样直道而行的人，便向汉顺帝大力举荐左雄：

臣见方今公卿以下，类多拱默，以树恩为贤，尽节为愚，至相戒曰：白璧不可为，容容多后福。——《后汉书·左雄传》

意思是，现在整个官场都是一团和气，官员们光干落好的事，不干得罪人的事，没人讲原则，没人在乎国家的利益。私下都有一种默契、共识，即"白璧不可为，容容多后福"，就是说，千万不要做那个举世皆浊我独清的跟洁白的璧玉一样的人，那样的人肯定倒霉，只有随大溜，什么都能包容，肚里有数，嘴上不说，同流合污，才能前途光明。在这样的官场环境下，左雄这样的人尤其可贵。

宜擢在喉舌之官，必有匡弼之益。——《后汉书·左雄传》

请把他调到我们尚书处吧，也给您做大秘，他肯定能建言献策，发挥更大的作用。

汉顺帝批准。

于是，左雄升调尚书，随后升为尚书令，相当于皇帝首席大文秘，有这样智囊文胆匡弼辅佐，汉顺帝的政治自然差不了。史书记载了左雄提出的数项重要政策建议，其中最著名影响最大的是：

孝廉不满四十，不得察举。——《后汉纪·孝顺皇帝纪》

就是说，凡举孝廉之人必须得年满四十岁，而且，要经过考试。

先诣公府，诸生试家法，文吏课笺奏。——《后汉书·左雄传》

得先通过考试，这个孝廉如果是诸生身份——类似学者、儒生的身份，就考经书六艺的卷子；如果是文职官吏的身份，就考公文写作、公文处理方面的卷子。钱穆先生认为，此前汉朝察举官员虽然也要经过对策，但是，"对策只是征询意见而已。直要到东汉晚期，左雄为尚书，才始正式有考试"（钱穆《中国历代政治得失》）。一般认为，后来实行了一千多年的科举制度就是滥觞于此。

按左雄的设计，被举荐的人在通过了考试之后，还要有见习期。

副之端门，练其虚实。——《后汉书·左雄传》

整个过程既有笔试，又有面试，又有见习，跟现代的干部选聘已经差不多了。

这里，最受关注的是要年满四十。左雄的理由是：

孔子曰，四十不惑；礼称，强仕。——《后汉书·左雄传》

《礼记》中讲：

四十曰强，而仕。——《礼记·曲礼》

就是说，人到四十岁，心智才达到真正的成熟。所以，古礼就是四十岁才能入仕。当然，这也不是绝对的。

若有茂才异行，自可不拘年齿。——《后汉书·左雄传》

如果被举荐者特别优秀、有才，比如像颜回那样的，也可以不受这个年龄限制。

不过，怎样才能证明某人有"茂才异行"，这个挺难。随后，这项制度设计被汉顺帝采纳，在全国推行。广陵郡举荐的一个孝廉便号称像颜回似的有"茂才异行"。左雄把这个孝廉叫来问：

昔颜回闻一知十，孝廉闻一知几耶？——《后汉书·左雄传》

《论语》里说：

回也，闻一以知十。——《论语·公冶长》

颜回的才能是听到一个就能知道十个的。你能闻一知几？

这个孝廉被问愣了，答不上来，便被打了回去，广陵太守也被处罚。另有十多个郡国守相也都因为举荐孝廉不合规矩而被免黜。从而在很大程度上刹住了当时官员选拔任用方面各种请托之风，使一批真正的人才

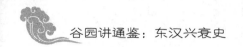
脱颖而出。像后面名扬天下的名臣陈蕃、李膺、陈球等人，都是这个时期被提拔上来的。

自是牧守畏栗，莫敢轻举。迄于永熹，察选清平，多得其人。——《后汉书·左雄传》

整个汉顺帝执政期间，在官员任用方面都做得很好。